张家界市博物馆馆藏青铜器文物保护与修复研究

顾　问：邓剑　严军

马菁毓　伍元军　著

学苑出版社

图书在版编目（CIP）数据

张家界市博物馆馆藏青铜器文物保护与修复研究 / 马菁毓，伍元军著 . —北京：学苑出版社，2020.9
　ISBN 978-7-5077-5995-2

　Ⅰ. ①张… 　Ⅱ. ①马…②伍… 　Ⅲ. ①青铜器（考古）—文物保护—研究—张家界市②青铜器（考古）—器物修复—研究—张家界市 　Ⅳ. ① K876.414

中国版本图书馆 CIP 数据核字（2020）第 166643 号

责任编辑：周　鼎
出版发行：学苑出版社
社　　址：北京市丰台区南方庄 2 号院 1 号楼
邮政编码：100079
网　　址：www.book001.com
电子信箱：xueyuanpress@163.com
联系电话：010-67601101（营销部）、010-67603091（总编室）
印　刷　厂：河北赛文印刷有限公司
开本尺寸：889×1194　1/16
印　　张：30
字　　数：500 千字
版　　次：2020 年 9 月第 1 版
印　　次：2020 年 9 月第 1 次印刷
定　　价：800.00 元

序

　　文物凝结着人类造物的智慧与厚重的文化发展历程，文物保护修复工作者的职责就是致力于最大限度地呈现文物价值和延长文物生命。受气候、地质条件影响，各地出土的青铜文物存在的病害多种多样，保护修复技术需求也千差万别。我国南方地区多雨潮湿，出土青铜文物保存状态更差，修复面临的挑战也更大。

　　马菁毓等编著的《张家界馆藏青铜文物保护修复项目结项报告》记载了项目组对张家界市博物馆所藏589件青铜文物的保护修复实践与研究成果。2005年至今，马菁毓同志带领项目组承接多项国家重要文物保护修复项目与文物保护修复方案设计。自实施浙江瓯海土墩墓出土西周青铜文物保护修复开始，项目组实施过程中比较系统地对南方湿润地区出土青铜器文物存在的典型病害的成因、处理，特别是南方青铜文物腐蚀产物及与土壤环境间的关系、修复材料及方法与技术规范等从理论、实践方面都进行了深入的探索，并取得一些心得及经验。

　　在修复张家界市博物馆589件青铜文物过程中，马菁毓项目组在浙江瓯海西周土墩墓出土青铜器保护修复研究、实践的基础上，紧密跟踪国内外青铜器文物保护修复研究最新进展，循序开展了具有针对性、科学合理的保护修复实践。其中不乏具有特色和典型的问题，这也使项目组在保护技术与科研创新方面有了新的探索。比如对高度矿化的战国铜鼎（编号001020）、汉铜盆（编号001022）和战国单穿铜戈（编号003902）的保护修复；和对南方潮湿地区粉状锈的处理，如战国双箍铜剑（编号003883）。结合保护修复实践，项目组还将相关文物及保护修复内容纳入文物档案，并把典型修复案例翔实记录下来，同时建立了这批文物的数字化文物信息管理系统，大大优化了对馆藏文物保护修复的管理。

　　大家知道，限于资金等因素，此前文物保护界对馆藏文物的保护修复的重视程度远不及古建筑、石窟、古遗址古墓葬等不可移动文物，也不及对考古出土、出水文物的重视。项目少、资金投入小，从事馆藏文物修复的人员少，且比较边缘化，研究成果也要少得多。最近十多年来，中国文化遗产研究院以马菁毓同志为代表的一批专业人员以极强使命感、责任感，默默耕耘着馆藏文物保护修复这块目前看来仍略显贫瘠的责任田，并有所进步、有所心得，展现了我国文物保护修复人员对待文物的责任担当与工作韧性。

本报告是目前仍属少见的馆藏文物修复研究报告，尽管有这样那样的不足，但我希望其能起到抛砖引玉的作用，即有更多更高水平的同类研究报告面世。同时，它所记录的保护修复及相关研究过程、程序与修复实践案例等，不仅可为我国南方潮湿地区青铜文物保护修复提供参考和借鉴，作为相关文物的历史存在辑录于世，同时或可为推动南方青铜文物保护与修复研究有所助力，并作为参考资料供各界参阅。

中国文化遗产研究院院长

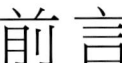

前言

在我国，青铜器是文明时代早期的代表性器物，也是最具特色的物质文化产品。保存至今的青铜器种类繁多、造型别致、纹饰精美，铭文内容丰富、文字精练，是研究中国古代政治、经济、文化、科学技术和艺术审美珍贵的物质资料。

青铜器作为礼乐制度的重要组成部分，不仅能反映身份等级，还是统治政权的象征，在维系社会秩序上发挥着重要作用。商周时期开始，青铜器已普遍进入商周的社会生产、社会生活和政治生活的各个领域。在古代思想"国之大事，在祀与戎"的主导下，青铜被用来铸造贵族祭祀祖先的礼器与从事军事活动的兵器，对当时的政治、军事与宗教观念的发展起到重要作用，青铜礼器也成为贵族等级身份的标志。

2014年，中国文化遗产研究院应张家界市文物局的委托，承担起了对张家界市馆藏589件（套）青铜文物的保护修复工作。随后，我院对该批青铜文物进行了实地考察及文物资料的整理，编制了《张家界市馆藏青铜文物保护修复》方案，并获得国家文物局批准。2015年12月该项目启动，文物保护修复实验室初步建立并投入使用，项目组根据运输及实验室存贮情况，分批次进行保护修复，2018年12月完成了对所有文物的保护修复处理工作。

为了对南方湿润地区青铜器的保护修复提供实践案例和经验，对我国青铜文化和工艺的研究、传承提供有效资料，故公开本次保护修复工作的实录，编撰了这本《张家界市博物馆馆藏青铜器文物保护与修复研究》，望与阅者交流探讨，共同推动青铜文物保护修复技术与时俱进。

这批张家界馆藏青铜文物年代久远，上溯春秋，下至民国，文物种类丰富，其中一级文物17件，二级文物52件，三级文物218件，一般和未定级文物302件，（其中少量文物隶属于张家界市下属区县博物馆），具有极高的保护修复和研究价值。前期，项目组对文物的基本信息、保存现状与价值进行评估，在前期调研结果的基础上，对这批青铜文物量身定制了保护修复方案，建立文物档案，翔实记录了每件文物修复的全过程。

本书的第一章对张家界博物馆馆藏青铜文物及项目概况进行了介绍。

在第二章中，对文物的保存现状进行勘查并进行科学合理的分析，对文物保存环境进行检测，进行病害现状调查，推定病害成因，为下一步提出修复技法、材料和保护修复方案奠定基础。由于南方地区气候湿润，相对湿度的增加，使这批青铜文物表面吸附一层较厚的水膜，从而促进其表面离子传递，加速表面电化学腐蚀速率，文物表面的腐蚀速率加快，腐蚀程度加重。再加上保存不当等外在条件影响，出现不同程度腐蚀现象，本体内在结构脆弱，病害问题严重，不仅影响展示效果，更重要的是表面纹饰和铭文会逐渐被腐蚀，文物承载的历史信息将面临缺失的危险，亟须通过充分的分析研究来进行保护修复。

第三章为具体的保护修复方案内容。首先制定拟保护修复文物种类与数量、保护设计依据及原则、保护修复工作考核指标及拟解决问题，解决文物有害锈、高度矿化等典型病害问题，以及对薄壁、鎏金等修复难度较大青铜文物的保护处理。然后在已制定的保护修复工作目标的导向下，设计保护修复路线及操作步骤。文物保存环境对文物保存至关重要，针对不同文物的具体情况，需制定具体预防性保存措施，提出保护修复完成后的保存条件建议。

第四章为文物保护修复实录。记录了在文物保护修复过程中具有可参考研究价值的实践过程和现代科学仪器设备检测数据，详细记录了本次保护修复工作中的经典案例。

第五章为信息管理系统。在修复过程中，根据技术需要，进行了多方面的探索和创新。由于文物数量庞大，传统记录方式不仅使修复工作效率较低、管理繁杂，而且大大增加了工作人员的工作强度，因此，项目组充分利用互联网平台，建立了数字化文物信息管理系统，提高了在文物保护修复实施过程中的信息化程度，进一步让文物"活起来"。

三年的时间里，为了推动项目科学合理推进，大量实习学生参与到保护修复工作中，并聘请专家多次进行工作指导，通过项目组成员夜以继日地不断钻研，慢工细活中，将589件（套）文物分19个批次提取修复完成。在修复过程中，项目组坚持科学的原则，严格把控技术手段，稳步推进项目攻坚任务，抓好修复质量工作，最大限度地还原了器物原有的历史信息和美学价值。

目 录

第一章　张家界市博物馆馆藏青铜文物概况 ············· 1

　　一、文物基本信息 ················· 3

　　二、文物环境调查 ················· 4

　　三、文物环境监测结果 ··············· 5

　　四、代表性墓葬情况 ················ 10

　　五、典型器物 ··················· 11

　　六、文物价值评估 ················· 13

第二章　文物保存现状分析 ··················· 15

　　一、文物保存状态总体分析 ············· 17

　　二、文物保存状态具体分析 ············· 18

　　三、病害类型及统计分析 ·············· 32

　　四、检测分析 ··················· 33

　　五、总结 ····················· 37

第三章　文物保护修复方案 ··················· 39

　　一、保护修复工作目标 ··············· 41

　　二、保护修复技术路线及操作步骤 ·········· 42

　　三、保护修复步骤 ················· 43

　　三、预防性保护 ·················· 49

　　四、风险评估 ··················· 49

　　五、保护修复条件和工作量及进度安排 ········ 49

　　六、保护修复后的保存条件建议 ··········· 50

　　七、安全措施 ··················· 51

1

第四章　文物保护修复实录 ………………… 53

一、馆藏青铜文物检测分析 ………………… 55
二、张家界博物馆 XRD 样品分析 ………… 61
三、RP 无氧微环境控制材料 ……………… 72
四、修复案例 ………………………………… 73
五、文物修复档案 …………………………… 139

第五章　信息管理系统 ……………………… 265

一、项目建设意义 …………………………… 267
二、需求分析 ………………………………… 268
三、系统开发总体方案 ……………………… 272
四、系统需求开发功能 ……………………… 274
五、系统通用开发功能 ……………………… 294
六、系统可持续性及后续拓展 ……………… 296

附　录　张家界市博物馆馆藏待修复青铜文物 …… 299

一、张家界市博物馆馆藏青铜文物 ………… 301
二、桑植县博物馆馆藏青铜文物 …………… 316
三、慈利县博物馆馆藏青铜文物 …………… 322
四、永定区博物馆馆藏青铜文物 …………… 369

后　记 ………………………………………… 469

第一章 张家界市博物馆馆藏青铜文物概况

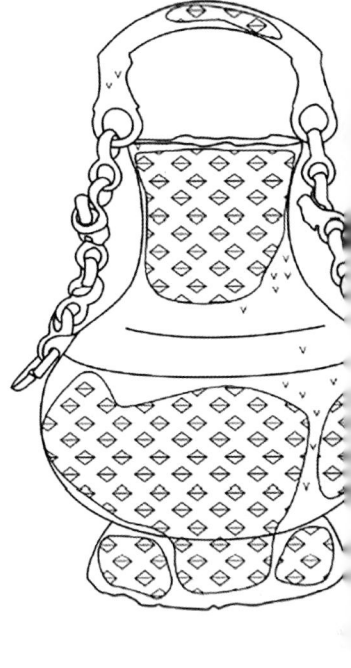

张家界市博物馆的场馆建设已完成，陈列大纲已委托相关设计单位进行编制，文物征调工作也正在积极开展。与此同时，张家界市也在积极争取《武陵山片区扶贫攻坚规划》中的重点项目——武陵山博物馆落户张家界，待项目落户后，需要征调大量的文物进行陈列展览。青铜器文物作为陈列展览的重要组成部分，在正式展览之前对其进行保护修复一来可以尽可能恢复其本来面貌，提高展示效果，二来进行防锈处理可以提高文物自身的抗锈能力，避免在以后的搬运、展示过程中遭到进一步锈蚀、破坏。

张家界市馆藏的青铜文物绝大多数都没有经过保护修复处理，且受存放环境和设备所限，无法保持恒温恒湿的保存环境，多数青铜文物表面产生了大量的粉状锈，文物处于不稳定状态。这些病害，不仅影响展示效果，更重要的是表面纹饰和铭文会逐渐被腐蚀，文物承载的历史信息将面临缺失的危险。一级品金属文物表面也出现了星星点点的亮绿色粉状锈。

2013年，受张家界市文物局委托，并根据中华人民共和国文物保护行业标准《馆藏出土金属类文物保护修复方案编制规范》（WW/T 0005-2007），《馆藏青铜器病害与图示》（0004-2007），中国文化遗产研究院对张家界市馆藏青铜文物进行了实地考察及文物资料的整理，其中针对589件（套）需要立即进行抢救性保护处理的文物，编制《张家界市馆藏青铜文物保护修复方案》。

一、文物基本信息

张家界市历史悠久，商周时期地属荆楚，春秋战国为楚之黔中地。原名大庸，是古庸国所在地。早在原始社会晚期，先民就已开始在澧水两岸繁衍生息。到了尧舜时代，"舜放欢兜于崇山，以变南蛮"，于是中国历史上便有了"南蛮"一说。公元前221年秦始皇设置郡县，张家界一带属黔中郡慈姑县，县治在慈利县官塔坪（今蒋家坪乡太平村），在澧、沅流域建立了现今湖南境内第一个行政区黔中郡，为当时全国三十六郡之一，今张家界市两区两县均属其所辖。三国吴景帝永安六年（263年），嵩梁县被命名为天门山，设置了天门郡，至两晋、南北朝，均属天门郡溇中、临澧县。1369年明朝设置大庸县，清雍正十三年（1735年）设永定县。

张家界为湖南省的省辖地级市，位于湖南省西北部，澧水中上游，属武陵山脉腹地，北与湖北省恩施土家族苗族自治州鹤峰县交界，总面积9518平方千米。总人口167.102万人（2010年），以土家族、白族为主的少数民族约占总人口的三分之二。全市辖2个市辖区、2个县。市人民政府驻永定区。

张家界地处北中纬度，属中亚热带山原型季风性湿润气候，光热充足，雨量充沛，无霜期长，严寒期短，四季分明，年平均日照、气温和降水量分别为1440小时、16摄氏度和1400毫米左右，年平均无霜期在216天至269天之间。这样的气候有利于农、林、牧、副、渔业的全面发展。但受地形、地貌等因素的影响，境内气候复杂多变，干旱洪涝、大风冰雹等自然灾害也比较频繁。

春季（3至5月）月均气温：5.8摄氏度，11.4摄氏度，16.1摄氏度；夏季（6至8月）气温：19.7摄氏度，23.3摄氏度，22.2摄氏度；秋季（9至11月）气温：17.9摄氏度，13.9摄氏度，8.7摄氏度；冬季（12至2月）气温：3.4摄氏度，0.7摄氏度，1.3摄氏度。张家界市区海拔183米，景区平均海拔1000米，由于此差异，昼夜温差可达10摄氏度。

张家界市目前有不同历史时期的馆藏文物及标本近2万件，其中国家一级文物数42件；二级文物100余件；三级文物1000多件。馆藏文物中青铜器文物有600余件，其中国家一级文物21件，二、三级文物299件。张家界市馆藏的青铜文物出土后一直处于比较简陋的保存条件，没有专门的库房及相应的环境控制设备，基本处于开放环境中。目前，除少部分保存情况较好外，余者均已出现各种不同程度的腐蚀，多数文物无法满足展陈需要，亟待进行保护修复处理。

本次亟待修复的青铜文物共计589件（一级文物17件）。可确定文物的年代从春秋战国到中华民国，文物种类丰富，有铜兵器、铜礼器、铜乐器、铜镜等。

二、文物环境调查

张家界地处湖南西北部，是亚热带季风气候地带。近50年来张家界气温经历了一次显著的波动，20世纪60年代初至90年代中期年平均气温呈下降趋势，90年代中期后气温开始升高,且上升趋势至今未减。但总体来说还是呈增温趋势,增温幅度为0.23摄氏度/10年。主要由冬季和春、秋季增暖造成,尤以冬季增温速率最大,达到0.28摄氏度/10年。从5年滑动平均来看,1961—2011年温度变化大致可分为两个阶段,20世纪60年代至90年代中总体上是一冷期,它持续时间长,其中60年代、70年代末到80年代中期温度变化振幅相对较大。1997年后至2012年是一暖期,已经持续了15年,50多年来温度的几个最高值就出现在这一时期,其中2010年8月5日极端最高气温为历史最大值(41.2摄氏度)。

张家界市历年平均温度为16.8摄氏度,四季特征明显,冬天比较湿冷,夏天较为炎热。一年中,1月温度最低,平均温度为5.4摄氏度,7月温度最高,平均温度为28.0摄氏度。1981年~2010年三十年间,日最高气温≥35.0摄氏度的天数平均为18天。气温低于摄氏度的天数平均为23天。

三、文物环境监测结果

从2013年11月到2014年2月,对环境温度湿度进行了为期4个月的实地监测。记录结果如下表。

2013年11月~2014年2月环境温度湿度监测表

	温度(摄氏度)	湿度RH(%)	露点温度(摄氏度)
平均值	11.5	68.9	6.1
最小值	3.7	38.6	-1.6
最大值	22.9	77.0	16.7

四个月监测的图表数据显示:文物环境温度最低3.7摄氏度,最高23摄氏度,在这段时期里保存温度适宜。但是相对湿度平均值达到68.9 RH(%),多数时间都远远超过青铜文物保存湿度的上限。在长期保持RH70%左右的情况下,金属表面的活性因素(对有害锈蚀物)会对空气中的水、氧气、一氧化碳、二氧化碳、二氧化硫、氮氧化合物、氯化物等都在其表面有强附作用,极易发生化学腐蚀、电化学反应和光腐蚀等其他反应,使金属的本体继续遭到进一步的锈蚀和破坏。长期相对湿度较大的环境,使金属的腐蚀得到进一步发生发展,这样的环境不利于青铜文物长期的保存。

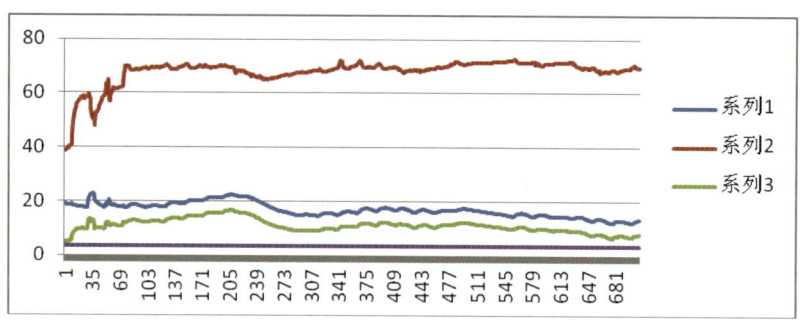

（系列 1 为温度，系列 2 为湿度，系列 3 为露点温度）

2013 年 11 月份温度湿度记录结果

2013 年 11 月 3 日温度湿度记录数据表

时间	温度（摄氏度）	湿度 RH（%）	露点温度（摄氏度）
00 时 00 分 00.0 秒	19.603	52.715	9.992
01 时 00 分 00.0 秒	19.246	53.564	9.893
02 时 00 分 00.0 秒	18.985	54.423	9.881
03 时 00 分 00.0 秒	18.794	55.226	9.916
04 时 00 分 00.0 秒	18.604	55.996	9.939
05 时 00 分 00.0 秒	18.438	56.674	9.958
06 时 00 分 00.0 秒	18.271	57.290	9.958
07 时 00 分 00.0 秒	18.152	57.911	10.002
08 时 00 分 00.0 秒	18.057	58.473	10.052
09 时 00 分 00.0 秒	17.701	58.750	9.784
10 时 00 分 00.0 秒	17.796	59.612	10.083
11 时 00 分 00.0 秒	18.105	62.157	10.978
12 时 00 分 00.0 秒	18.889	63.335	11.994
13 时 00 分 00.0 秒	18.985	62.932	11.991
14 时 00 分 00.0 秒	18.794	64.809	12.237
15 时 00 分 00.0 秒	20.507	56.926	11.961
16 时 00 分 00.0 秒	19.294	57.110	10.871
17 时 00 分 00.0 秒	18.794	58.740	10.811
18 时 00 分 00.0 秒	18.652	60.111	11.011
19 时 00 分 00.0 秒	18.485	60.687	10.992
20 时 00 分 00.0 秒	18.414	61.278	11.065
21 时 00 分 00.0 秒	18.675	61.952	11.470
22 时 00 分 00.0 秒	18.509	61.654	11.243
23 时 00 分 00.0 秒	18.319	61.593	11.049

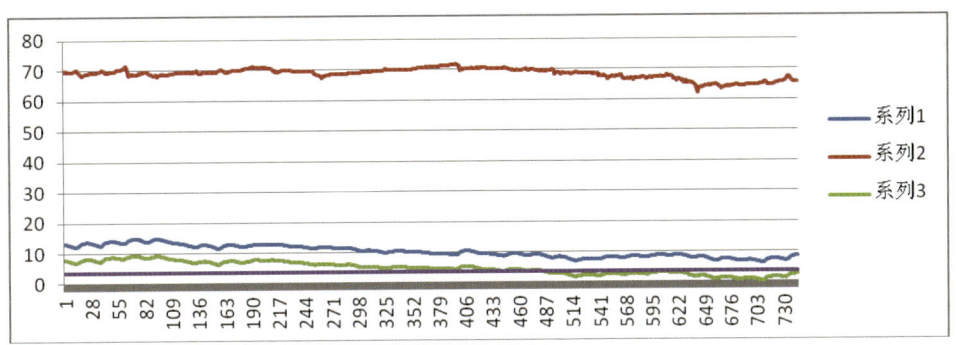

（系列1为温度，系列2为湿度，系列3为露点温度）

2013年12月份温度湿度记录结果

2013年12月3日温度湿度记录数据表

时间	温度（摄氏度）	湿度RH（%）	露点温度（摄氏度）
00时00分00.0秒	14.050	69.538	8.695
01时00分00.0秒	14.026	69.620	8.689
02时00分00.0秒	14.026	69.620	8.689
03时00分00.0秒	13.978	69.697	8.658
04时00分00.0秒	13.930	69.832	8.638
05时00分00.0秒	13.858	70.048	8.612
06时00分00.0秒	13.786	70.148	8.563
07时00分00.0秒	13.690	70.245	8.489
08时00分00.0秒	13.594	70.284	8.404
09时00分00.0秒	13.522	70.270	8.332
10时00分00.0秒	13.449	70.371	8.282
11时00分00.0秒	13.401	70.590	8.279
12时00分00.0秒	13.449	70.856	8.377
13时00分00.0秒	13.594	71.226	8.588
14时00分00.0秒	13.834	71.557	8.884
15时00分00.0秒	14.074	70.919	8.991
16时00分00.0秒	14.314	69.645	8.970
17时00分00.0秒	14.481	68.379	8.876
18时00分00.0秒	14.577	68.773	9.048
19时00分00.0秒	14.649	68.959	9.155
20时00分00.0秒	14.697	68.621	9.132
21时00分00.0秒	14.745	68.804	9.215
22时00分00.0秒	14.768	68.692	9.215
23时00分00.0秒	14.768	68.635	9.204

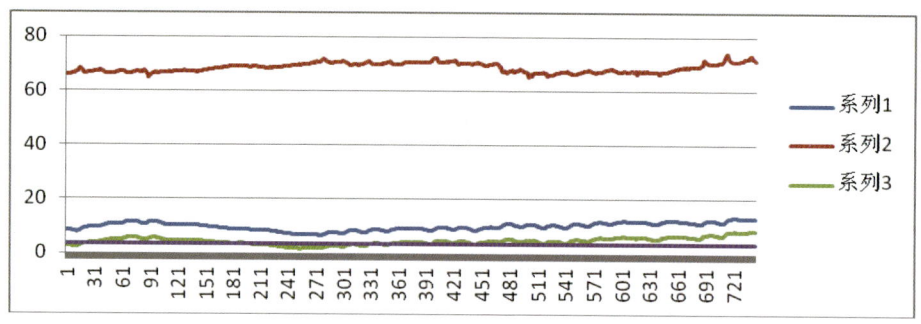

（系列1为温度，系列2为湿度，系列3为露点温度）

2014年1月份温度湿度记录结果

2014年1月3日温度湿度记录数据表

时间	温度（摄氏度）	湿度RH（％）	露点温度（摄氏度）
00时00分00.0秒	10.834	66.215	4.940
01时00分00.0秒	10.858	66.277	4.976
02时00分00.0秒	10.883	66.339	5.012
03时00分00.0秒	10.907	66.430	5.054
04时00分00.0秒	10.932	66.491	5.090
05时00分00.0秒	10.932	66.635	5.119
06时00分00.0秒	10.932	66.693	5.131
07时00分00.0秒	10.956	66.783	5.173
08时00分00.0秒	10.932	66.865	5.166
09时00分00.0秒	10.932	67.037	5.201
10时00分00.0秒	10.932	67.123	5.218
11时00分00.0秒	10.932	67.095	5.212
12时00分00.0秒	10.932	66.951	5.183
13时00分00.0秒	11.005	67.166	5.297
14时00分00.0秒	11.127	67.130	5.406
15时00分00.0秒	11.297	66.701	5.483
16时00分00.0秒	11.467	66.387	5.581
17时00分00.0秒	11.565	66.462	5.690
18时00分00.0秒	11.637	66.331	5.732
19时00分00.0秒	11.662	66.335	5.756
20时00分00.0秒	11.710	66.113	5.757
21时00分00.0秒	11.710	66.257	5.787
22时00分00.0秒	11.734	66.406	5.841
23时00分00.0秒	11.710	66.517	5.840

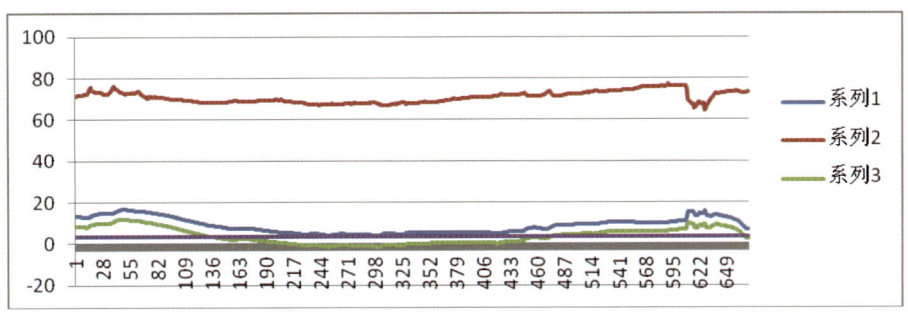

(系列1为温度,系列2为湿度,系列3为露点温度)

2014年2月份温度湿度记录结果

2014年2月3日温度湿度记录数据表

时间	温度(摄氏度)	湿度RH(%)	露点温度(摄氏度)
01时00分00.0秒	16.606	72.639	11.770
02时00分00.0秒	16.606	72.467	11.737
03时00分00.0秒	16.558	72.601	11.717
04时00分00.0秒	16.487	72.587	11.645
05时00分00.0秒	16.415	72.630	11.585
06时00分00.0秒	16.344	72.673	11.524
07时00分00.0秒	16.272	72.774	11.474
08时00分00.0秒	16.177	72.984	11.423
09时00分00.0秒	16.106	73.255	11.406
10时00分00.0秒	16.034	72.956	11.279
11时00分00.0秒	15.986	72.975	11.237
12时00分00.0秒	15.986	73.089	11.259
13时00分00.0秒	15.963	73.142	11.246
14时00分00.0秒	15.939	73.593	11.309
15时00分00.0秒	15.915	73.674	11.301
16时00分00.0秒	15.867	73.351	11.194
17时00分00.0秒	15.819	72.285	10.942
18时00分00.0秒	15.772	72.276	10.894
19时00分00.0秒	15.700	71.833	10.738
20时00分00.0秒	15.652	71.307	10.589
21时00分00.0秒	15.557	71.059	10.448
22时00分00.0秒	15.485	70.672	10.303
23时00分00.0秒	15.438	70.490	10.220

四、代表性墓葬情况

（一）张家界市永定区菜籽湾 12 号墓

2001 年在永定区三角坪西侧的菜籽湾紫舞路延伸工程考古发掘的一座编号为 12 号墓的春秋时濮人墓葬，结合墓葬形制和以绳纹壶、钵和多豆的随葬陶器组合，经考古学者对比分析，M12 是有别于楚、巴、越及中原汉人墓葬的一座土著墓葬。墓葬内随陶礼器组合一起出土的一件宽格扁茎铜剑特点明显，较为少见，既不同于楚式剑，也不同于巴式剑，更有别于越式铜剑。湖南省考古研究所何介均先生认为："曾经在湘西、湘西北长期居留和经营的濮人的青铜文化，一直未被发现或被认识"[1]。田曙岚先生认为这种"既不同于楚式，又不同于巴式的宽格铜剑，则有可能是居留在这一地区的濮人的创造"[2]。研究者经过研究认为该座墓葬应该是古代濮人文化足迹的历史遗漏，是保留完整的原始濮族文化精髓[3]。这些发现为研究先秦时期濮人在张家界地区的活动情况和湘西、湘西北地区的文化属性提供了不可多得的实物资料。

（二）张家界市永定区且住岗野猫沟 1 号墓

2005 年 5 月 25 日，张家界市永定区紫舞西路延伸工程施工过程中发现战国时期墓葬一座，接到群众的情况反映后，张家界市文物局组织人员对该墓葬进行了抢救性考古发掘，共出土文物数十件。其中，原始青瓷器 2 件（一级文物和二级文物各 1 件）；青铜鼎 2 件，均为三级文物；宽格青铜剑 1 把、空首青铜剑 1 把，均为一级文物；青铜斧 1 把，为三级文物；青铜戈 4 件（二级文物 1 件，三级文物 3 件）；青铜矛 2 件（一级文物 1 件，三级文物 1 件），还有大量的青铜箭镞。漆木器有镇墓兽、耳杯、器盖、戈和矛的木柄、木弓矢等。这批出土文物器形独特、造型精美、做工精致、工艺精湛，具有较高的研究价值。尤其数量众多的未定级出土文物均出土于一座墓葬中，在张家界地区较为罕见，反映墓主人身份和社会地位的非比寻常，为我们透过墓葬研究当时张家界地区的社会生产生活状况提供了较好的实物资料。

（三）慈利县骑龙岗 9 号墓

骑龙岗古墓群跨越二条平行山岗，整个岗地墓葬极其密集，打破关系非常复杂，墓内有墓、墓下有墓的现象比比皆是。单位众多、分布密集、关系复杂到如此程度的大型战国西汉墓群，在湖南罕见，即以全国范围而论，或者亦属凤毛麟角，可遇难求。这一特殊资源在学术研究方面的价值非常大，现已公布为全国重点文物保护单位。经几次抢救性考古发掘，骑龙岗墓群以中小型墓为主，也有几座规格较高的大中型墓，以骑龙岗 9 号、11 号墓，叶家凸 36 号、33 号墓为代表。

骑龙岗九号墓。器类有以鼎、敦、壶为代表的青铜礼器，盘、匜为代表的青铜实用器，钲为代表的青铜军乐器，钺为代表的青铜军礼器，剑为代表的青铜近身兵器，戈、矛、戟为代表的长兵器，箭、箭镞构成的远程兵器，马衔、伞盖构成的车马仪仗等。还有形态威猛的镇墓兽、神情优雅的卧鹿木俑等大型漆木器。器物造型典雅大方，制作工艺精益求精，装饰技法成熟老辣，艺术构思新颖别致。而且，一件铜鼎内发现一条自然凝冻状态保存的鲜鱼，刚出土时轮廓鲜明，极具质感。显示出中国古代在保鲜学方面的所取得的不朽成就。

这批墓葬和出土文物对研究本区域战国时代先民的埋葬习俗，以及当时的政治、经济、文化、社会形态具有重要价值，特别是对楚文化的研究将会起到分期断代的标尺作用。

五、典型器物

（一）铜兵器

铜兵器主要有剑、矛、戈、箭镞等，在青铜器文物中占有较大比重，有楚式兵器、越式兵器、中原兵器等，有的兵器上兼有几种特征。通过近年来的考古工作，在永定区三角坪和慈利县骑龙岗发现了分别密集、数量众多的春秋战国时期墓葬群，先后发现了一大批重要墓葬，出土了大量未定级出土文物。其中骑龙岗古墓群于 2013 年 3 月被国务院核定公布为第七批全国重点文物保护单位。

大量春秋战国时期墓葬和铜兵器的发现，显示出张家界地区在历史上的战略地位。

而兵器上的不同特点则描述了一幅多民族文化在此碰撞、交流、融合的历史画卷，如永定区菜籽湾12号墓出土的宽格短茎青铜剑具有先秦时期濮文化的特点，为我们提供了丰富的研究材料。

（二）铜礼器

铜礼器主要是战国时期的鼎、敦、壶、洗、簋；以及汉代铜壶等。多出土于墓葬，凡出土铜礼器的墓都是中型或大中型墓，普通小墓只有陶礼器。这种现象对研究战国时代的等级制度具有重要价值。

不同级别的墓葬，表现出当时的社会基本构架及其社会现象。铜礼器的地方因素，反映该地域文化的传承、融合与发展。

（三）铜乐器

铜乐器主要有（淳）于、铎、钲、铃、甬钟等，均为战国时代的文化遗物。有的出土在墓中，有的出土在窖藏中，有的出土地点很特别；不是墓、也非窖藏，或许是战争中遗弃。这批文物既有楚文化的、也有巴文化的、更有南越文化的典型器。是研究战国时期各个不同民族、以及各民族文化大融合的重要实物资料，更是研究慈利这一区域政治、文化、艺术的重要史料。是慈利博物馆进行历史、文化和爱国主义教育的重要载体。

（四）铜镜

铜镜以永定区和慈利县较为丰富。时代从战国到明清。形态种类较多，有无边、宽边、窄边、荷叶边之分；有单层纹饰、双层纹饰、写实花纹、变形纹样；有球形钮、桥形钮、牛鼻钮，有漆绘镜，带柄镜等等。从制作工艺上又可分好几种手法。其来源有的出土，有的征集，有的收购或拣选。

这些铜镜从一个侧面反映了该地区先民们的生活状况，从器物上的纹饰也透露出先民的审美情趣和宗教信仰。这些藏品是研究本区域历史、文化、生活、信仰的重要实物资料。

六、文物价值评估

　　张家界市馆藏的青铜器的年代跨度为春秋至明清，器物类型包括礼器、兵器、生产工具、生活用具、货币和造像等，涵盖了生产生活的方方面面，具有重要的历史研究价值。其中大量兵器的出土与张家界市地区的地理位置和民族民俗特性息息相关。特别是永定区出土的西汉三管佩刀跪坐铜俑，为研究当地民族生活习俗、生产方式、服饰文化等提供了很多的实物资料。明清佛教造像与香炉、熏炉则反映了明清时期该地区人民在宗教信仰和意识形态方面的状况。虎钮淳于、铭文矛、戈和铜镜等器物上的文字或纹饰，也反映了当地先民的文化、艺术水平和审美情趣。这些藏品既是研究张家界地区生产生活、战争、信仰等方面的重要资料，也是对外展示张家界地区的历史、文化底蕴和开展爱国主义教育的重要载体。

第二章 文物保存现状分析

第二章 文物保存现状分析

一、文物保存状态总体分析

张家界市馆藏的青铜器分散保存在张家界市文物局仓库、永定区博物馆和慈利县博物馆。目前仅慈利县博物馆具备小规模展示条件。多数文物在库房开放性的环境保存。文物存放状态详见下图。

一级品和其他级文物混合放在开放环境中

放置在开放环境中的青铜文物

库房陶瓷和金属文物混合摆放

放置在开放环境中的青铜文物

二、文物保存状态具体分析

文物病害主要有：点腐蚀，脆弱易碎，表面硬结物，残缺，瘤状物等。这批文物因当时经费及技术力量不足等问题，大部分从未采取过任何保护修复措施。现大部分金属文物出现了相似的病害，并且有进一步恶化的趋势，迫切需要修复保护处理。

（一）点状锈

战国云纹宽格扁茎短剑（文物编号：003970，战国，三级文物），文物表面局部已被较大面积的亮绿色粉末状锈腐蚀，局部有沉积物，现保存在慈利县博物馆。云纹宽格扁茎短剑保存状态如下图。

表面有较大面积的亮绿色粉末状锈，局部有沉积物

表面有较大面积的亮绿色粉末状锈，局部有沉积物

战国空首铜剑（文物编号：003898，战国，三级文物）。文物断裂成两节，手柄处有大量沉积物，剑身局部及断面有亮绿色粉末状锈；可看出文物腐蚀较严重，现存有慈利县博物馆。战国空首铜剑保存状态如下图。

文物断裂成两节，手柄处有大量沉积物，剑身局部有亮绿色粉末状锈

文物断裂成两节，手柄处有大量沉积物，剑身有亮绿色粉末状锈。
断面及周围部位有亮绿色粉末状锈

战国空首铜剑（文物编号：003131，战国，三级文物），表面有硬结物，观察表面有亮绿色的点状锈蚀，现存于永定区博物馆。战国空首铜剑保存现状如下图。

局部有亮绿色粉末状锈，柄处有较大面积的硬结物和沉积物

亮绿色粉末状锈和较少量的沉积物

战国四穿铜戈（文物总号：001581，战国，三级文物），此件文物腐蚀较严重，表面大面积的褐色锈蚀，亮绿色粉末状锈和沉积物，现存有慈利县博物馆。穿铜戈保存状态如下图。

表面大面积的褐色锈蚀和沉积物，局部有亮绿色粉末状锈

表面多处有亮绿色粉末状锈和褐色锈蚀，较多沉积物

表面多处有亮绿色粉末状锈和褐色锈蚀，较多沉积物

（二）薄壁青铜文物

薄壁青铜文物由于材质厚度薄，容易断裂和变形，比一般青铜文物修复难度大。一般需要进行化学或物理加固。

汉单鱼纹铜洗（文物总号：000037，汉代，三级），现存于桑植县。薄壁青铜文物，出现断裂和残缺，表面有沉积物和腐蚀物，现存于桑植县。纹铜洗保存状态如下图。

薄壁青铜文物，出现断裂和残缺

表面有沉积物和腐蚀物

汉弦纹提梁铜壶（文物编号：001023，汉代，一般文物）。在器物的表面有较多的硬结物，有残断、缺失；在两边环处，有亮绿色粉状锈，白色粉末状锈和深绿色锈，现存于永定区博物馆。提梁铜壶保存状态如下图。

表面局部有亮绿色粉末状锈和大量硬结物

表面局部有亮绿色粉末状锈和大量硬结物，有较大面积的缺失

有亮绿色粉末状锈,红褐色锈和深绿色锈,以及大面积的硬结物

有亮绿色粉末状锈,以及大面积的硬结物

有亮绿色粉末状锈,白色粉末状锈和深绿色锈,以及大面积的硬结物

（三）酥脆文物

战国扁茎铜短剑（文物编号：003894，战国，三级文物）。表面有沉积物和不同程度的缺失和裂纹，裂纹有掉落的危险，现存于慈利县博物馆。茎铜短剑保存状态如下图。

边缘部位有不同程度的缺失和裂纹

表面有沉积物和不同程度的缺失和裂纹

表面有沉积物和不同程度的缺失和裂纹

（四）残缺断裂的文物

还有少量文物出现残缺断裂。

战国空首铜剑（文物编号：002939，战国，三级文物）。表面明显可见绿色粉状锈造成的表面剥落；之间有一处断裂，尖部缺失，少量沉积物，现存于永定区博物馆。首铜剑保存状态如下图。

表面有亮绿色粉末状锈和大面积由此导致的剥落，少量沉积物及断裂

有大量的亮绿色粉末状锈、少量沉积物以及断裂和缺失

有一部分亮绿色粉末状锈，少量沉积物和硬结物

大面积亮绿色粉末状锈和露出已剥落层面，少量沉积物

　　战国玄纹铜鼎（文物编号：002939，战国，三级文物）。表面明显可见绿色粉状锈造成的表面剥落；之间有一处断裂，尖部缺失，少量沉积物，现存于永定区博物馆。国玄纹铜鼎保存状态如下图。

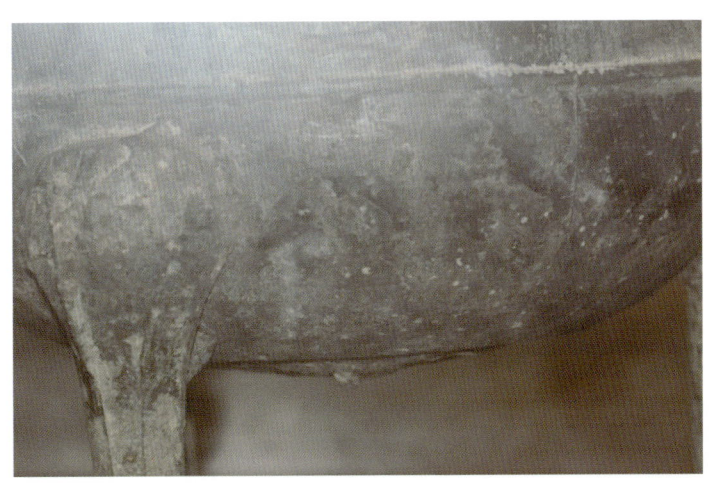

足部表面有大量的硬结物，少量沉积物；腹部有白色粉末状斑点

开裂

量亮绿色粉末状锈和黑色物质，少量沉积物。

（五）鎏金文物的保存状况分析

鎏金层与青铜基体连接较好，但下图佛像的基座鎏金层磨损脱落严重，局部有小块的脱落且有明显的划痕。在造像局部存在亮绿色粉状锈，经过检测分析证实含有氯元素，拉曼光谱分析证实是氯铜矿。表面存在较多的沉积物和亮绿色锈蚀物。

汉双鱼纹铜盆，通高9厘米、口径38厘米、底径２７厘米、腹径33厘米，二级文物。残存有鎏金层，表面有沉积物和腐蚀产物。

残存有鎏金层，表面有沉积物和腐蚀产物

汉鎏金铜带钩（文物总号000208），长15.4厘米，宽1.1，厘米厚0.4厘米，重30克。残存有鎏金层，表面有沉积物，文物全面腐蚀后呈酥脆状态，现存于张家界市文物仓库。金铜带钩文物保存状态如下图。

全面腐蚀，文物表面沉积物

表面沉积物

表面沉积物，局部缺失

残存的鎏金层，表面有沉积物

残存的鎏金层，表面有沉积物

鎏金青铜器表面被铜锈覆盖，不清除就不能还原真实面貌。对这类青铜器贸然采用化学方法除锈，就可能引发鎏金层脱落，因为鎏金层下面还存在锈层。

鎏金文物由双金属构成，腐蚀的发生是由于双金属电位不同。鎏金层脱离后，表面就有电位差存在，氧存在就会发生腐蚀，因此对鎏金文物，缓蚀和封护尤其重要。

三、病害类型及统计分析

张家界市馆藏的青铜文物主要病害类型如下：

残缺：受物理或化学作用导致的基体缺失。

裂隙：表面或内部开裂形成缝隙。

变形：形状发生改变。

沉积物：它是含有土和杂质的混合物，经常在器物表面上产生，与表面垂直、向上发展。在器物表面形成致密的与表面平行的沉淀物。经常带有多种可溶盐，在含氯盐较高的情况下，是安全隐患，应该尽量去除。

硬结物：合金通过同外部环境发生作用，在其表面形成一个异质层。它是青铜器不可缺少的一部分，是环境变化的沉积，是历史档案。锈蚀层致密时给予保留，而只去除疏松的锈蚀产物。

点腐蚀：在点或孔穴类的小面积上的腐蚀叫点腐蚀。这是一种高度局部的腐蚀形态，孔有大有小，一般孔表面直径等于或小于它的深度，小而深的孔可能使得金属穿孔。点腐蚀危害较大。

矿化和通体矿化：张家界的青铜器有一部分，外观平整，从表面看保存状况较好，但如果在移动时稍加磕碰就会破碎。

对张家界市馆藏青铜文物按照主要病害类型进行了统计调查。在调查表的基础上进行分析统计，详见下表。

张家界市馆藏待修复青铜文物病害统计表

	点腐蚀	通体矿化	残缺	裂隙	变形	硬结物	沉积物
慈利县	54	73	33	39	7	71	42
桑植县	6	7	5	5	2	7	4
永定区	102	148	89	77	23	189	67
文物局仓库	21	39	18	23	2	38	23
合计	183	119	145	144	34	305	136

四、检测分析

（一）检测分析的目的和意义

文物的检测分析主要目的是通过现代分析技术，了解文物的组织结构，材料组成，从而获取文物制作工艺等相关的历史信息；了解腐蚀物，沉积物的类型，从而对文物的腐蚀程度等做出评估，为保护方案设计，为保护修复技术路线的确定等提供依据。

为了解这批青铜器的腐蚀程度及病害原因，保护修复前依据现代检测分析方法，对这批青铜器锈蚀程度、不同部位的锈蚀产物、基体成分等进行分析。为制订保护修复方案提供理论依据和数据支持。金属文物分析检测项目见下表。

分析检测项目表

分析手段	目的	项目实施时预计检测件数
X探伤无损检测	内部缺陷、典型损伤和加工过程留下痕迹，有无细小裂纹等损伤。	310
显微镜观察（可能的金相分析）	金属内部金相构成，协助分析制造工艺特征。	145（残断可取样）
傅立叶红外分光分析（FTIR）或激光拉曼光谱分析	物质结构分析	221（有害绣为主）
X射线衍射分析（XRD）	物质结构分析	100
扫描电镜-能谱（SEM/EDS）	元素的定性和定量分析	311

（二）获取样品

在永定区青铜兵器、造像、钱币、铜镜等共445件文物中选取16件青铜腐蚀样品，编号2J-1~2J-16，分别进行检测分析，取样青铜部位及检测分析项目详见附表取样登记表。

在慈利县青铜兵器、造像、头饰、铜镜等共154件文物中选取7件青铜腐蚀样品，编号2C-1~2C-7，分别进行检测分析，取样青铜部位及检测分析项目详见附表取样登记表。

（三）青铜文物SEM-EDX检测分析

永定区青铜腐蚀样品分析：

对上述永定区青铜样品进行SEM-EDX检测。样品分析检测数据详见下表。

永定区青铜腐蚀样品SEM-EDX分析（wt%）

样品编号	CuK	SnL	PbM	ClK	SiK	CaK	NaK	AlK	FeK	ZnK	AsK	样品描述
2J-1	7.6	28.1	11.3	/	1.4	1.8	20.7	/	/	28.1	/	亮绿色粉末
2J-2	3.4	76.4	11.6	/	2.6	5.9	/	/	/	/	/	亮绿色粉末
2J-3	31.6	58.8	5.51	/	1.4	2.3	/	/	/	/	/	黄褐色色粉末
2J-4	62.7	16.1	/	/	13.9	/	/	5.4	1.2	/	/	块状
2J-5	27.4	21.2	26.3	/	2.4	1.2	/	1.1	6.4	/	14.1	亮绿色粉末
2J-6	45.9	49.1	/	/	1.7	2.1	/	/	/	/	/	亮绿色粉末
2J-7	26.2	20.4	43.4	/	4.1	/	/	/	1.5	/	3.8	块状
2J-8	26.8	1.72	52.0	/	10.4	/	/	5.4	2.3	/	/	亮绿色粉末
2J-9	37.5	/	/	/	30.8	/	/	15.5	10.1	/	3.0	白色粉末
2J-10	18.9	67.6	/	/	1.9	2.8	/	1.7	6.9	/	/	亮绿色粉末
2J-11	10.9	57.5	23.9	/	2.9	2.1	/	/	/	/	2.6	块状
2J-12	76.8	19.3	/	/	2.2	/	/	0.87	/	/	/	亮绿色粉末
2J-13	19.3	40.5	32.8	/	4.3	1.8	/	/	/	/	1.1	亮绿色粉末
2J-14	15.9	75.5	/	/	4.4	2.7	/	/	1.31	/	/	亮绿色粉末
2J-15	52.2	25.2	19.9	/	1.1	0.8	/	/	/	/	/	块状
2J-16	12.0	82.5	/	/	2.0	2.8	/	/	/	/	/	亮绿色粉末

由上表可以看出样品 2J-2、2J-6、2J-10、2J-14、2J-16 含锡量均在 50% 以上，且它们样品均呈绿色粉末状，再结合 SEM-EDX 谱图分析，这几个样品不仅锡的普峰较高，而且氧含量也较高，由此可以推断腐蚀产物为 SnO_2。

Robbiola 在 1990 年提出离子迁移是青铜腐蚀中普遍的规律。他将腐蚀分为两种，一种是阳离子作用下的腐蚀，即铜离子或锡离子等阳离子，扩散到金属表面并控制腐蚀速度。通常，这是很缓慢的过程，尤其是形成氧化亚铜层可以保持器物原来的外形特征。另一种是阴离子作用下的腐蚀，腐蚀的发生产生腐蚀界面间较大的体积变化，结果会形成较厚但不连续的锈蚀产物。迁移速度高的离子，如氯离子，在阴离子的控制下回积极推动腐蚀的产生，因为作为阴离子它很容易从环境中移动到器物表面，从而加速腐蚀，并且易产生剥离的腐蚀层。

Chase 在 1994 年提出用离子迁移概念考察中国青铜器的腐蚀。对应于阳离子控制的腐蚀过程，Chase 将它定义为 II 型腐蚀，在这种情况下，器物表面形成锡氧化物富集的光滑水锈层。金相组织中的 α 相已经溶失，在此区域留下未腐蚀的盗状 α 和 δ 共熔体。在阴离子控制的腐蚀过程中，会发生富锡相移动，在器物表面形成锡氧化层或锡氧化物与氧化亚铜的混合物[①]。

此外，有的资料还认为青铜器锈蚀机理与青铜中锡、铅密切相关。马菁毓等人对浙江瓯海西周土墩墓出土高矿化青铜器进行了检测分析，发现腐蚀产物中的铜大量流失，腐蚀产物以 SnO_2 为主，使青铜器表面形成高度矿化。SnO_2 性脆且硬，遇到湿度变化时易产生龟裂和破损。虽然在出土时保持良好外观，但干燥过程中易产生塑粉现象，用手轻轻拿动时青铜文物的边缘容易酥解掉块。此外，含有 SnO_2 的水合产物，在脱离潮湿土壤环境后，容易失去结合水，也易造成龟裂而破损。永定区和慈利县青铜文物主要面临着这种病害，青铜内锡含量很高，有的样品高达 80% 以上，而铜含量较低，最低不到 10%，腐蚀产物呈亮绿色粉末，一碰就酥解掉块。

针对上述腐蚀产物，保护学者提出，保护此类青铜文物的首要工作是加固处理高度矿化的青铜。

慈利县青铜样品分析：

对慈利县 7 个青铜样品进行 SEM-EDX 检测。样品分析检测数据详见下表。

---

① 大卫·斯考特. 艺术品中的铜和青铜. 马清林, 等, 译. 北京: 科学出版社, 2009: 2-3.

慈利县青铜腐蚀样品 SEM-EDX 分析（wt%）

样品编号	CuK	SnL	PbM	ClK	SiK	CaK	NaK	AlK	FeK	ZnK	AsK	样品描述
2C-1	72.0	4.9	3.1	18.5	/	/	/	/	/	/	/	亮绿色颗粒状
2C-2	88.80	/	/	/	1.1	/	/	/	/	/	/	亮绿色粉末
2C-3	9.1	76.6	0.8	/	4.7	2.6	/	4.2	1.1	/	/	块状
2C-4	18.1	73.2	/	/	5.9	2.8	/	/	/	/	/	块状
2C-5	8.2	73.7	5.3	/	5.6	2.5	/	1.0	2.2	/	/	亮绿色粉末
2C-6	24.1	69.5	/	/	2.9	2.7	/	/	/	/	/	亮绿色颗粒状
2C-7	14.4	64.9	8.7	/	7.2	2.6	/	2.1	/	/	/	亮绿色颗粒状

由上表可以看出，五个样品 2C-3、2C-4、2C-5、2C-6、2C-7 锡含量普遍偏高，均在 70% 左右，都呈亮绿色粉末状，再结合 SEM-EDX 谱图分析，这几个样品不仅锡的普峰较高，而且氧含量也较高，由此可以推断腐蚀产物为 SnO_2。7 个样品中有 2C-1、2C-2 两个样品含氯，且 2C-1 样品含氯量高达 18.5%，状态呈粉状绿色，病害情况十分严重，且这种有害锈的形成主要是由于土壤中的氯化物而引起的。

青铜器锈蚀机理随着科学的发展在不断地有所发展，各种理论和观点不断涌现，但如今看法较为一致的是：器物埋藏地下时接触到氯化物，因为氯离子半径小，容易穿透水膜而与铜作用形成氯化亚铜[①]：$Cu+Cl^- \rightarrow CuCl+e^-$；氯化亚铜又与水反应生成氧化亚铜和盐酸：$2CuCl+H_2O \rightarrow Cu_2O+2HCl$；氧化亚铜遇氧气、水和二氧化碳时可生成碱式碳酸铜：$Cu_2O+O_2+H_2O+CO_2 \rightarrow CuCO_3 \cdot Cu(OH)_2$；氧化亚铜遇水、氧，加上盐酸又可转化为碱式氯化铜：$2Cu_2O+2H_2O+O_2+2HCl \rightarrow CuCl_2 \cdot 3Cu(OH)_2$。因此，青铜器在外界环境影响下所形成的腐蚀产物，是一种由内向外为 $CuCl$、Cu_2O，再向外是 $CuCO_3 \cdot Cu(OH)_2$ 或 $CuCl_2 \cdot 3Cu(OH)_2$，或两者都有的层叠状结构，这一结果已被 X 射线衍射法的分析所证实。由于氧化亚铜层的转化产物—碱式氯化铜是疏松膨胀的，呈粉状，通常称为粉状锈，氧和水仍可进入其中，使氯化亚铜层转化为碱式氯化铜：$4CuCl+O_2+4H_2O \rightarrow CuCl_2 \cdot 3Cu(OH)_2+2HCl$ 这就造成了内部生成粉状锈的条件；生成的盐酸遇到共析组织，又使铜转化为氯化亚铜：$4Cu+4HCl+O_2 \rightarrow 4CuCl+2H_2O$ 形成的氯化亚铜又与浸入内部的氧气和水作用生成碱式氯化铜。这样周而复始，使青铜器的腐蚀产物不断扩展、深入，直到器物溃烂、穿孔，这就被称为"青铜病"。

---

① 王蕙贞.文物保护学.北京：文物出版社，2009.

（四）显微拉曼光谱分析（RS）

对青铜样品进行显微拉曼光谱分析（RS）检测。样品分析检测数据详见下表。检测出了碱式碳酸、碱式氯化铜和硫化铜物质。

对青铜而言，有害锈主要是指铜器上腐蚀层中的氯化物、硫化物等。硫化物破坏器物的艺术欣赏价值，而氯化物则促进器物进一步循环往复的反应。如氯化亚铜、副氯铜矿、氯铜矿、羟氯铜矿、水氯铜矿等在一定条件下都可能产生氯离子，造成对器物进一步腐蚀的威胁。

显微拉曼光谱分析（RS）检测结果

样品编号	名称	分子式
慈1250	碱式氯化铜（Clinoatacamite）	$CuCl(OH)_3$
慈3899	硫化铜（Covellite）	CuS
慈3898	碱式碳酸铜（Malachite）	$Cu_2CO_3(OH)_2$
慈1581	碱式碳酸铜（Malachite）	$Cu_2CO_3(OH)_2$
慈3883	碱式碳酸铜（Malachite）	$Cu_2CO_3(OH)_2$
永001187	碱式碳酸铜（Malachite）Hydroxide carbonate	$Cu_2CO_3(OH)_2$
永002965	碱式碳酸铜（Malachite）Hydroxide carbonate	$Cu_2CO_3(OH)_2$
永000943	碱式碳酸铜（Malachite）Hydroxide carbonate	$Cu_2CO_3(OH)_2$
永001174	碱式碳酸铜（Malachite）Hydroxide carbonate	$Cu_2CO_3(OH)_2$
永000940	蓝铜矿（azurite）	$2CuCO_3Cu(OH)_2$

五、总结

通过分析比较这些锈蚀产物，以及青铜器锈蚀程度，对青铜器锈蚀机理进行了分析，得知张家界市青铜文物在埋藏时已受到严重的腐蚀，出土后未及时清除表面的污染物和有害锈及脱除可溶盐，加速了青铜器文物的进一步腐蚀，加之保存环境湿度不稳定，造成有利于腐蚀的环境。多种因素协同作用，使青铜器文物的腐蚀加剧。

检测分析结果表明：

张家界市青铜器腐蚀产物中的铜大量流失，腐蚀产物以SnO_2为主，使青铜器表面形成高度矿化。SnO_2性脆且硬，遇到湿度变化时易产生龟裂和破损。虽然在出土时保持良好外观，但干燥过程中易产生塑粉现象，用手轻轻拿动时青铜文物的边缘容易酥解掉块。此外，含有SnO_2的水合产物，在脱离潮湿土壤环境后，容易失去结合水，也易造成龟裂而破损。

张家界市青铜器埋藏在土壤中与土壤中氯化物发生反应，生成氯化物锈，氯化亚铜、副氯铜矿、氯铜矿、羟氯铜矿、水氯铜矿等在一定条件下都可能产生氯离子，造成对器物进一步腐蚀的威胁。这些害锈是青铜文物的癌症，它能在很短时间内使青铜文物粉化直至破坏，同时有害锈的文物还能互相"传染"。若一件青铜文物有患有粉状锈，将会威胁整个库房青铜文物的安全，因此对这批文物的保护就显得十分重要。

第三章 文物保护修复方案

一、保护修复工作目标

（一）拟保护修复文物的种类与数量

张家界市青铜文物绝大多数没有经过保护处理，上面覆盖有发掘时的土垢等沉积物，而这些沉积物有较强的吸湿能力，在湿度合适时具备化学腐蚀和电化学腐蚀同时发生的可能性。青铜病已经在较大范围内产生，在潮湿的气候下会加速腐蚀。

急需保护修复处理的青铜器总计575件。还有14件一级品亟待保护修复处理。详见下表。

亟待修复的张家界市馆藏青铜文物分布表

张家界市馆藏青铜器保存地点	一级文物	二级文物	三级文物	未定级出土文物	合计
桑植县	1件	3件	8件	11件	24件
张家界市文物局仓库	3件	8件	19件	23件	53件
慈利县博物馆	7件	24件	71件	111件	154件
永定区博物馆	3件	17件	120件	218件	359件
总计	15件	52件	218件	303件	589件

（二）保护设计依据及原则

参照青铜文物保护相关的法律法规、行业标准及文物保存现状，设计依据的文件如下：

《中华人民共和国文物保护法》（2002）；

《中华人民共和国文物保护法实施条例》（国务院，2003）；

《中国文物古迹保护准则》（ICOMOS CHIINA，2002）；

《馆藏金属文物保护修复方案编写规范》（中华人民共和国文物保护行业标准 WW/

T/0009-2007）；《馆藏青铜文物病害与图示》（中华人民共和国文物保护行业标准 WW/T/0004-2007）；《馆藏金属文物保护修复档案记录规范》（中华人民共和国文物保护行业标准 WW/T/0010-2008）。

针对文物不同的损坏原因采取适合的保护处理方法，达到长期稳定保存的目的。保护修复工作以最小干预达到最佳效果为目的，要为再次保护处理留有再处理空间。

对于介入性材料要求：可逆性或可再处理性，不含有害成分，抗生物侵害，不改变文物材质的化学性质，介入材料应作为牺牲材料。非介入材料的选择：不与原材料反应，无残留。

（三）保护修复工作考核指标及拟解决的问题

首先根据金属文物的具体病害、保存现况等情况，制定出明确、可考核的保护修复技术路线。然后选取病害集中的地方作为实验块，进行保护材料与去锈效果现场实验。最后筛选出适合这批金属文物的保护材料和方法。

本保护修复项目拟解决的问题有：

1. 含有害锈青铜文物的保护处理方法。
2. 对高矿化度青铜文物的加固处理。
3. 对薄壁青铜文物的保护处理。
4. 对鎏金青铜文物进行保护处理。
5. 缓蚀钝化及拼接补全等。
6. 对金属文物的保存条件提出要求。

二、保护修复技术路线及操作步骤

（一）保护修复材料筛选

针对不同青铜文物，分别展开材料筛选工作。在不显眼的小范围试用后，再在文物上实施。材料筛选包括：清洗药剂及方法筛选实验；脱盐材料及工艺实验；加固材料及工艺实验；缓蚀钝化及表面封护材料筛选实验。

（二）主要技术步骤流程图

金属文物的保护修复程序：

文字记录、拍照（开始制作保护修复卡片）→（预清洗）和清洗→（预加固）和加固→缓蚀处理→封护→拼接和粘接→补全和支撑→长期保存方法和建议（完成档案制作）。

三、保护修复步骤

（一）青铜文物保护修复步骤

1. 建立保护修复档案

参照现有标准[《馆藏金属文物保护修复档案记录规范》（中华人民共和国文物保护行业标准 WW/T/0010-2008）]，填写包括文物基本信息和保护修复步骤的档案文本。档案采用文字记录和图片采集相结合的方式。

2. 清洗

利用各种机械或化学方法对青铜器表面污染物、有害的锈层和其他结垢层进行最小干预的清除。

清洗目的

为了更好地去解读青铜器所遗留下来的各种历史信息（纹饰、铭文以及各种铸造痕迹），清除那些不稳定、不均匀地对青铜器有腐蚀的物质，还原器物表面及加工的原始面貌，进而为研究当时社会的政治、经济、文化提供理论证据。

选择清洗方法的依据

清洗时选择在隐蔽、病害信息量大的部位先做清洗试验块，以便能够找到最佳而有效的清洗方法。因为清洗是不可逆的操作，千万不能盲目地清洗。文物具有唯一性、不可再生性，所以一不小心就会对文物本身造成不可挽回的损失。在选择清洗方法时，一定要慎重。

机械除锈法

根据锈蚀的情况选用手术刀、钢针及各种牙科用具（如根据锈蚀的情况选择软硬不同的微型钻钻头）。结构疏松的采用酒精软化后用棉签、手术刀去除。较硬的钙质结垢和表面凹凸不平处用微型钻清洗，速度要慢，以免伤害器物。均匀而特别硬的沉积物考虑使用小型喷砂工具。

化学清洗

化学清洗必须先实验，在实验方法可行且对文物破坏性小的前提下方可进行清洗。使用方法：浸泡、涂抹及敷布等操作方法。化学处理后，必须仔细清洗残留物并迅速进行深层脱水。

去除氧化铜斑痕：用5%草酸溶液。

表面沉积的一层钙质类沉积物，使器物看上去脏乎乎的，影响了器物的美观。常采用1%～2%的六偏磷酸钠水溶液清洗。六偏磷酸钠在水中溶解缓慢，但易溶。在水中溶解形成正磷酸盐。对钙和各种金属都具有好的螯合效果。清洗时为提高溶解性与渗透性，加快洗涤速度，可加入阴离子型表面活性剂（0.5%十二烷基苯磺酸钠）。

3. 去除有害锈

青铜上的有害锈，大多数是斑点或片状的局部性锈蚀物。一般用手术刀或钢针在显微镜、放大灯下或直接剔除有害锈，清除到无氯化亚铜层为止。

对于较硬的锈壳，可采用（1%BTA+5%H_2O_2；或1%BTA+2%H_2O_2）溶液中浸泡过的棉花贴敷在要剔除锈的部位，半小时后软化，很容易用手术刀剔除。对于一些面积较大有害锈层部位，用浸泡过罗谢尔盐溶液（NaOH，1.5g；$KNaC_4H_6O_6$，12.5g；H_2O，86g）的棉花贴敷，十几分钟后棉花变蓝色。用蒸馏水冲洗，用5%柠檬酸中和后用手术刀剔除[①]。

有害锈剔除干净后，要用锌粉转化残余的氯化亚铜和氯化铜。用20%乙醇溶液调成糊状的锌粉涂覆于该处。滴管加20%乙醇溶液，使得该部位一直保持湿润状态。为防止快速挥发，可放置在密闭的容器内。约8小时后，用蒸馏水冲洗该部位。一般处理后为灰褐色，与铜色接近，如果太大差别，用5%柠檬酸擦洗，然后用蒸馏水冲洗干净。

完全处理后的文物，需用去离子水反复清洗后，小件青铜文物放入烘箱（50摄氏度左右），大件青铜文物用鼓风机或红外灯等充分干燥。

---

① 马清林，等. 灵台青铜器的保护方法述要. 文物保护与考古科学，1997年第二卷：1-8.

4. 除去铭文周围的有害锈

有的青铜文物上有铭文，但铭文被铜锈掩盖不能显示出铭文。如果用机械方法除锈，可能伤及文字的笔画，采用锌粉与5%NaOH溶液处理。将锌粉平敷于要除锈部位，滴加5%NaOH溶液到锌粉上，并调成糊状。半小时滴加一次保持湿润。重复2～3次即可。用蒸馏水冲洗干净。

在青铜器有害锈清除过程中，用硝酸酸化2%硝酸银溶液来检验清洗效果，直至检验不出Cl^-存在时为止。

稳定性检查

把制成品放入潮湿的房间3至4天。如果在表面出现结晶盐，必须进行进一步清洗，如果什么也没有发生，就可以用加热脱水，然后实施下一个步骤。

干燥

清洗过的青铜器，须进行脱水处理，去除残存在器物表面上的残留。对于小件的青铜器浸入乙醇或丙醇溶液中15分钟左右即可，对于大件的青铜器用涂刷法脱水。或者将器物置于红外灯或烘箱之中（60～80摄氏度），20～30分钟左右为宜。清洗后的青铜器，须进行脱水处理。脱水采用无水乙醇浸泡或涂刷。较为大型的器物，可采用红外灯或干燥箱，烘干温度100～120摄氏度，烘干时间依器物保存状况而定。

5. 预加固和加固

通过对样品的检测分析，确定SnO_2是主要腐蚀产物。SnO_2性质比较脆和硬，遇到湿度变化，易产生龟裂而破损。虽然在出土时保持着良好外观，但干燥过程中产生酥粉现象，用手轻轻拿动时边缘容易酥解掉块，这种矿化与高矿化度的性质主要体现的是SnO_2的特性。由于还含有SnO_2的水合物，在脱离潮湿的土壤环境后，结合水蒸发，也造成龟裂而破损。

对青铜器病变程度很严重，一些区域出现有孔洞、疏松和粉化时需进行表面加固或结构加固。可供筛选的有丙烯酸树脂，聚醋酸乙烯树脂，聚乙烯醇缩丁醛树脂等，施工工艺和浓度根据腐蚀状况确定。因为腐蚀严重，与清洗交替进行，必要时先加固后清洗[1]。

6. 矫形

矫形是从长期的工作实践中总结出来的，是青铜文物修复工作中的一个关键步骤，

---

[1] 马菁毓，等.浙江温州西周土墩墓出土青铜器保护修复.文物科技研究（5），中国文化遗产研究院编，科学出版社.

它是铜器后期焊接、粘连和做旧等修复技术实施的重要保障。目前我国青铜文物修复界普遍采用的整形办法，可供筛选的方法可归纳为以下五种：

（1）锤打法：适用于同胎延展性较好，韧性高的局部变形青铜器。

（2）模压法：利用大台钳或液压机加压整形。

（3）工具整形法：使用不同的工具和夹具进行支撑、顶压、撬、板、扭等方法。

（4）加热整形法：配备一个大小适中的烘干箱，温度控制在200～250摄氏度左右。

（5）锯解法：适合那些胎壁厚、延展性和弹性都比较差严重变形的器物。

张家界这批文物变形情况不是很多，根据文物保存情况选用其中的方法。锯解法和加热法尽量不采用。注意文物变化，缓慢多次进行。

7. 拼接和粘接

在进行黏结之前先进行试拼接，用胶带组装一下，看是否有缺少或缺损的残片。青铜器的表面装饰，铜绿的颜色或器物的厚度、茬口的大小会帮助我们寻找连接点，从而确定出正确的组装顺序和粘接位置。

采用（3A胶或UHUPlus胶）双组份环氧粘接。

8. 补全和支撑

补全视青铜器的残缺程度而定，从结构稳定性和美学上给予充分考虑。如果造型缺失又无法知道原始形貌的部位不予补全。对于残缺太多又无历史依据来恢复其外貌特征的青铜器，不予补全，而采用支撑物予以展示。以便给观众提供更完整的视觉效果。

补全材料必须具有可逆性、可识别性和兼容性。补全用环氧树脂（3A胶）添加高硬度石膏和矿物质颜料的方法。必要时采用玻璃纤维（用3A胶把玻璃纤维贴在需要补全的部位）的方法在内部做加强层。

9. 缓蚀封护

为了阻止青铜器本体内部的继续腐蚀，减缓腐蚀的发展进程，消除有害因子，采取的必要措施。

使用1.5%BTA乙醇溶液。用毛刷均匀涂在器物的内外表面，涂刷前先对器物预热到60度左右以加速反应。24小时后反应完成，将多余的结晶去除。再涂刷1.5%的Palaloid B_{72}乙酸乙酯溶液在器物的表面。应注意，BTA有较大毒性，操作时应在通风橱下进行，戴防毒面具及手套。

根据本批青铜文物的腐蚀特点，结合文献及实践保护，可供筛选的封护剂有：丙烯酸树脂 Paraloid B_{72} 或 B_{44} 等；Incralac，丙烯酸共聚物类树脂与 BTA 的混合物；微晶蜡及其复合产品。由于当地气候潮湿，保护处理后先用2%～3%丙烯酸树脂 Paraloid B_{72} 封护，然后考虑微晶蜡复合产品再做一遍封护。根据具体保护处理情况进行适当调整。

（二）鎏金青铜文物保护处理步骤

1. 建立保护修复档案

参照现有标准（《馆藏金属文物保护修复档案记录规范》（中华人民共和国文物保护行业标准 WW/T/0010-2008）），填写包括文物基本信息和保护修复步骤的档案文本。档案采用文字记录和图片采集相结合的方式。

去除鎏金表面污垢和锈蚀：罗谢尔盐（酒石酸钾钠）；EDTA：离子交换树脂。

2. 清洗

一般采用机械法是比较稳妥、安全的方法。采用手工工具和微型手电钻等为主要除锈手段。但往往是坚硬的锈层下面是薄软的鎏金层，机械方法去锈可能使鎏金层损伤和剥落。采用 EDTA 络合的方法协助手工操作[①]。

溶液的配方为：EDTA100g，氯化铵 54g 氨水 350mL。

称取 EDTA100g，氯化铵 54g 溶于 600 毫升左右的蒸馏水中，溶解后加入氨水 350mL，添加蒸馏水至 1000mL，此时溶于 pH 值为 10。

用棉签蘸 EDTA 混合溶液在锈层表面，用尼龙刷剔除锈蚀物，较硬的根据硬度不同可选用竹刀及手术刀等。一个小区域完成再处理另一个小区域，处理完的区域及时用蒸馏水清洗干净。

3. 除去有害锈

鎏金文物的有害锈不仅在鎏金层表面，还存在于铜本体及锈层中，呈点状、零星分布于各个部位，用常规除锈法无粉状锈法彻底清除，可采用电化学还原法。

用水调和的膏状琼脂涂抹在文物表面，用铝箔纸紧紧包上。经过一段时间铝箔上出现点状小孔，用去离子水冲洗到琼脂等混合物。然后重新更换琼脂再次包裹严密。如此反复操作几次，看不到铝箔损伤为止。最后用离子水浸泡和清洗。

---

① 赵西成，唐代鎏金铜碗的修复保护，文物保护与考古科学，1998年5月，第一卷：44-49.

4. 预加固和加固

通过对样品的检测分析，确定 SnO_2 是主要腐蚀产物。SnO_2 性质比较脆和硬，遇到湿度变化，易产生龟裂而破损。虽然在出土时保持着良好外观，但干燥过程中产生酥粉现象，用手轻轻拿动时边缘容易酥解掉块，这种矿化与高矿化度的性质主要体现的是 SnO_2 的特性。由于还含有 SnO_2 的水合物，在脱离潮湿的土壤环境后，结合水蒸发，也造成龟裂而破损。

对青铜器病变程度很严重，一些区域出现有孔洞、疏松和粉化时需进行表面加固或结构加固。可供筛选的药剂有丙烯酸树脂，聚醋酸乙烯树脂，聚乙烯醇缩丁醛树脂等，施工工艺和浓度根据腐蚀状况确定。因为腐蚀严重，与清洗交替进行，必要时先加固后清洗。

5. 拼接和粘接

在进行黏结之前先进行试拼接，用胶带组装一下，看是否有缺少或缺损的残片。青铜器的表面装饰，铜绿的颜色或器物的厚度、茬口的大小会帮助我们寻找连接点，从而确定出正确的组装顺序和粘接位置。

采用 24 小时固化的（3A 胶或 UHUPlus 胶）双组份环氧粘接。

6. 补全和支撑

补全视青铜器的残缺程度而定，从结构稳定性和美学上给予充分考虑。如果造型缺失又无法知道原始形貌的部位不予补全。对于残缺太多又无历史依据来恢复其外貌特征的青铜器，不予补全，而采用支撑物予以展示。以便给观众提供更完整的视觉效果。

补全材料必须具有可逆性、可识别性和兼容性。

补全用环氧树脂（3A 胶）添加高硬度石膏和矿物质颜料的方法。必要时采用玻璃纤维（用 3A 胶把玻璃纤维贴在需要补全的部位）的方法在内部做加强层。

7. 缓蚀封护

使用 1.5%BTA 乙醇溶液。用毛刷均匀涂在器物的内外表面，24 小时后反应完成，将多余的结晶及析出清除。再涂刷 1.5% 的 Palaloid B_{72} 乙酸乙酯溶液在器物的表面。应注意，BTA 有较大毒性，操作时应在通风橱下进行，戴防毒面具及手套。

根据检测分析结果，结合文献资料可供筛选的封护剂主要有：丙烯酸树脂 Paraloid B_{72} 或 B_{44} 等；Incralac，丙烯酸共聚物类树脂与 BTA 的混合物；微晶蜡及其复合产品。由于当地气候潮湿，保护处理后先用 2%～3% 丙烯酸树脂 Paraloid B_{72} 封护，然后考虑微晶蜡复合产品再做一遍封护。根据具体文物情况，先小范围试用再整体涂敷。

三、预防性保护

因为在高湿度地区，部分文物考虑无氧环境封存。小件器物采用RP封存方法。

张家界这批文物矿化程度比较高，虽然经过保护处理，但为了保证文物安全，在保管和挪动时还需要放入囊匣。囊匣，实际上使用的是双层套盒装，一件囊匣经过十几道工序的加工，一对一的对号入位，文物在内囊中会得到有效的保护起来。这种囊匣能够起到防尘、防震、防风、避光之功效，适用于文物在库房中的搬运保管、适用于文物的运输安全。特别是我国还是一个多地震的国家，如果能够有计划地为大量的未定级出土文物配上囊匣，在面对突如其来的大地震时，大批的文物会得到有效的保护，会大大降低文物的损失。一批高质量的囊匣会使得文物安全性大大提升。囊匣具体指标详见附件5。

四、风险评估

此批青铜文物腐蚀程度比较大。在保护修复处理过程中，加固处理要特别处理，有些青铜器表面看似完整，但其实腐蚀已经贯通，稍受力就会酥粉或断裂。此批青铜文物含有氯离子比较普遍，加固和除盐步骤都将有较大困难。缓蚀钝化要严格，尽量控制铜的进一步腐蚀。

鎏金文物在清洗和除去有害锈时特别注意控制保护处理时间和药品用量。

由于文物个体差异大，导致保护技术的实施个性大于共性，以及文物本体对技术的制约性较大而引起不可预见的不利因素，将通过聘请专家进行工作指导，将不利影响控制在最低程度。

五、保护修复条件和工作量及进度安排

（一）基本条件

本项目从消除病害，加强义物本体结构，治理环境等，全方面对文物进行科学有

效的保护修复处理。

张家界市馆藏青铜文物需要大量人力大量时间参与，保护修复的全过程拟利用中国文化遗产研究院实验室的仪器、设备以及现场实验以保证保护修复效果。中国文量和结构较为合理。部分难点和关键技术在国内青铜文物保护专家和学者的现场指导和培训下，聘请部分当地技术人员，有能力和时间来完成这批青铜文物的处理工作。

（二）进度安排

张家界青铜文物保护处理项目需要 3 年时间完成，计划为 2014 年 7 月至 2017 年 7 月，长期参与此工作的技术人员 8 名，其中高级技术人员 2 名。临时性工作人员 2 名。具体时间以项目实施签订正式合同为准，时间安排见下表：

张家界市馆藏青铜文物修复保护进度表

序号	工作安排		工作时间（月）
1	资料收集整理等前期准备工作。		1
2	继续完善资料的收集整理，进行文物检测分析。制定出具体工作计划。		1
3	青铜文物保护修复	从病害类型少的小件文物开始，在实验块的基础上，展开清洗及清洗脱盐，缓蚀钝化等工作。每个人每月完成 5 件左右。	24
		有害锈蚀的文物集中处理，去除粉状锈、缓蚀、钝化和封护处理。最后要经过潮湿性检验。	6
		其他少量不含有害锈蚀物的文物	3
4	编写文物保护修复报告，项目验收		1
5	合计		36

六、保护修复后的保存条件建议

关于金属器保护修复后的保存条件，根据《博物馆藏品管理办法》《博物馆藏品保存环境试行规范》《文物行业标准管理办法》等标准或规范化文件执行。注意事项如下。

应保护干净整洁的卫生环境，消防器材配备完善，并定期检查，保持适当的温、湿度、通风良好，了解各种废弃物品置放位置，并按规定处理废弃物品。

金属文物的保存环境因素是保护修复之后能否发生锈蚀的决定因素，也是防止长期保存中的再次发生锈蚀的主要控制因素。环境因素包括湿度、温度、光辐射、空气污染物和生物的病菌、细菌等。无论是物理的（噪音、光、热、辐射等）、化学的（无机物、有机物）、生物的（细菌、病菌等）有害物质的设备装置和场所，都有不同程度的直接或间接地对金属文物造成损害或污染。如二氧化碳、二氧化硫、氯化钠等，还有与青铜器相接触的酸、碱、盐等等。所以我们在保存时必须进行环境的控制和抑制，改善并创造条件使文物达到最佳保存状态。

金属文物的腐蚀往往来自周围环境的改变，当文物处于一种相对稳定的环境中并与周围环境建立了一种平衡关系时，一旦打破了这种平衡关系就会引起病变的变化（温度湿度的增长或减少）。因此，保存需要在相对稳定的环境中，密封的库房或有机玻璃箱内，并防止日光照射和空气的污染。

文物的保护与修复，即便采取最小干预的原则，但也是对文物进行了干预，或多或少地给文物带来一定的伤害。对文物进行修复，只是一种没有办法的办法。最好的修复是能够抑制病变的发生。因此，定期观察和日常监控是抑制病害发生的有效手段。尽量做到及时发现问题并及时解决问题。

金属文物的保存条件：温度20度，相对湿度40%以下［IIC（国际文物保存科学会）、ICOM（国际博物馆学会）、ICCROM（国际保存修复中心等）组织推荐］。

七、安全措施

（一）环境保护

青铜文物的保护修复所用材料均为环境友好材料，且用量较少，不会对人体和环境产生危害。保护过程产生的化学药品和废液需经处理后才能排放。

（二）文物防火防盗措施

工作现场安装监控设备；工作场所具备相应的灭火设备；在使用丙酮等具有挥发性、易燃性的溶剂时，应密切注意环境的通风和防水。

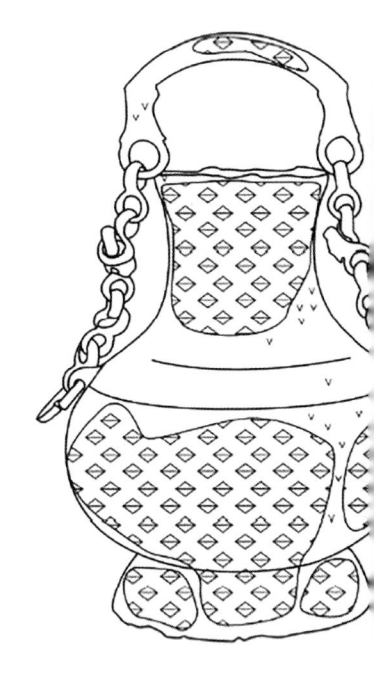

第四章 文物保护修复实录

一、馆藏青铜文物检测分析

（一）样品获取

在永定区青铜兵器、造像、钱币、铜镜等共445件文物中选取16件青铜腐蚀样品，编号2J-1～2J-16，分别进行检测分析，取样青铜部位及检测分析项目详见附表取样登记表。

在慈利县青铜兵器、造像、头饰、铜镜等共154件文物中选取7件青铜腐蚀样品，编号2C-1～2C-7，分别进行检测分析，取样青铜部位及检测分析项目详见附表取样登记表。

（二）青铜文物SEM-EDX检测分析

1. 永定区青铜腐蚀样品分析

对上述23个青铜样品进行SEM-EDX检测。样品分析检测数据详见下表。

永定区青铜腐蚀样品SEM-EDX分析（wt%）

样品编号	CuK	SnL	PbM	ClK	SiK	CaK	NaK	AlK	FeK	ZnK	AsK	样品描述
2J-1	7.65	28.15	11.27	/	1.35	1.80	20.75	/	/	28.15	/	亮绿色粉末
2J-2	3.45	76.40	11.60	/	2.60	5.95	/	/	/	/	/	亮绿色粉末
2J-3	31.62	58.77	5.51	/	1.43	2.28	/	0.39	/	/	/	黄褐色粉末
2J-4	62.73	16.14	/	/	13.89	0.63	/	5.40	1.21	/	/	块状
2J-5	27.41	21.17	26.33	/	2.42	1.17	/	1.07	6.37	/	14.06	亮绿色粉末
2J-6	45.96	49.14	/	/	1.78	2.15	/	0.64	/	/	/	亮绿色粉末
2J-7	26.16	20.37	43.38	/	4.06	/	/	0.74	1.47	/	3.84	块状
2J-8	26.82	1.72	52	/	10.46	0.29	/	5.45	2.30	/	/	亮绿色粉末
2J-9	37.50	/	/	/	30.81	/	/	15.50	10.12	/	3.04	白色粉末
2J-10	18.91	67.65	/	/	1.94	2.82	/	1.77	6.91	/	/	亮绿色粉末
2J-11	10.89	57.54	23.94	/	2.94	2.11	/	/	/	/	2.59	块状
2J-12	76.81	19.27	/	/	2.20	0.85	/	0.87	/	/	/	亮绿色粉末
2J-13	19.39	40.54	32.86	/	4.33	1.82	/	/	/	/	1.07	亮绿色粉末
2J-14	15.93	75.59	/	/	4.42	2.72	/	/	1.31	/	/	亮绿色粉末
2J-15	52.2	25.21	19.94	/	1.17	0.81	/	0.66	/	/	/	块状
2J-16	12.05	82.59	/	/	2.07	2.83	/	/	/	/	/	亮绿色粉末

由上表可以看出样品 2J-2、2J-6、2J-10、2J-14、2J-16 含锡量均在 50% 以上，且它们样品均呈绿色粉末状，再结合 SEM-EDX 谱图分析，这几个样品不仅锡的普峰较高，而且氧含量也较高，由此可以推断腐蚀产物为 SnO_2。

Robbiola 在 1990 年提出离子迁移是青铜腐蚀中普遍的规律。他将腐蚀分为两种，一种是阳离子作用下的腐蚀，即铜离子或锡离子等阳离子，扩散到金属表面并控制腐蚀速度。通常，这是很缓慢的过程，尤其是形成氧化亚铜层可以保持器物原来的外形特征。另一种是阴离子作用下的腐蚀，腐蚀的发生产生腐蚀界面间较大的体积变化，结果会形成较厚但不连续的锈蚀产物。迁移速度高的离子，如氯离子，在阴离子的控制下回积极推动腐蚀的产生，因为作为阴离子它很容易从环境中移动到器物表面，从而加速腐蚀，并且易产生剥离的腐蚀层。

Chase 在 1994 年提出用离子迁移概念考察中国青铜器的腐蚀。对应于阳离子控制的腐蚀过程，Chase 将它定义为 II 型腐蚀，在这种情况下，器物表面形成锡氧化物富集的光滑水锈层。金相组织中的 α 相已经溶失，在此区域留下未腐蚀的盗状 α 和 δ 共熔体。在阴离子控制的腐蚀过程中，会发生富锡相移动，在器物表面形成锡氧化层或锡氧化物与氧化亚铜的混合物[①]。

此外，有的资料还认为青铜器锈蚀机理与青铜中锡、铅密切相关。马菁毓等人对浙江瓯海西周土墩墓出土高矿化青铜器进行了检测分析，发现腐蚀产物中的铜大量流失，腐蚀产物以 SnO_2 为主，使青铜器表面形成高度矿化。SnO_2 性脆且硬，遇到湿度变化时易产生龟裂和破损。虽然在出土时保持良好外观，但干燥过程中易产生塑粉现象，用手轻轻拿动时青铜文物的边缘容易酥解掉块。此外，含有 SnO_2 的水合产物，在脱离潮湿土壤环境后，容易失去结合水，也易造成龟裂而破损。永定区和慈利县青铜文物主要面临着这种病害，青铜内锡含量很高，有的样品高达 80% 以上，而铜含量较低，最低不到 10%，腐蚀产物呈亮绿色粉末，一碰就酥解掉块。

针对上述腐蚀产物，保护学者提出，保护此类青铜文物的首要工作是加固处理高度矿化的青铜。

2. 慈利县青铜样品分析

对慈利县 7 个青铜样品进行 SEM-EDX 检测。样品分析检测数据详见下表。

---

① 大卫·斯考特. 艺术品中的铜和青铜. 马清林，等，译. 北京：科学出版社，2009：2-3.

慈利县青铜腐蚀样品 SEM-EDX 分析（wt%）

样品编号	CuK	SnL	PbM	ClK	SiK	CaK	NaK	AlK	FeK	ZnK	AsK	样品描述
2C-1	72.03	4.94	3.13	18.56	0.45	0.23	/	0.36	0.30	/	/	亮绿色颗粒状
2C-2	88.80	/	0.25	0.47	1.07	0.29	/	0.47	0.18	/	/	亮绿色粉末
2C-3	9.08	76.63	0.77	/	4.68	2.60	/	4.21	1.06	/	/	块状
2C-4	18.15	73.16	/	/	5.91	2.79	/	/	/	/	/	块状
2C-5	8.24	73.71	5.35	/	5.64	2.52	/	1.04	2.24	/	/	亮绿色粉末
2C-6	24.11	69.50	/	/	2.96	2.74	/	0.69	/	/	/	亮绿色颗粒状
2C-7	14.44	64.95	8.69	/	7.20	2.59	/	2.13	/	/	/	亮绿色颗粒状

由上表可以看出，五个样品 2C-3、2C-4、2C-5、2C-6、2C-7 锡含量普遍偏高，均在 70% 左右，都呈亮绿色粉末状，再结合 SEM-EDX 谱图分析，这几个样品不仅锡的普峰较高，而且氧含量也较高，由此可以推断腐蚀产物为 SnO_2。7 个样品中有 2C-1、2C-2 两个样品含氯，且 2C-1 样品含氯量高达 18.5%，状态呈粉状绿色，病害情况十分严重，且这种有害锈的形成主要是由于土壤中的氯化物而引起的。

青铜器锈蚀机理随着科学的发展在不断地有所发展，各种理论和观点不断涌现，但如今看法较为一致的是：器物埋藏地下时接触到氯化物，因为氯离子半径小，容易穿透水膜而与铜作用形成氯化亚铜[①]：$Cu+Cl^- \rightarrow CuCl+e^-$；氯化亚铜又与水反应生成氧化亚铜和盐酸：$2CuCl+H_2O \rightarrow Cu_2O+2HCl$；氧化亚铜遇氧气、水和二氧化碳时可生成碱式碳酸铜：$Cu_2O+O_2+H_2O+CO_2 \rightarrow CuCO_3 \cdot Cu(OH)_2$；氧化亚铜遇水、氧，加上盐酸又可转化为碱式氯化铜：$2Cu_2O+2H_2O+O_2+2HCl \rightarrow CuCl_2 \cdot 3Cu(OH)_2$。因此，青铜器在外界环境影响下所形成的腐蚀产物，是一种由内向外为 $CuCl$、Cu_2O，再向外是 $CuCO_3 \cdot 3Cu(OH)_2$ 或 $CuCl_2 \cdot 3Cu(OH)_2$，或两者都有的层叠状结构，这一结果已被 X 射线衍射法的分析所证实。由于氧化亚铜层的转化产物—碱式氯化铜是疏松膨胀的，呈粉状，通常称为粉状锈，氧和水仍可进入其中，使氯化亚铜层转化为碱式氯化铜：$4CuCl+O_2+4H_2O \rightarrow CuCl_2 \cdot 3Cu(OH)_2+2HCl$ 这就造成了内部生成粉状锈的条件；生成的盐酸遇到共析组织，又使铜转化为氯化亚铜：$4Cu+4HCl+O_2 \rightarrow 4CuCl+2H_2O$ 形成的氯化亚铜又与浸入内部的氧气和水作用生成碱式氯化铜。这样周而复始，使青铜

---

① 王蕙贞.文物保护学.北京：文物出版社，2009.

器的腐蚀产物不断扩展、深入，直到器物溃烂、穿孔，这就被称为"青铜病"。

（三）显微拉曼光谱分析（RS）

对青铜样品进行显微拉曼光谱分析（RS）检测。样品分析检测数据详见下表。检测出了碱式碳酸、碱式氯化铜和硫化铜物质。

对青铜而言，有害锈主要是指铜器上腐蚀层中的氯化物、硫化物等。硫化物破坏器物的艺术欣赏价值，而氯化物则促进器物进一步循环往复的反应。如氯化亚铜、副氯铜矿、氯铜矿、羟氯铜矿、水氯铜矿等在一定条件下都可能产生氯离子，造成对器物进一步腐蚀的威胁。

显微拉曼光谱分析（RS）检测结果

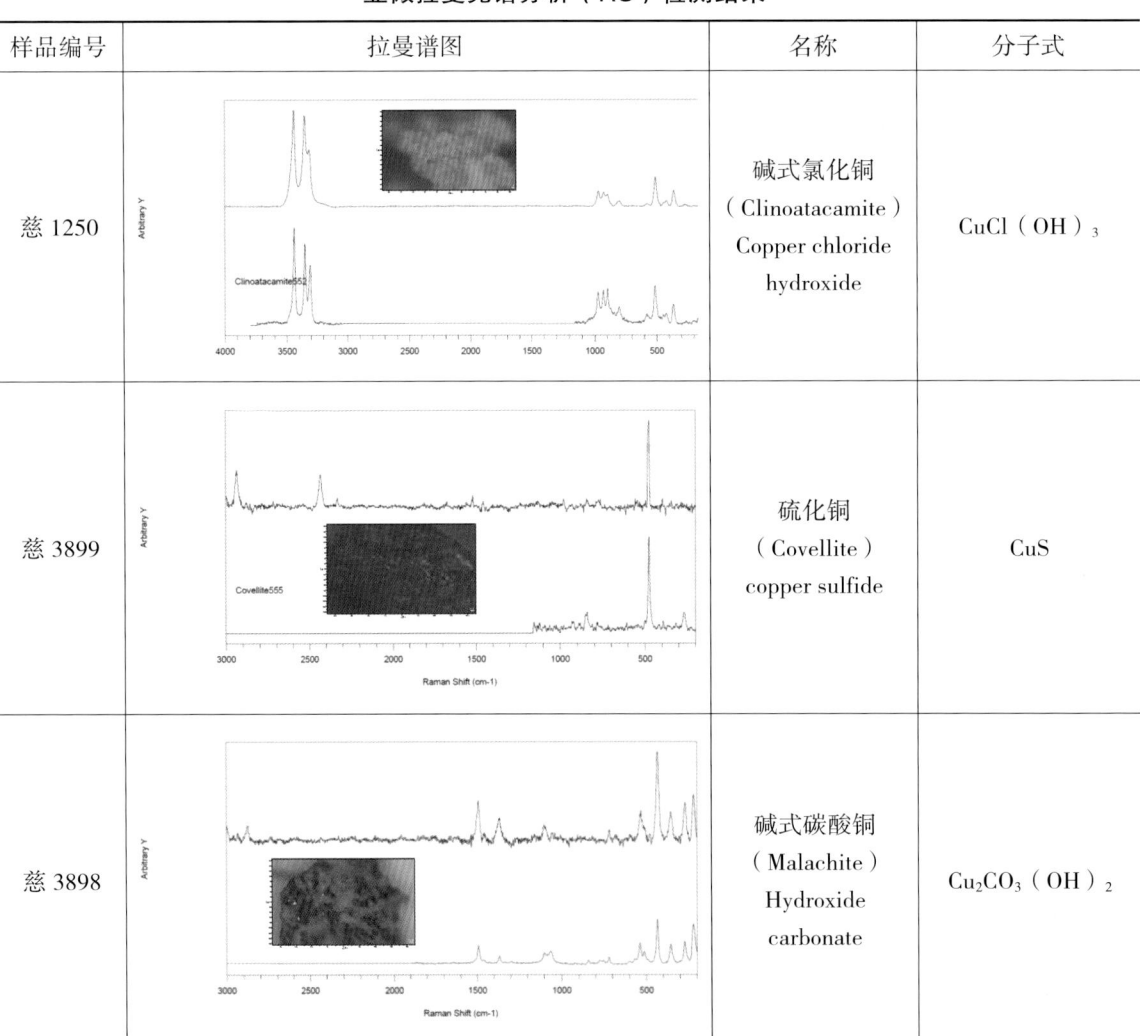

样品编号	拉曼谱图	名称	分子式
慈 1250		碱式氯化铜（Clinoatacamite）Copper chloride hydroxide	$CuCl(OH)_3$
慈 3899		硫化铜（Covellite）copper sulfide	CuS
慈 3898		碱式碳酸铜（Malachite）Hydroxide carbonate	$Cu_2CO_3(OH)_2$

续表

样品编号	拉曼谱图	名称	分子式
慈 1581		碱式碳酸铜（Malachite）Hydroxide carbonate	$Cu_2CO_3(OH)_2$
慈 3883		碱式碳酸铜（Malachite）Hydroxide carbonate	$Cu_2CO_3(OH)_2$
001187		碱式碳酸铜（Malachite）Hydroxide carbonate	$Cu_2CO_3(OH)_2$
002965			

续表

样品编号	拉曼谱图	名称	分子式
000943	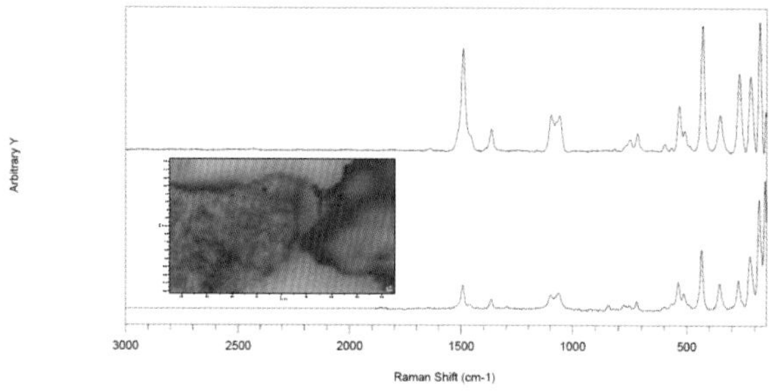	碱式碳酸铜（Malachite）Hydroxide carbonate	$Cu_2CO_3(OH)_2$
001174	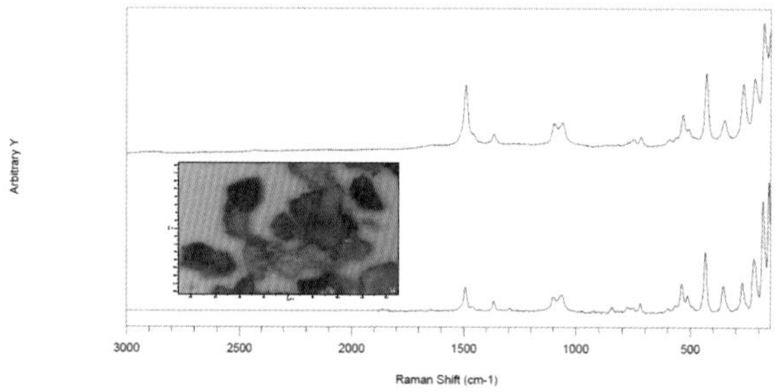		
000940	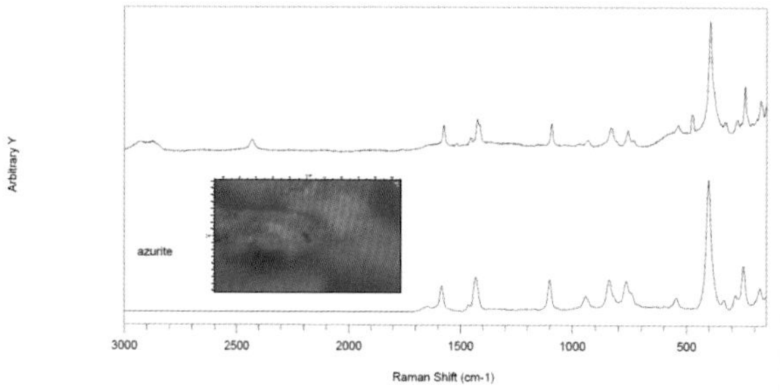	蓝铜矿（azurite）Basic copper (II) carbonate	$2CuCO_3Cu(OH)_2$

（四）总结

通过分析比较这些锈蚀产物，以及青铜器锈蚀程度，对青铜器锈蚀机理进行了分析，得知张家界市青铜文物在埋藏时已受到严重的腐蚀，出土后未及时清除表面的污染物和有害锈及脱除可溶盐，加速了青铜器文物的进一步腐蚀，加之保存环境湿度不稳定，造成有利于腐蚀的环境。多种因素协同作用，使青铜器文物的腐蚀加剧。

检测分析结果表明：

张家界市青铜器埋藏在土壤中与土壤中氯化物发生反应，生成氯化物锈，氯化亚铜、副氯铜矿、氯铜矿、羟氯铜矿、水氯铜矿等在一定条件下都可能产生氯离子，造成对器物进一步腐蚀的威胁。

张家界市青铜器腐蚀产物中的铜大量流失，腐蚀产物以 SnO_2 为主，使青铜器表面形成高度矿化。SnO_2 性脆且硬，遇到湿度变化时易产生龟裂和破损。虽然在出土时保持良好外观，但干燥过程中易产生塑粉现象，用手轻轻拿动时青铜文物的边缘容易酥解掉块。此外，含有 SnO_2 的水合产物，在脱离潮湿土壤环境后，容易失去结合水，也易造成龟裂而破损。

这些害锈是青铜文物的癌症，它能在很短时间内使青铜文物粉化直至破坏，同时有害锈的文物还能互相"传染"。若一件青铜文物有患有粉状锈，将会威胁整个库房青铜文物的安全，因此对这批文物的保护就显得十分重要。

二、张家界博物馆 XRD 样品分析

（一）检测设备参数设置

1. 仪器参数

设备参数

	待测样品	张家界博物馆样品		检测设备样图
检测条件	检测设备及其参数条件	设备品牌及型号	美国伊诺斯便携式 X 射线衍射仪 XRD-Terra	
		管电压	30KV	
		管电流	300uA	
		靶材	Co	
		步宽	0.02	
		GeometryParams: axisX = −73.9652 axisY = 128 axisZ = 1204.77 sensorAngle1 = −29.593		
		EnergyParams: splitThreshold = 12 CuKaPeak = 1508 kBFilterIn = 1		
		sensorAngle3 = 0		

2. 仪器简介

便携式 X 衍射仪 XRD-Terra 是 XRD 家族中一款颠覆性的产品，采用最新的 2D-XRD 透射衍射技术。仪器安装在一个坚固的便携式仪器箱内，通过仪器内部微型电脑系统产生的 WIFI 可与笔记本电脑无线远程连接，实现仪器的操控和数据传输。样品制备简单，只需将样品研磨成粉末、填装至样品室即可，无需复杂的参数设置、一键式操作即可进行样品测试，测试完毕后，将数据信息导入数据处理软件 XPOWDER 中，即可快速得到样品成分分析结果。仪器配备有四节可充电的锂离子电池块供电，可以独立在野外工作，仪器也可以连接 220V 交流电在室内工作。低功率 X 射线管，可延长射线管功率（正常使用 8～10 年），无需使用水循环冷却系统，节约能源。仪器专为美国火星计划地质考察而研制，仪器可防雾、防尘、防震动，能适应野外恶劣的使用环境。

（二）XRD 分析结果

1. 样品物相分析结果

样品编号	样品中所含物相及半定量结果（％）
066	二氧化锡
00067	孔雀石、氯铜矿、石英
000241	碱式磷酸铜（$Cu_2(OH)PO_4$）、孔雀石
247	氯铜矿、石英、方铅矿（PbS）、钠长石
906	孔雀石
911	
913	孔雀石
915	石英、假孔雀石
940	氯铜矿
943	孔雀石、石英
943-wei	孔雀石
946	石英。针铁矿（α-FeO(OH)）

续表

样品编号	样品中所含物相及半定量结果（%）
962	
963	孔雀石
1635	孔雀石
2937	
2964	石英、伊利石
2965	孔雀石

2.结果总结

（1）由衍射谱图可以看出，样品066、00067、000241、247、906、913、915、940、943、943-wei、946、963、1635、2964、2965的X射线衍射峰尖锐、背景较低、基线平滑，说明晶体生长较好，结构完整，具有明显可辨认性和稳定性，XRD分析物相结果如上表格。

由样品000241的XRD物相结果可知，样品000241中含有碱式磷酸铜，并且碱式磷酸铜的衍射峰非常尖锐，但由于碱式磷酸铜在铜器腐蚀物中不常见，建议对样品000241进行XRF元素信息，以进一步佐证。

（2）由衍射谱图可以看出，样品911、962和2937的衍射谱图衍射峰宽泛、背景基线较高、说明样品911、962和2937的晶体生长较差。样品中的非晶态较多，不易识别样品中的物相；建议先对样品911、962和2937进行XRF分析，然后再使用便携式XRD-Terra进行薄垫片XRD分析。

（三）样品对应XRD衍射图谱及其对应的波峰数据

XRD衍射图谱

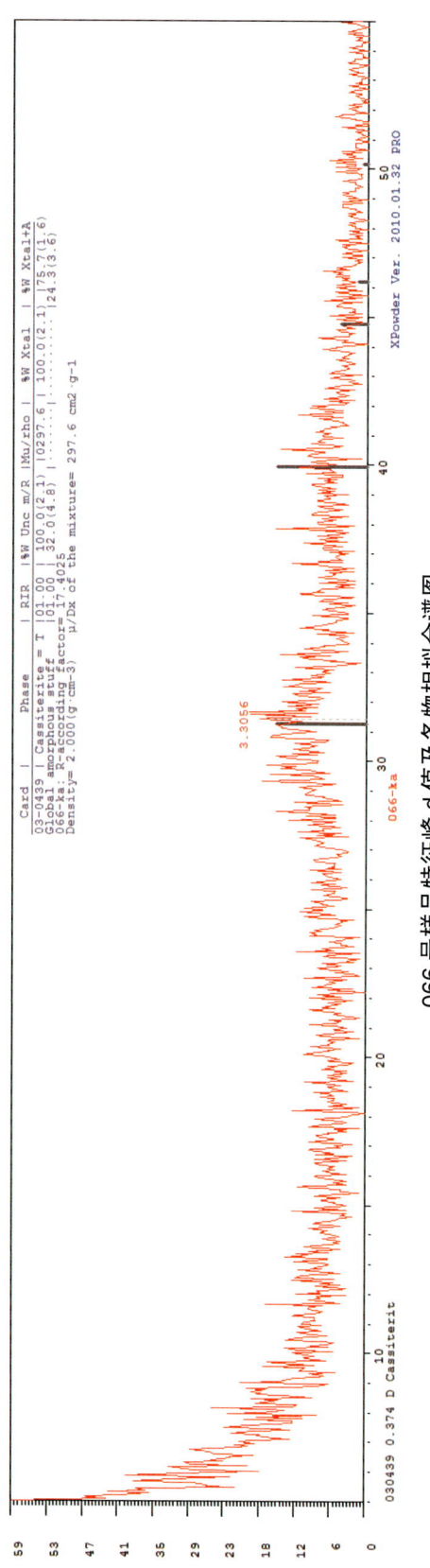

066号样品特征峰d值及各物相拟合谱图

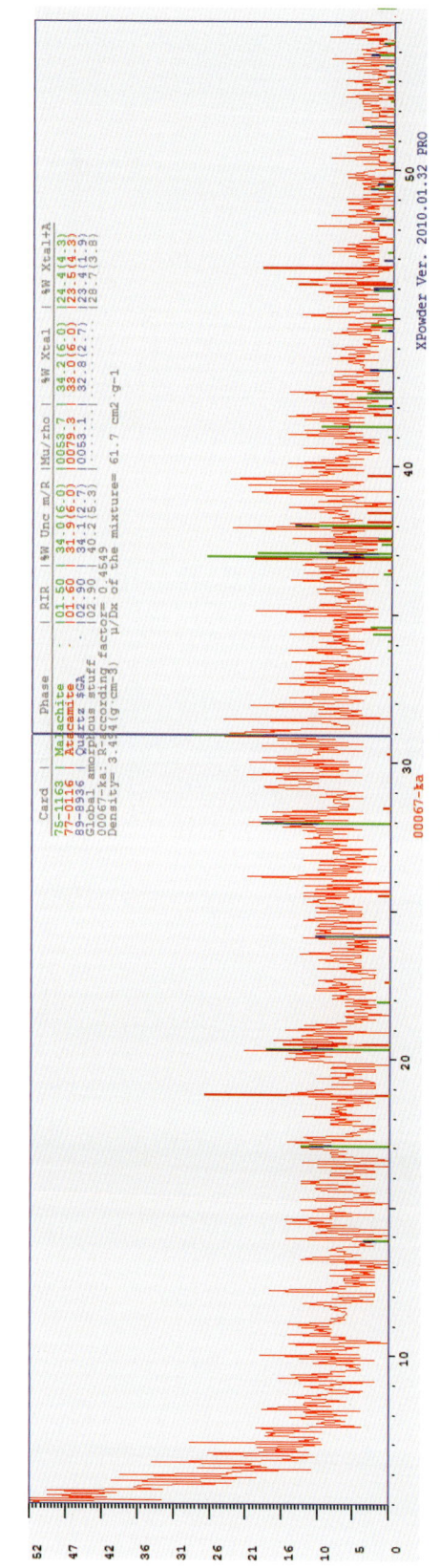

00067号样品特征峰d值及各物相拟合谱图

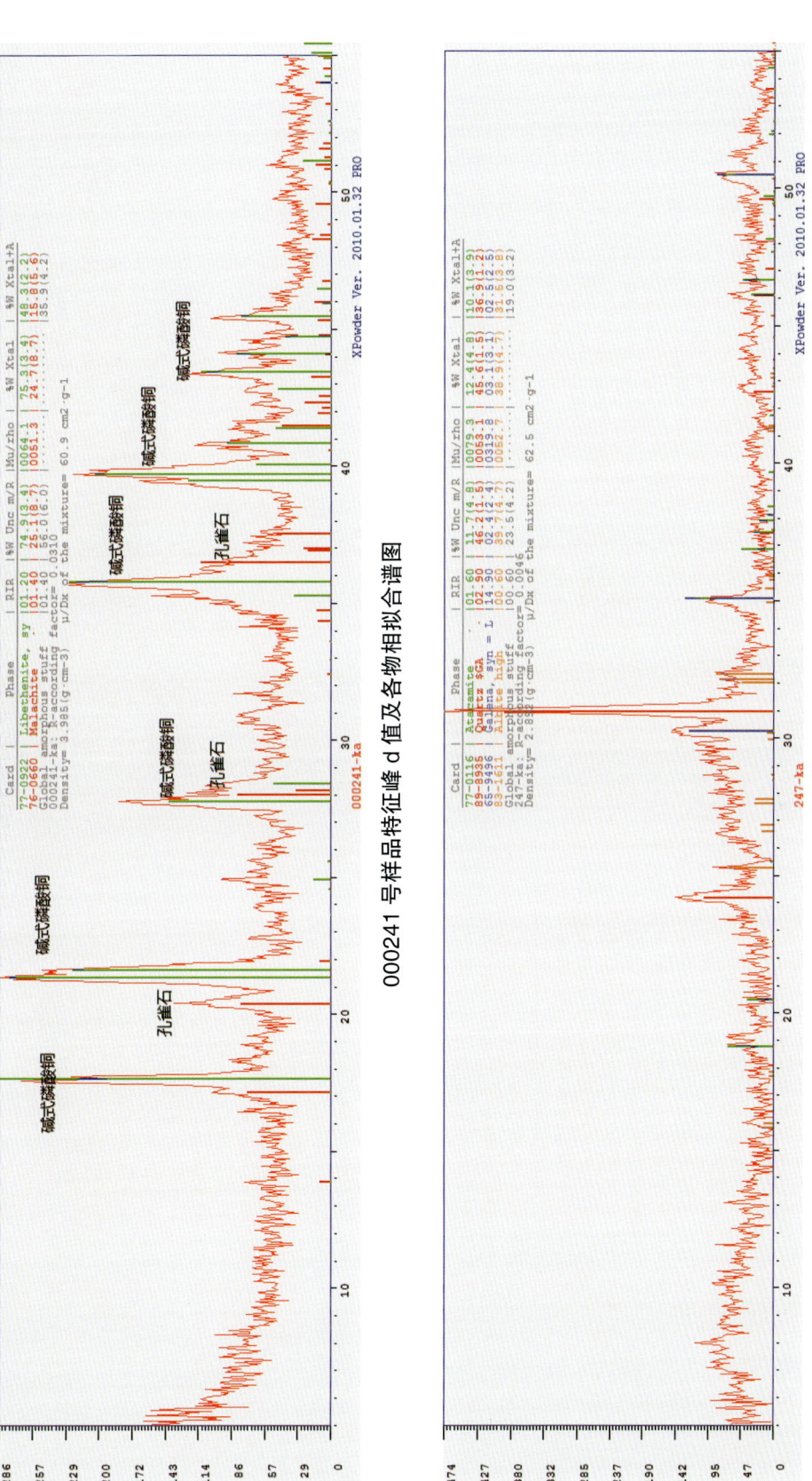

000241 号样品特征峰 d 值及各物相拟合谱图

247 号样品特征峰 d 值及各物相拟合谱图

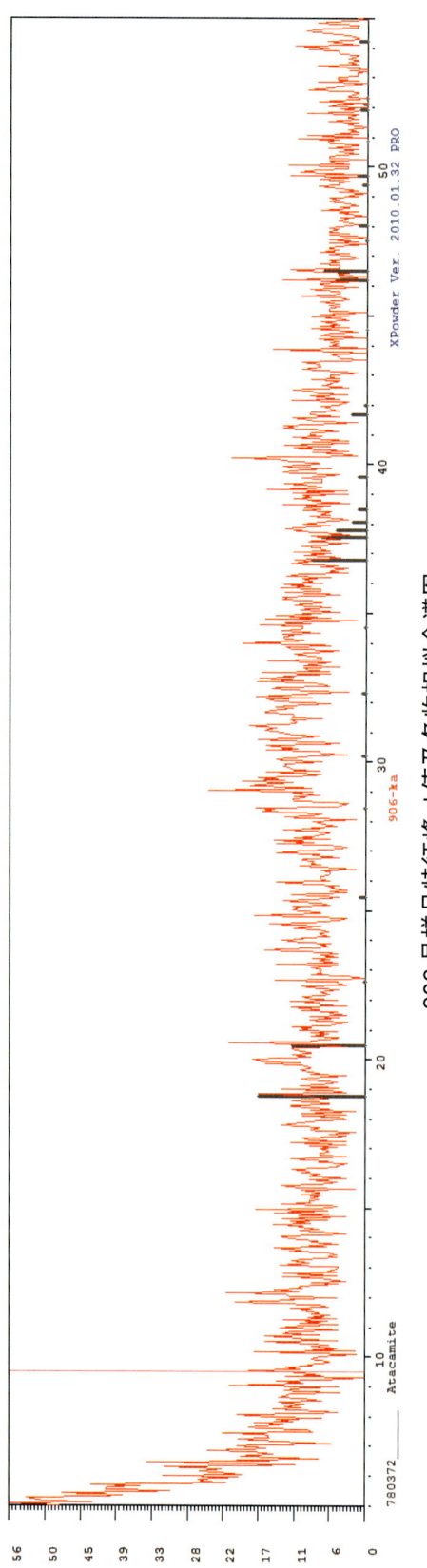

906 号样品特征峰 d 值及各物相拟合谱图

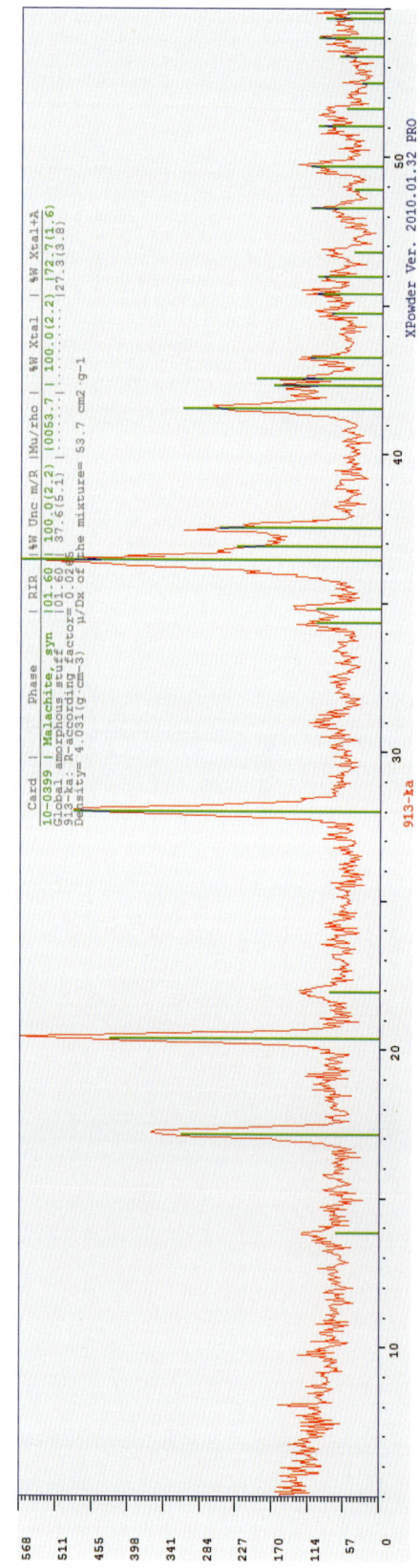

913 号样品特征峰 d 值及各物相拟合谱图

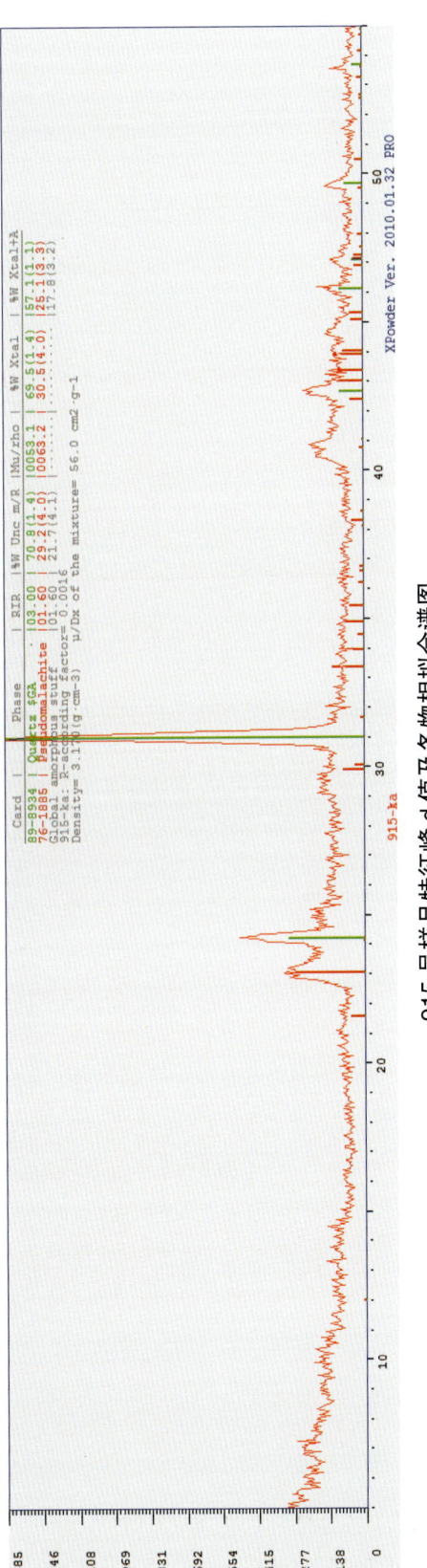

915号样品特征峰d值及各物相拟合谱图

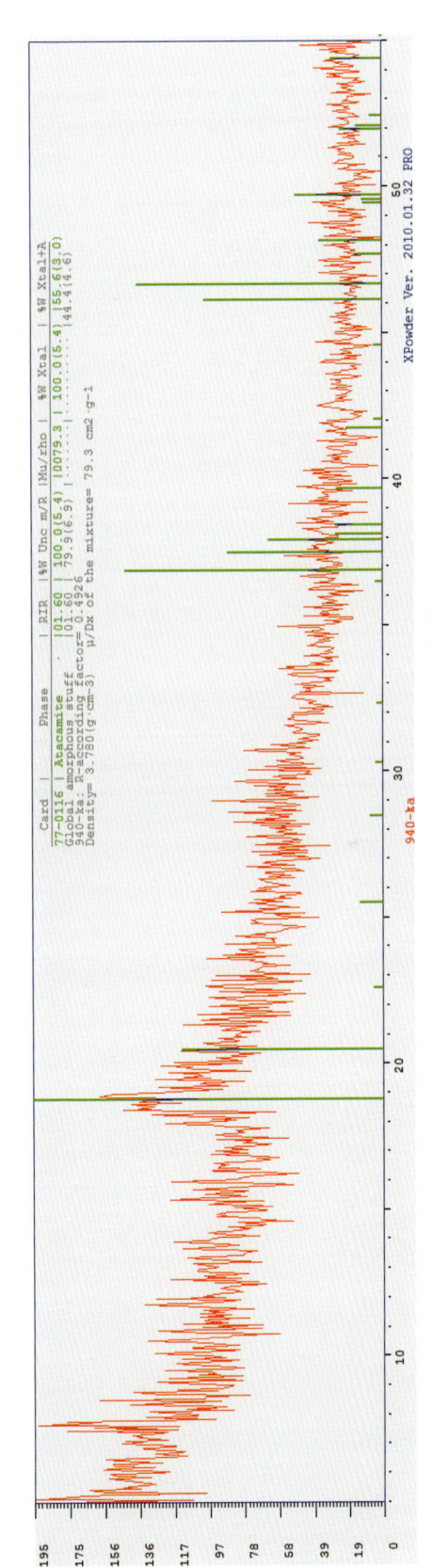

940号样品特征峰d值及各物相拟合谱图

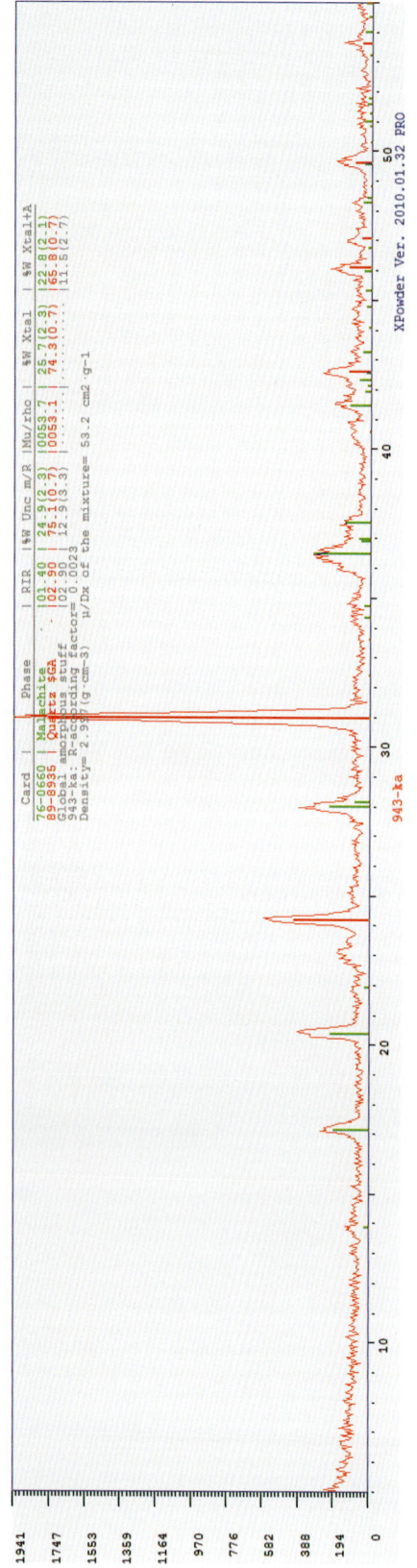

943 号样品特征峰 d 值及各物相拟合谱图

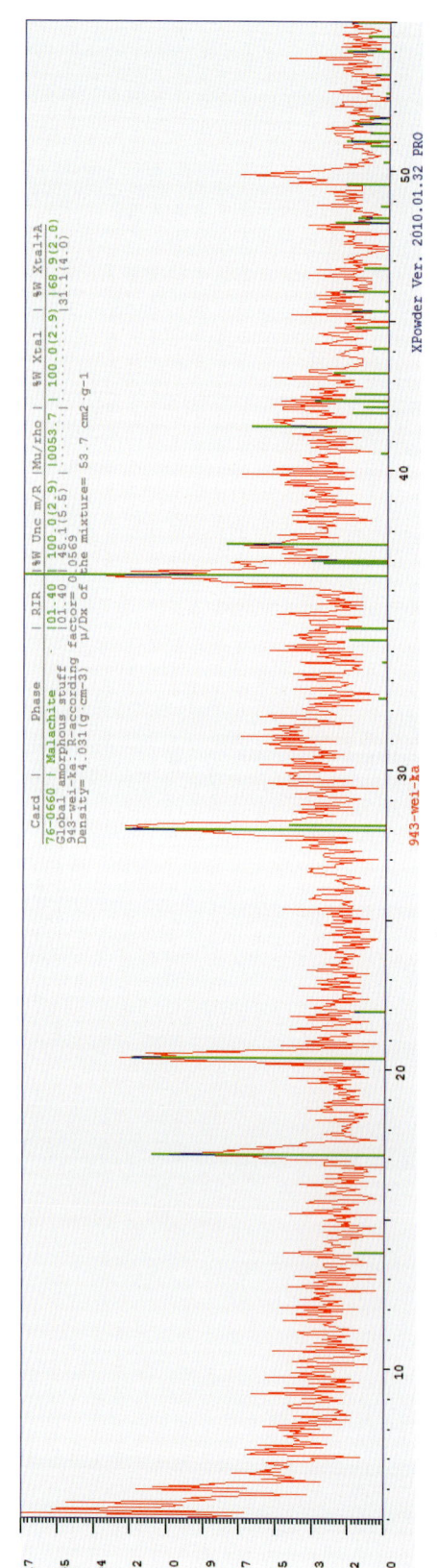

943-wei 样品特征峰 d 值及各物相拟合谱图

946 号样品特征峰 d 值及各物相拟合谱图

963 号样品特征峰 d 值及各物相拟合谱图

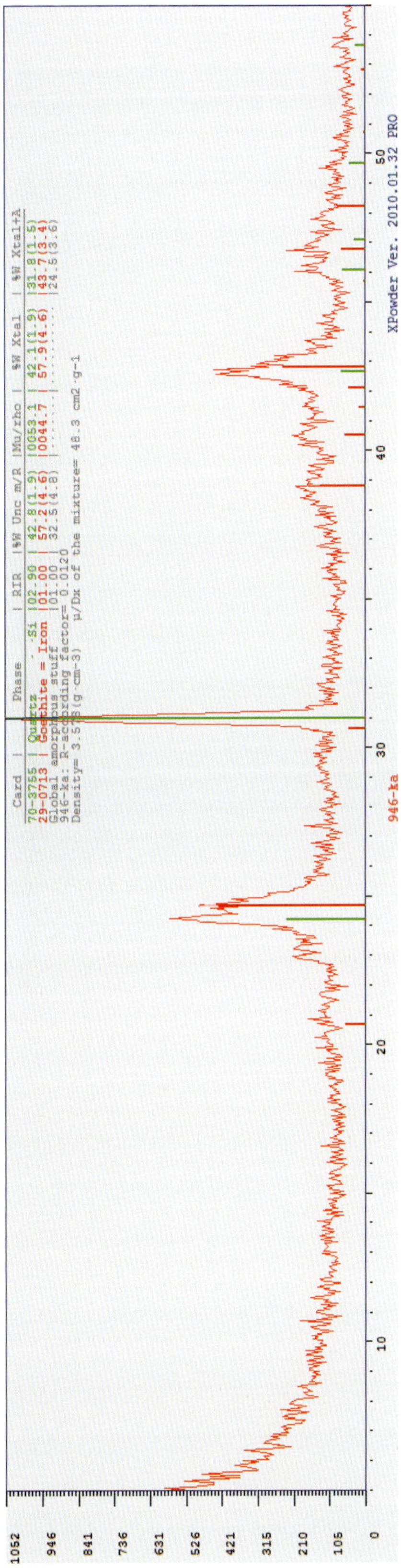

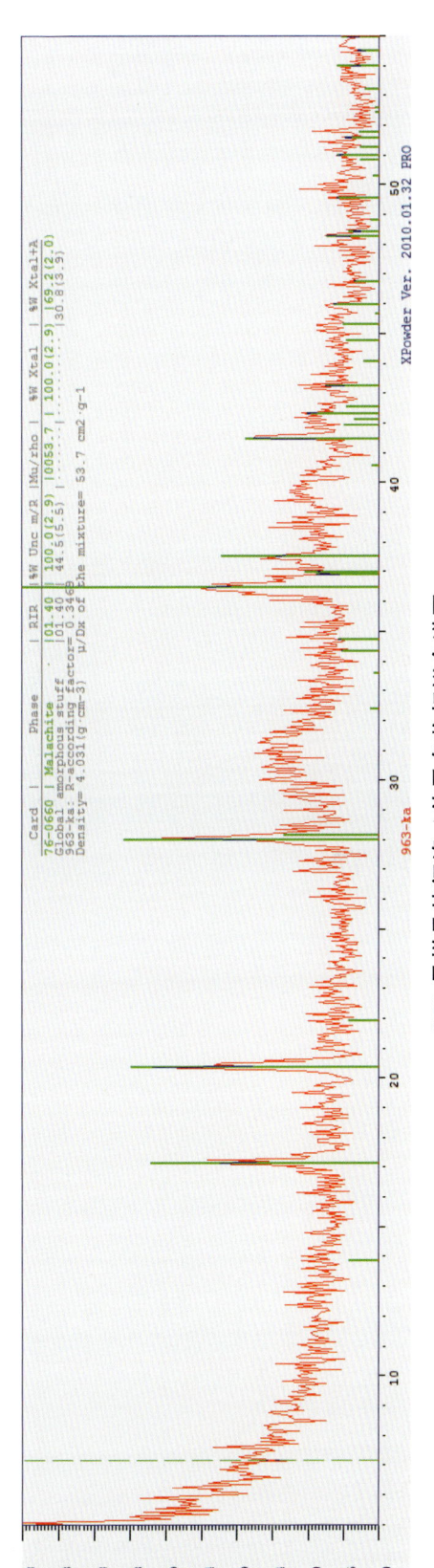

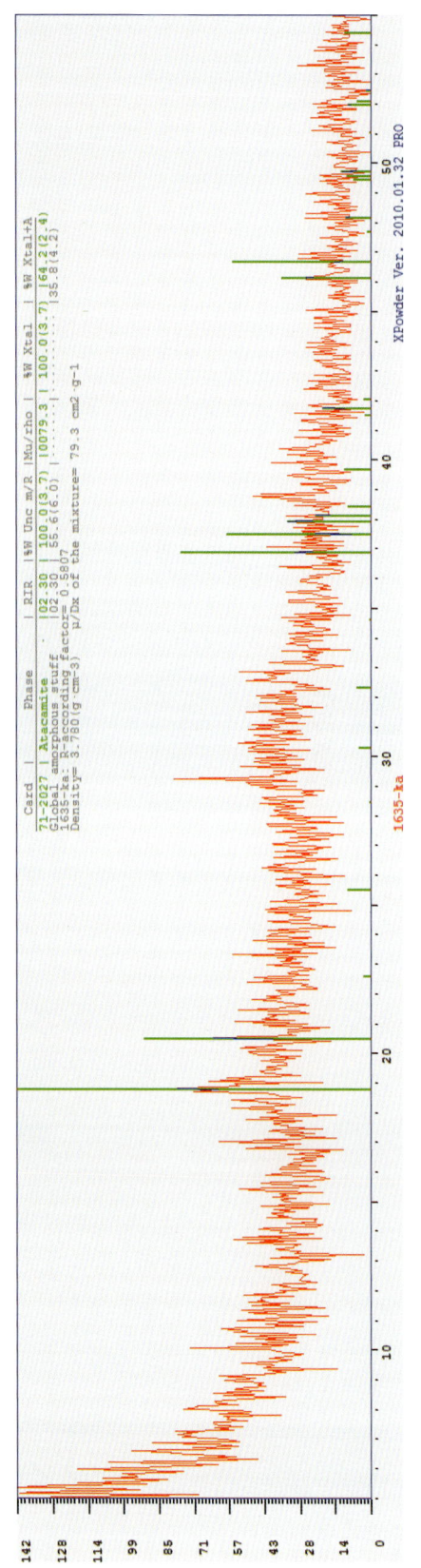

1635 号样品特征峰 d 值及各物相拟合谱图

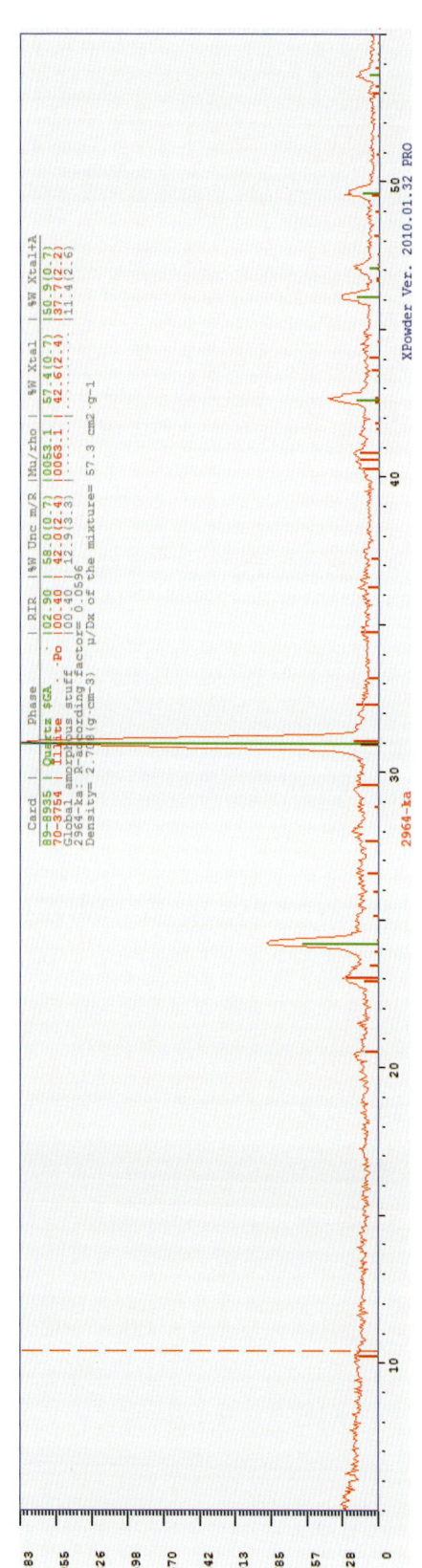

2964 号样品特征峰 d 值及各物相拟合谱图

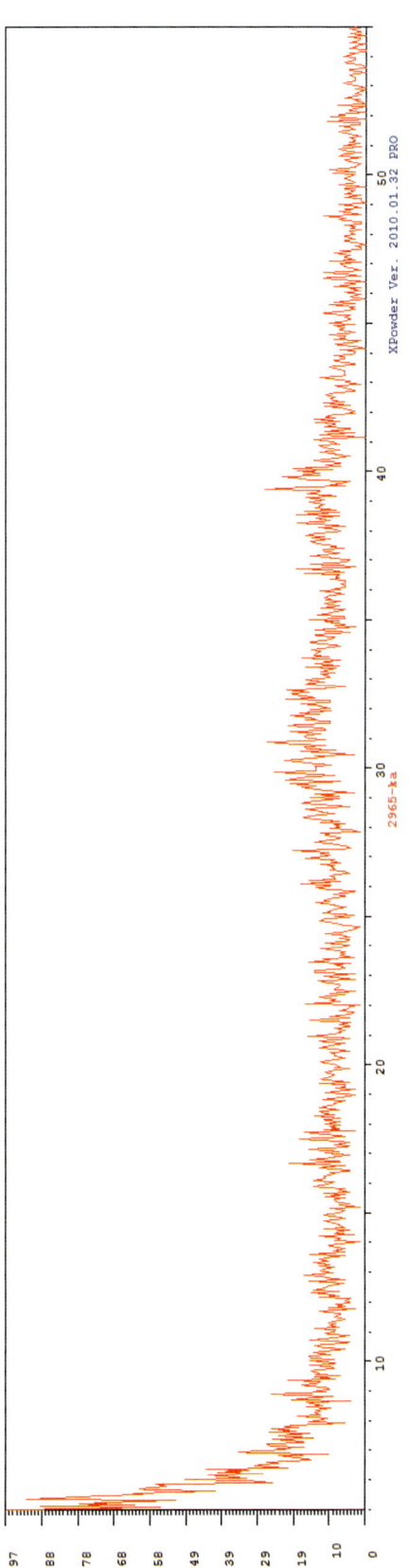

2965 号样品特征峰 d 值及各物相拟合谱图

三、RP 无氧微环境控制材料

RP 无氧微环境控制材料

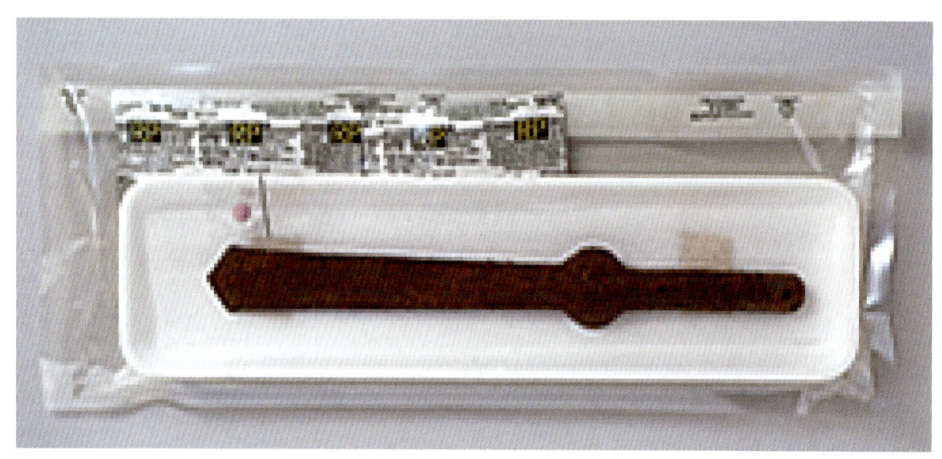

RP System 无氧微环境控制广泛应用于出土、出水、馆藏文物。该系统由气体高阻隔膜、除氧剂、氧气指示剂密封组成。适用对象：金属、纺织品、纸张书画、皮制品、琥珀、象牙等。保护效果：脱氧、防潮、防腐、除虫、防霉、延缓光老化等。

1. 气体高阻隔膜（ESCAL）

气体高阻隔膜共三层：表层为定向聚丙烯薄膜，中间层为纳米陶瓷薄膜，内层为低密度聚乙烯薄膜。具有极低的气体渗透率，极长的保护期。另外由于阻隔膜（ESCAL）是透明的，便于文物保管人员及保护修复人员观察文物保存状况。

2. 保护剂（除氧/除湿）

保护剂可使密闭微环境的氧气浓度保持在 0.1% 以下；同时还可吸收腐蚀性气体，防止空气中的污染物对文物造成伤害。

特别适合防止文物生锈、发霉、生虫及老化。同时也是杀虫，除霉的最佳选择。

3. 氧气指示剂

氧气指示剂通过颜色的变化来判断密封袋内的氧气含量。当密封袋内氧气含量 >0.5% 或更多时，呈蓝色；当密封袋内氧气含量 <0.1% 或更少时，呈粉色。

	A 型保护剂				K 型保护剂	
	1A	3A	5A	20A	3K	20K
规格（mm）	28×55	35×120	51×120	100×130	35×120	100×130
可处理气体量（ml）	100	300	500	2000	300	2000
数量 （每包个数×包）	1000 （25×40）	1000 （25×40）	1000 （25×40）	250 （10×25）	1000 （25×40）	100 （5×20）

提示：请根据截取的气体高阻隔膜中所含空气量选择适量的保护剂。

四、修复案例

（一）龙首七星铜剑的清洗修复

明"天门山玄帝祖"龙首七星铜剑（文物编号000020），发掘于湖南省张家界市天门山景区，器型长78.5厘米，宽8.5厘米，高6.5厘米，净重3.96千克，在剑身靠近剑把处雕有立体龙头纹饰，其中有一处龙角缺失，剑身正反各有七颗星，似龙吐宝珠。

龙首七星铜剑有明显断裂和变形，主要病害有残缺、表面硬结物、变形、断裂和孔洞，其发掘地位于湖南省张家界市天门山景区，位置坐标东经110°27′～110°53′，北纬29°20′～29°24′。张家界位于我国南方地区，降水丰富，冬季温和湿润，夏季高温多雨，属于亚热带季风气候区。文物应保存在比较干燥的环境下，这不仅给文物的馆藏保护环境带来不小的挑战，也应在保护修复的过程中也应考虑合适的修复材料和方法。

根据文物保存环境和病害类型制定相应的清洗方案：

第一，针对较为坚硬的土垢及硬结物：

方法：用脱脂棉蘸取80%乙醇溶液，敷在硬结物表面，待其软化，再用手术刀剔除。用牙刷蘸取80%乙醇溶液轻刷其表面，再用棉签滚动蘸取。

所需工具：手术刀、牙刷、脱脂棉。

所需清洗药品：80%乙醇溶液。

龙首七星铜剑现状图（一）

龙首七星铜剑现状图（二）

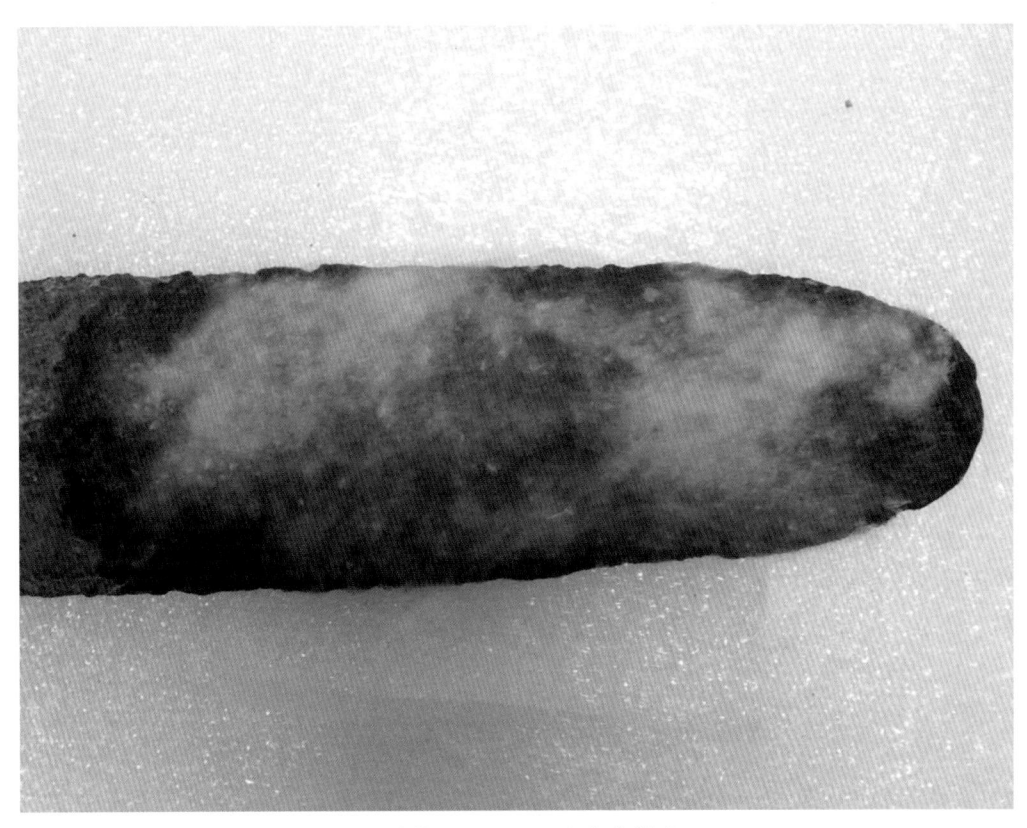

脱脂棉蘸取 80% 乙醇溶液敷表面

第二，针对表面非常难以去除的硬结物：

方法：需用洁牙机进行清理，此法需掌握好速度，以免伤及文物。

所需工具：洁牙机、棉签。

所需清洗药品：80% 乙醇溶液、蒸馏水。

第三，针对孔洞等死角硬结物：

方法：需用注射器吸取 80% 乙醇溶液滴入孔洞中，待硬结物软化，用棉签滚动粘出。

所需工具：注射器、棉签。

所需清洗药品：80% 乙醇溶液。

采用物理法和化学法结合的清洗方法清洗此件文物。坚持修复最少干预原则，保留文物含有的最多的历史信息，保留文物因历史环境造成的孔洞和弯曲度，修复后的效果如下：

牙刷蘸取蒸馏水涂刷表面前

牙刷蘸取蒸馏水涂刷表面后

（二）明代贴金铜菩萨像清洗技术

对张家界博物馆的两尊贴金铜佛明贴金铜菩萨像（文物编号00025）和明铜佛像（文物编号00026）清洗时的难点、方法进行整理和讨论，从而整理出应对相似贴金铜菩萨像的清洗方法。

1. 表面硬结物与无害锈的清洗方法与注意事项

（1）针对佛像表面的表面硬结物

方法：首先挑选造像表面土垢附着较为明显的部位做试验块，分别用棉签蘸取蒸馏水、2A溶液和80%的乙醇进行涂抹，观察清洗效果并择优选取清洗试剂。然后用棉签蘸取选取的清洗试剂（如：80%乙醇）对造像表面硬结物进行逐一清洗，对附着比较坚硬的硬结物采取用80%乙醇浸润，再用不锈钢手术刀小心剔除的清洗方法。

所需工具：棉签、不锈钢手术刀。

所需清洗试剂：蒸馏水或2A溶液或80%乙醇。

（2）针对明鎏金铜菩萨像与明鎏金铜佛像的清洗

明鎏金铜菩萨像的保存现状特点为：矿化严重，残缺、变形较为明显。铜像表面金箔残留较多且分布分散，在清洗过程中，要既不损害佛像本身的同时，又不使金箔从佛像表面脱落。

明鎏金铜佛像的保存现状特点为：贴金大部分脱落，底座残留大部分的枣红色金胶，造像的服饰复杂，并伴有大量的残留的金箔和金胶，且表面硬结物不易用不锈钢手术刀清除。

两尊鎏金佛像表面的土垢与表面硬结物的清洗方法同上，清洗时对于残缺和变形的部位要注意力度，避免发生损害文物的状况。由于两尊鎏金佛像表面的金箔经历史的磨损，非常脆弱，为了保持文物的完整性并还原文物原貌，在用超声波洁牙机清洗较为坚硬的表面硬结物之前，用浓度为1.5%的丙烯酸树脂试剂对贴金部位进行涂刷加固，加固时需注意一次涂刷，均匀涂刷，避免佛像表面由于反复加固而出现浮光的现象。对于贴金部位的清洗采用传统清洗方法，用80%乙醇反复轻拭，并且在用超声波洁牙机清洗表面硬结物时应避开贴金部位，最后再用80%乙醇进行整体清洗。

在处理明鎏金铜佛像外部暴露并起翘的金胶时，使用30%的丙烯酸树脂试剂进行加固并同时加热回贴，使金胶能和佛像表面贴合。

明鎏金铜菩萨像清洗前（一）

明鎏金铜菩萨像清洗前（二）

明鎏金铜菩萨像清洗后（一）

明鎏金铜菩萨像清洗后（二）

明鎏金铜佛像清洗前（一）

明鎏金铜佛像清洗前（二）

明鎏金铜佛像清洗后（一）

明鎏金铜佛像清洗后（二）

2. 有害粉状锈的清洗方法与注意事项

（1）物理除锈法

物理去锈一般使用机械去锈方法。主要借助于不锈钢手术刀等金属工具进行手工去锈并配合使用 80% 乙醇，再借助超声波洁牙机——共振原理震掉青铜器上的锈蚀物达到去锈效果。

（2）化学除锈法

使用化学方法除锈的关键就是去除粉状锈中的氯离子。

方法：用滴管吸取浓度为 1.5% 的过氧化氢滴在粉状锈腐蚀的部位，此时会产生无色透明气泡，原因是粉状锈中的主要成分 $CuCl_2$ 在过氧化氢的分解过程中作为催化剂，在催化双氧水分解的同时消耗掉氯离子以达到去除有害锈的目的。而后，用滴管吸取浓度为 2% 的苯并三氮唑溶液滴在除去氯离子的部位，用缓蚀的原理以保证生成的氯气不会再与器物本身发生二次腐蚀而进一步损害文物。在此除锈过程中需要注意的是，向腐蚀处滴 1.5% 过氧化氢和 2% 苯丙三氮唑溶液时要少量多次，直到不再生成无色气泡为止，使有害锈与试剂进行充分反应，能够彻底瓦解粉状锈对文物的伤害。最后，在反应停止后，用蒸馏水对腐蚀部位进行全面的清洗。

所需工具：滴管。

所需除锈试剂：1.5% 过氧化氢、2% 苯丙三氮唑溶液、蒸馏水。

通过 000025 和 000026 两尊佛像的清洗，整理出清洗贴金青铜文物的一系列方法，如：80% 乙醇擦拭法、物理机械除锈法、化学反应除锈法，且对于脆弱的贴金部位需进行加固处理，对于金胶残留进行回贴处理等。

（三）战国空首铜剑的检测分析与保护修复

1. 文物基本信息

张家界博物馆藏战国空首铜剑（编号为：000068），长 484 毫米，最宽处 5 毫米，重 790 克。保护修复前状态如下图：

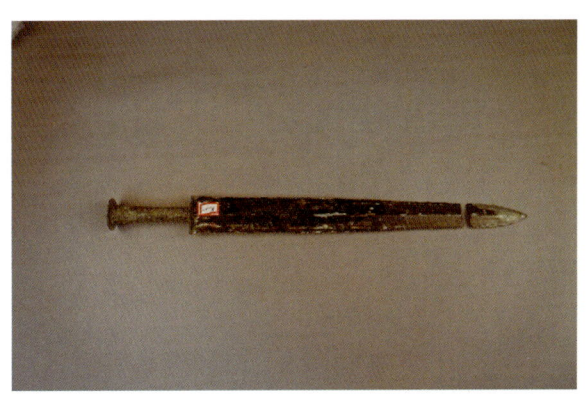 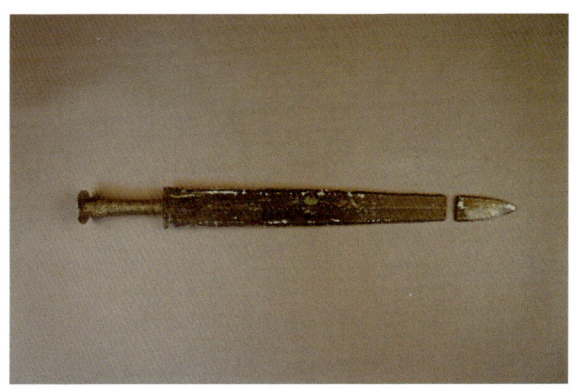

战国空首铜剑原始保存状态

2. 病害分析

通过对铜剑进行病害调查，发现其主要存在点腐蚀、表面硬结物、断裂和矿化四类病害。从断裂的茬口处可看出，此件文物前期有进行过二次修复。

文物表面有大量的浅绿色、白色点腐蚀，部分呈点、片状，一部分已腐蚀为坑洼状。剑刃部与剑首部位有因矿化导致的锯齿状残缺，尖部与剑身断裂为两部分，茬口部位有二次修复后留下的粘接剂痕迹。由此可见，青铜剑保存状况较差，点腐蚀与矿化严重威胁着文物的稳定性，亟待保护处理。

根据《馆藏青铜器病害与图 WW/T0004-2007》绘制了病害图。

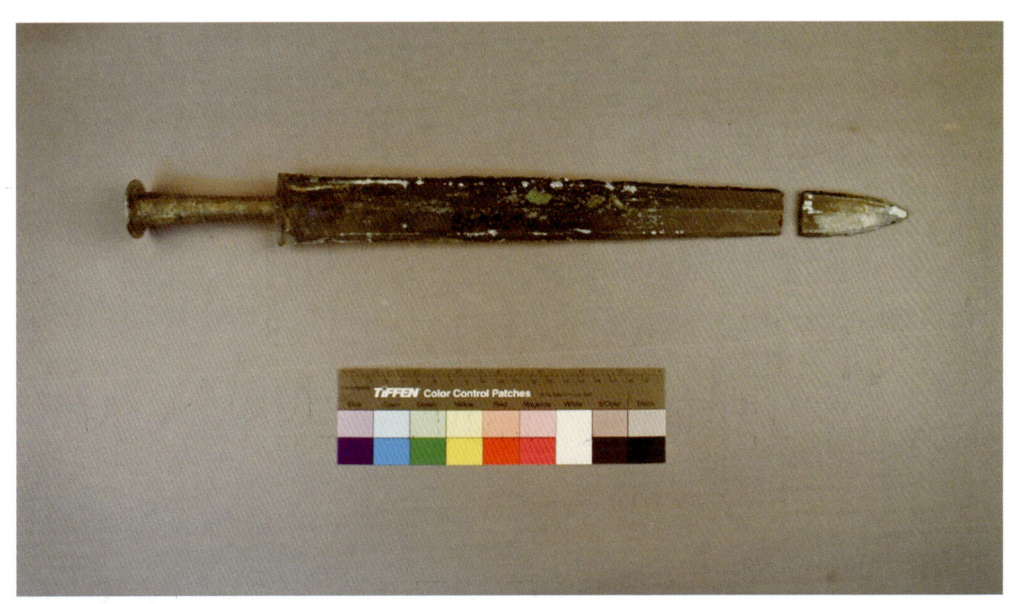

病害图（一）

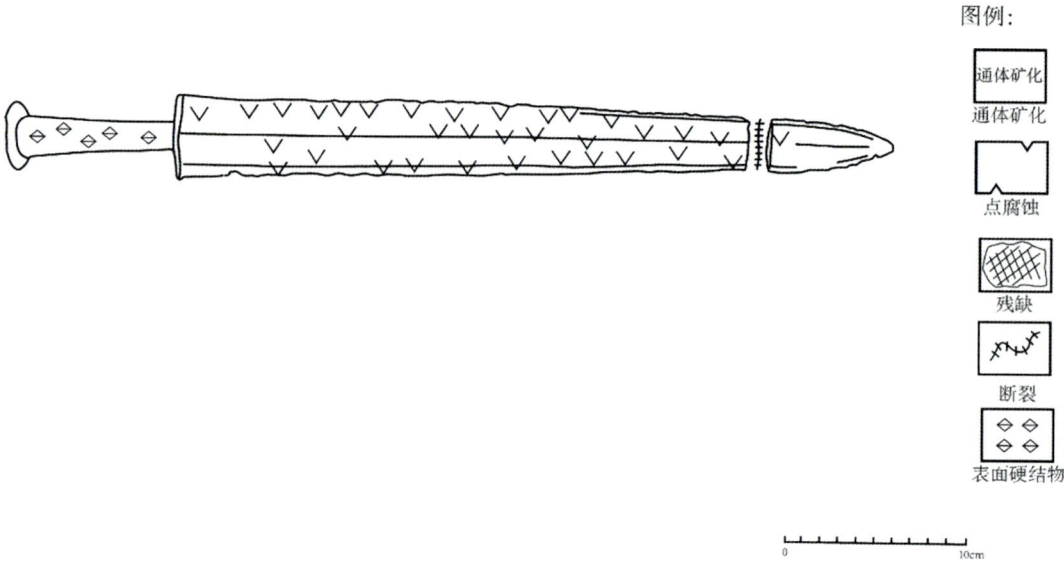

病害图（二）

3. 检测分析

（1）环境分析

因测试分析需要考虑到环境条件，且环境条件对青铜文物病害形成与发展具有重要影响，为了全面分析病害机理，我们对湖南省张家界的温度湿度环境进行了分析研究。

对该地区温、湿度进行为期一个月的监测，曲线图记录如下：

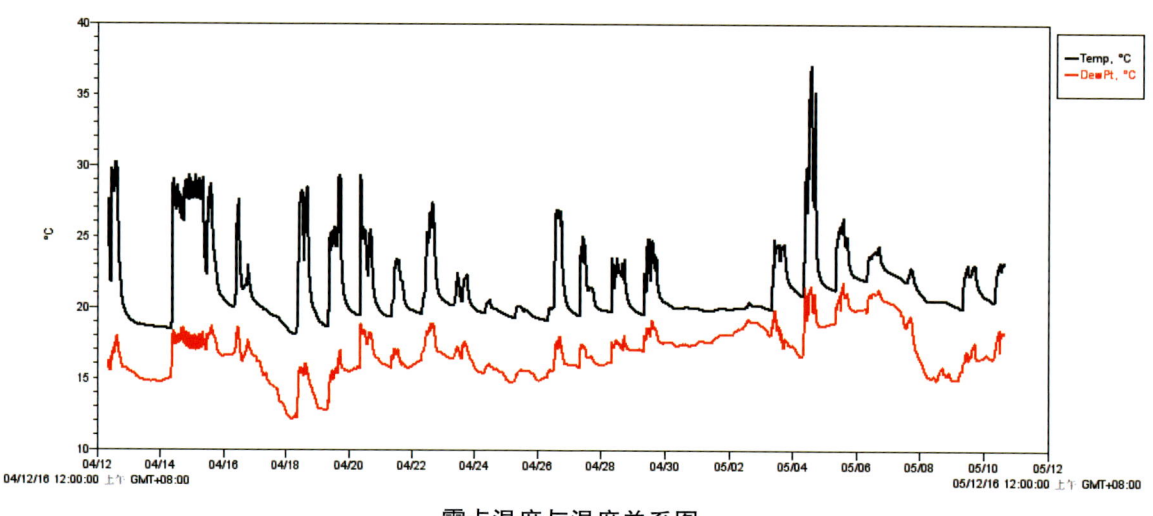

露点温度与温度关系图

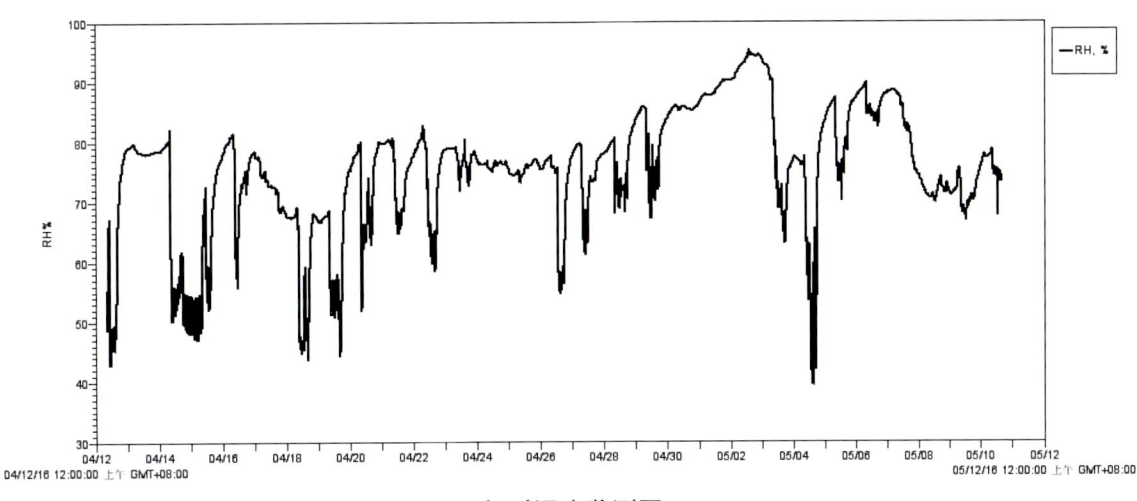

相对湿度监测图

在此基础上，通过统计分析，得出监测期内每日温度与露点温度只差，以及整个监测期内环境相对湿度高低分布比例情况，结果如下图：

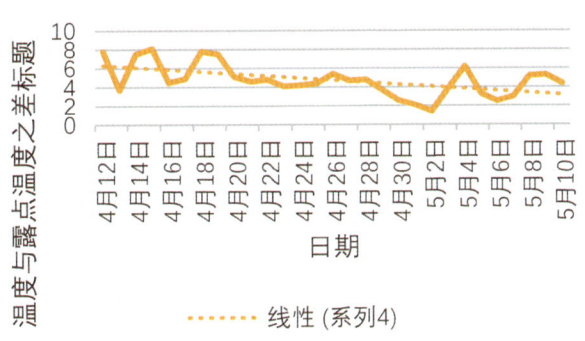

每日温度与露点温度差值曲线图

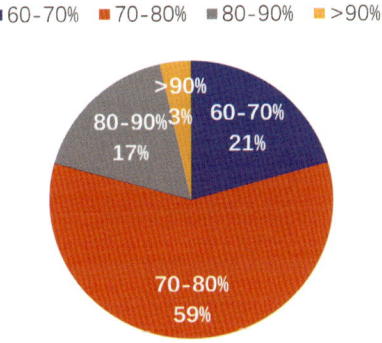

相对湿度高低分布比例饼状图

进行分析前先引入一个概念：露点温度，指空气在水汽含量和气压都不改变的条件下，冷却到饱和时的温度。形象地说，就是空气中的水蒸气变为露珠时候的温度叫露点温度。露点温度本是个温度值，有时也可以用它来表示湿度。这是因为，当空气中水汽已达到饱和时，气温与露点温度相同；当水汽未达到饱和时，气温一定高于露点温度。所以露点与气温的差值可以表示空气中的水汽距离饱和的程度。气温降到露点以下是水汽凝结的必要条件。

据此结合监测结果分析，张家界地区的露点温度与实际温度相差并不大，并且其差值呈下降趋势，因此当气温降到露点温度时，形成水滴，所以该地区极容易在金属表面形成水膜，加速腐蚀。

可以看出，该地区相对湿度最低39.217%，最高95.231%，平均相对湿度为75%。相对湿度高低分布比例饼状图更直观的显示了相对湿度分布比例，湿度在70%～80%之间占该月的一半以上，是典型的高湿度环境。相对湿度的增加，使得青铜文物表面吸附一层较厚的水膜，从而促进其表面离子传递，加速表面电化学腐蚀速率，因此青铜文物表面的腐蚀速率加快，腐蚀程度加重。

（2）检测分析

1）取样

对该青铜剑进行简单的清洗之后，借助三维视频显微镜观察，在剑尾残损严重位置的锈蚀坑洞内，获取灰白色的锈蚀产物样品。样品照片记录如下：

战国空首铜剑整体照

战国空首铜剑取样位置

战国空首铜剑取样位置局部显微照　　　　　　战国空首铜剑三维视频

2）扫描电镜 –X 射线能谱（SEM–EDS）

本实验使用 Hitachi S-3600N 扫描电子显微镜与 EDAX GENESIS 2000XMS 能谱分析仪。样品用导电胶直接粘在样品台上观察，结果如下：

元素	As	Al	Si	Cu	Sn
含量	1.44	2.54	3.79	8.60	83.63

分析结果可以判断该青铜器为铜锡二元合金。能谱分析可以看出 Si、Al 等元素峰，这些都属于土壤元素，As 等元素峰为合金添加成分，Si、Al 推测可能是青铜器表面和土壤界面发生接触元素，还需进一步检测分析。

从表中可见外层腐蚀层中锡含量非常高，同时电镜图可见该物质酥松易碎，而且 C 含量并不高，O 含量较高，再结合其外观形貌颜色，推断其可能是最常见的二氧化锡锈蚀产物。由于 Si、Al 元素含量相对较少，它们的化合物虽然是构成腐蚀层矿化物的一部分，但并不明显。因此推测由于较高含量的锡石使得形成了该青铜剑酥松易碎灰白色的形貌。

3）X 射线衍射分析 XRD

本实验采用的是美国伊诺斯（Innov-x）便携式 X 射线衍射仪 XRD-Terra，X 光管为微焦 X 射线管，靶材标准配置为 Cu、Co，该便携式 XRD 样品制备更简单，无需制片，粒径 <150 微米即可样品振动系统，可消除晶体择优取向，增加检测样品的数量，适合大颗粒样品。操作使用简单，无需复杂参数设置和校正，无需专业实验室，可满足现场检测使用，可防尘、防雾、防震动。

对样品的检测分析结果如下图：

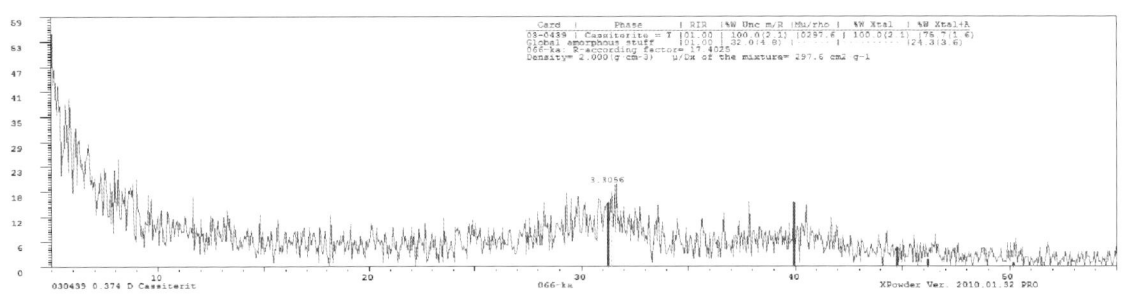

结果显示，张家界出土该青铜器样品锈蚀产物主要为：锡石，结合扫描电镜推测为二氧化锡。

4）Raman 光谱分析

本实验采用显微激光共聚焦拉曼光谱仪。样品的拉曼图谱如下：

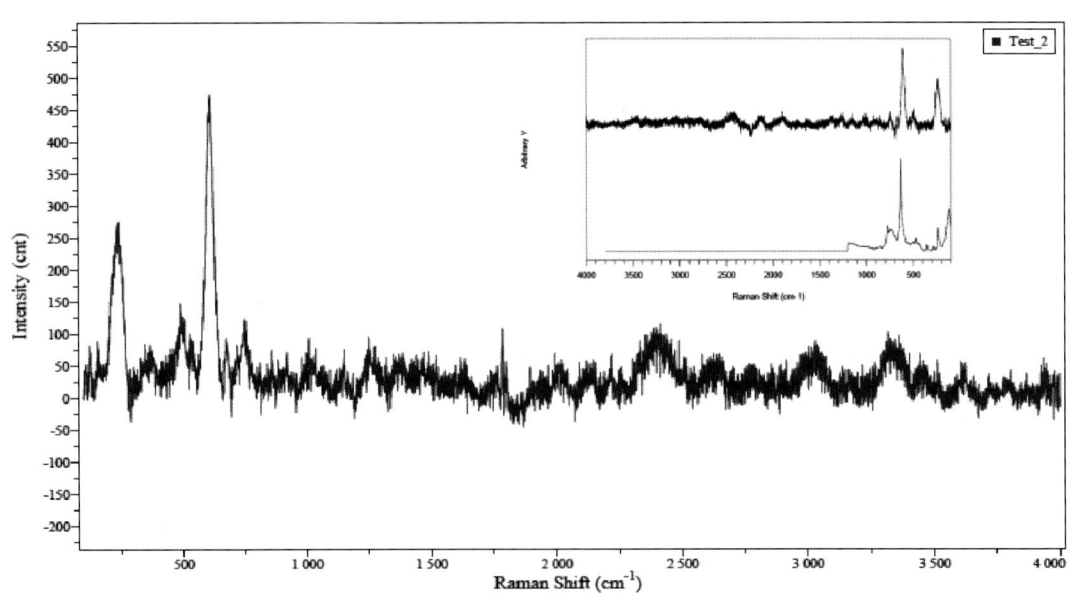

由右上角的谱图对比可以看出，拉曼光谱结果显示样品为锡石。

5）红外光谱分析

此次样品的红外检测结果谱图如下：

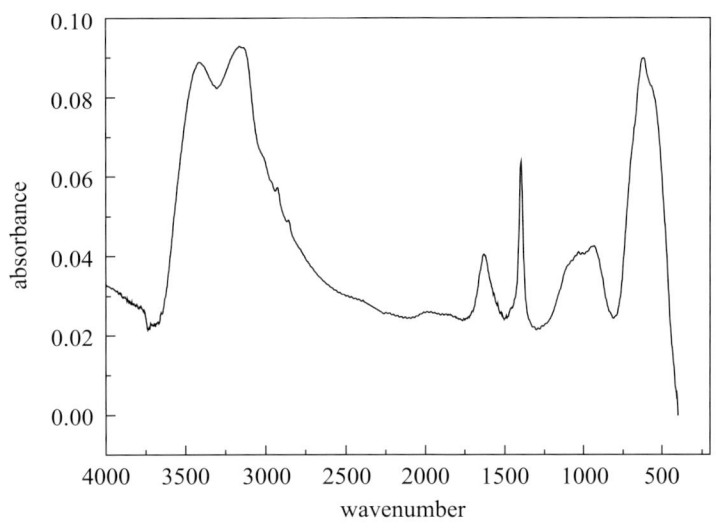

在结果检索中并没有得到匹配的结果，但是结合 SEM-EDS、XRD 以及拉曼分析手段，基本可以判断该青铜剑表面主要为锡石二氧化锡，进一步验证了最初的假设判断。

（3）总结

1）结合几种分析测试手段可以得出，该青铜剑的腐蚀产物主要为二氧化锡，即锡石，还有部分土壤夹杂物。

2）基本可以判断该青铜剑中没有含氯的有害锈，而锡石这种无害锈等基本保持了金属原来的形貌，可以起到一定的保护作用，且是历史留下痕迹，不必去除，只需去除表面疏松锈蚀即可。

3）根据检测分析结果，结合保存环境的监测分析，在对张家界类似出土青铜器进行锈蚀保护时，应主要采取机械方法去除表面浮着的硬结物和松软锈蚀；对器物较为严重的疏松部位进行渗透加固；在文物库房保存或展出过程中，一定采取温、湿度控制措施，尽量控制高湿环境的危害，同时应避免与氯化物、硫化物、氮氧化物等一些腐蚀性物质接触。

4. 保护修复遵循的原则

该件文物修复过程中，我们遵循了以下原则：

（1）保护修复材料可逆性或可再处理性，不含有害成分。

（2）遵守最小干预的保护原则、实施最小干预的保护方法和技术。

5. 保护修复

根据此件文物的病害状况我们制定了适合的保护处理方法，具体文物的保护技术路线如下：

文字记录、拍照→预加固→清洗→粘接→缓蚀→封护→完成档案制作

（1）建立保护修复档案

参照现有标准（《馆藏青铜文物保护修复档案记录规范》（中华人民共和国文物保护行业标准WW/T/0010-2008）），填写包括文物基本信息和保护修复步骤的档案文本。档案采用文字记录和图片采集相结合的方式。

（2）预加固

该件文物刃部和剑首部位矿化较为严重，稍有碰触就有掉落碎块的危险，因此，清洗前对其要进行预加固，使用1.5%～5% B_{72}乙酸乙酯溶液对其涂刷加固，浓度由低到高逐步递增。

局部预加固

（3）清洗

1）表面硬结物的去除

使用软毛刷扫去表面浮尘后，脱脂棉蘸取2A溶液，软化表面硬结物，后用手术刀

将其剔除。

2）点腐蚀的去除

使用手术刀结合钢针将表面的有害锈剔除干净后，将锌粉混合20%酒精溶液调成糊状的涂覆于该处。处理期间使得该部位一直保持湿润状态，可使用20%酒精溶液滴于该处，用保鲜膜封存。约8小时后，用蒸馏水冲洗该部位。在铜器有害锈清除过程中，用1.5%过氧化氢溶液来检验清洗效果，直至检验不出Cl^-存在时为止。

（3）前期粘接材料的去除

茬口处老化的粘接材料粘附较紧，直接用手术刀不能将其完全去除。使用乙酸乙酯溶液敷于该处，待其溶解、软化后，用手术刀剔除。

局部清洗后

（4）缓蚀

缓蚀之前需对文物进行彻底干燥，后将其浸泡至3%BTA溶液30分钟，24小时后去除表面多余结晶。

（5）封护

使用3% B_{72}乙酸乙酯溶液均匀涂刷至文物表面进行封护。

（6）粘接

此件文物断裂处存在一定的矿化现象，但内部的金属性还在，因此，使用了焊锡法与环氧树脂相结合的方法进行修复。对焊接后的部位使用环氧树脂渗透填充，以确保矿化部位粘接的强度不会降低。

6. 修复前后对比

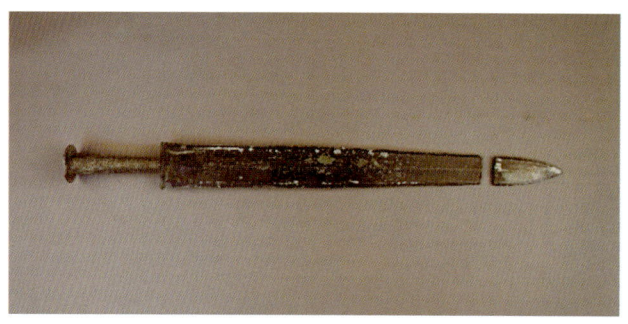

战国空首铜剑修复前

战国空首铜剑修复后

（四）战国三穿铜戈的检测分析与保护修复

1. 文物基本信息

战国三穿铜戈（张家界博物馆藏，编号为：000071），通长266毫米，宽处143毫米，厚7毫米，重300克。文物整体呈灰绿色，大量硬结物覆盖于表面，保护修复前状态如下图：

战国三穿铜戈修复前保存状态

2. 病害调查

通过对青铜戈的病害调查,发现其主要存在表面硬结物、矿化以及由矿化导致的残缺。根据《馆藏青铜器病害与图 WW/T0004-2007》绘制了病害图。

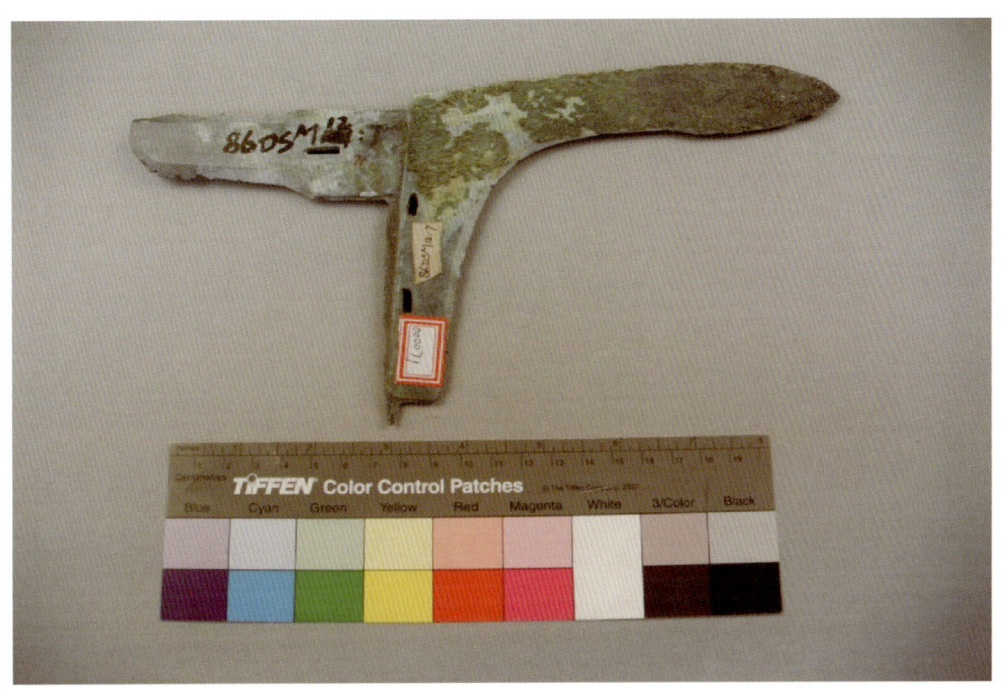

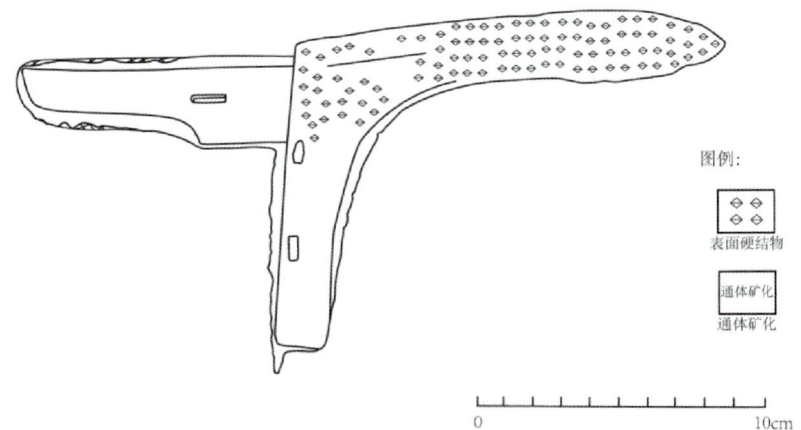

病害图

通过病害图可以看出,文物表面有大量的表面硬结物,且主要集中在援部。后缘边缘、胡、下阑部位有矿化导致的锯齿状小残缺。

综上所述，青铜戈保存状况较差，矿化部位随时有掉落碎渣的危险，影响着文物的完整性，亟待保护处理。

3. 检测分析

（1）环境分析

因测试分析需要考虑到环境条件，且环境条件对青铜文物病害形成与发展具有重要影响，为了全面分析病害机理，我们对湖南省张家界的温度湿度环境进行了分析研究。

对该地区温、湿度进行为期一个月的监测，曲线图记录如下：

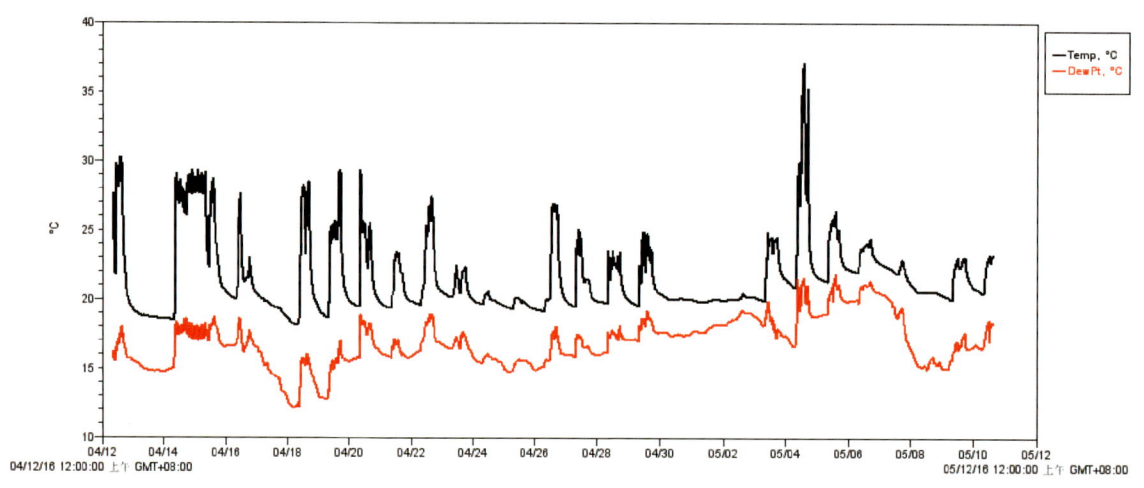

露点温度与温度关系图

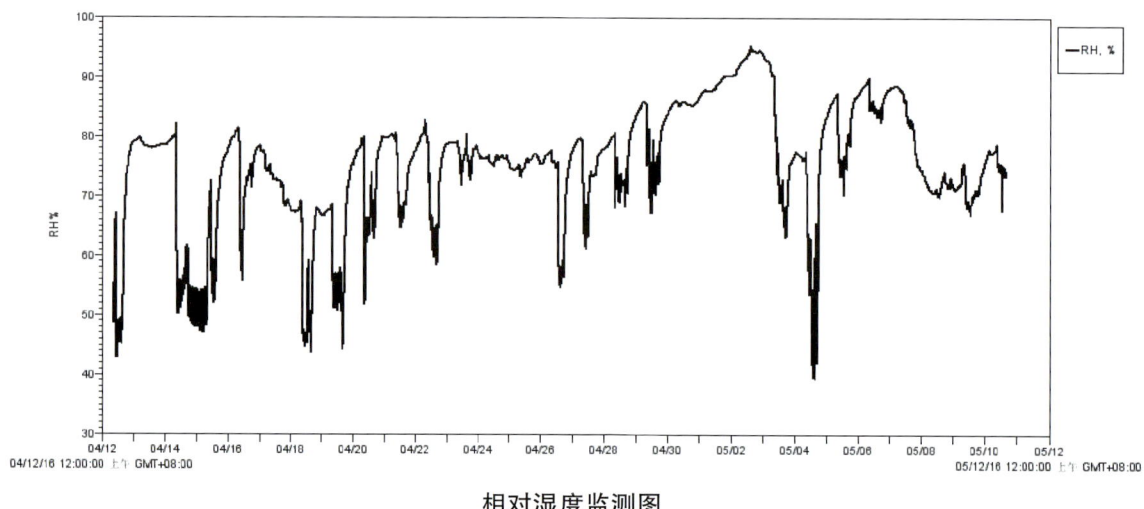

相对湿度监测图

在此基础上，通过统计分析，得出监测期内每日温度与露点温度只差，以及整个监测期内环境相对湿度高低分布比例情况，结果如下图：

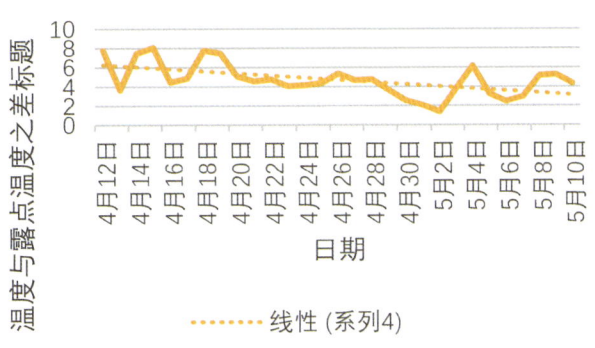

每日温度与露点温度差值曲线图

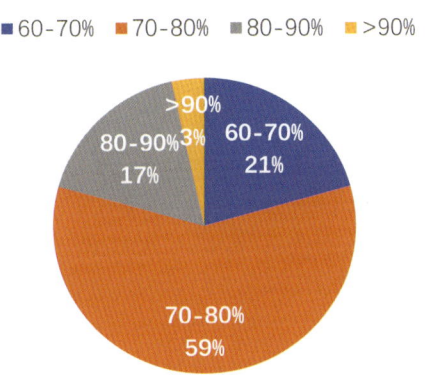

相对湿度高低分布比例饼状图

据此结合监测结果分析，由上图可见，张家界地区的露点温度与实际温度相差并不大，并且其差值呈下降趋势，因此当气温降到露点温度时，形成水滴，所以该地区极容易在金属表面形成水膜，加速腐蚀。

由上图可以看出，该地区相对湿度最低39.217%，最高95.231%，平均相对湿度为75%。相对湿度高低分布比例饼状图更直观的显示了相对湿度分布比例，湿度在70%～80%之间占该月的一半以上，是典型的高湿度环境。相对湿度的增加，使得青铜文物表面吸附一层较厚的水膜，从而促进其表面离子传递，加速表面电化学腐蚀速率，因此青铜文物表面的腐蚀速率加快，腐蚀程度加重。

（2）检测分析

1）取样

在对该青铜戈进行简单清洗之后，借助三维视频显微镜观察，在戈身凸起绿色锈蚀部位获取锈蚀产物样品。样品照片记录如下：

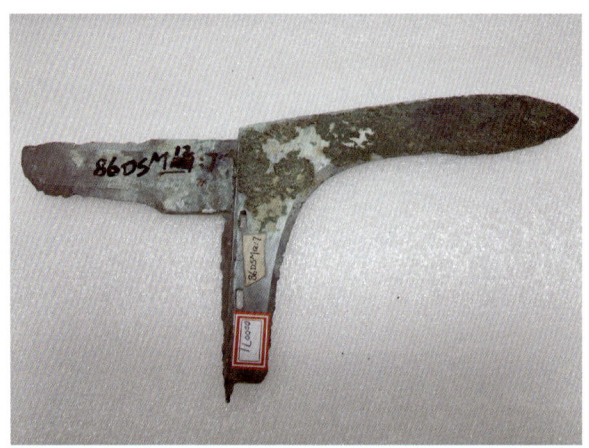

青铜戈整体照

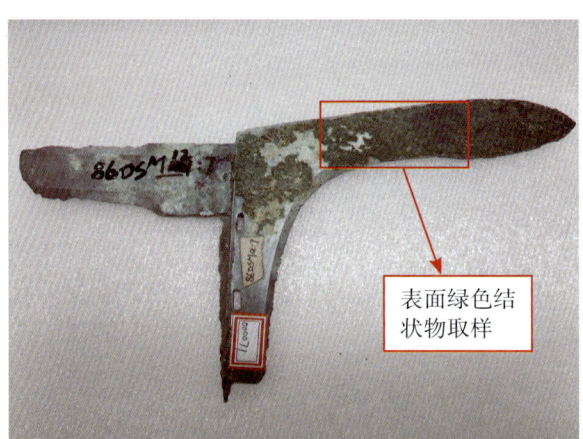

青铜戈取样位置

青铜戈取样位置局部显微照

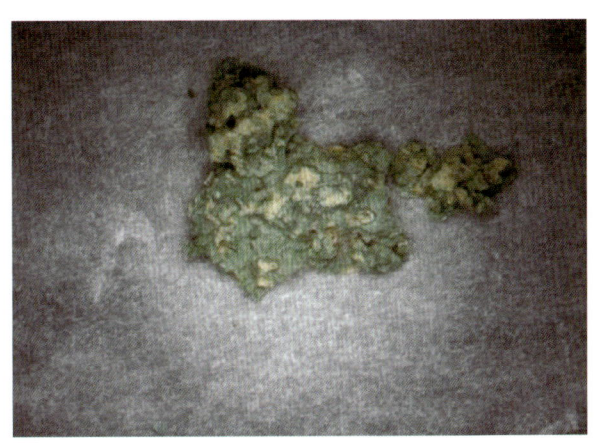

青铜戈三维视频

2）扫描电镜 –X 射线能谱（SEM–EDS）

本实验使用 Hitachi S-3600N 扫描电子显微镜与 EDAX GENESIS 2000XMS 能谱分析仪。样品用导电胶直接粘在样品台上观察，结果如下：

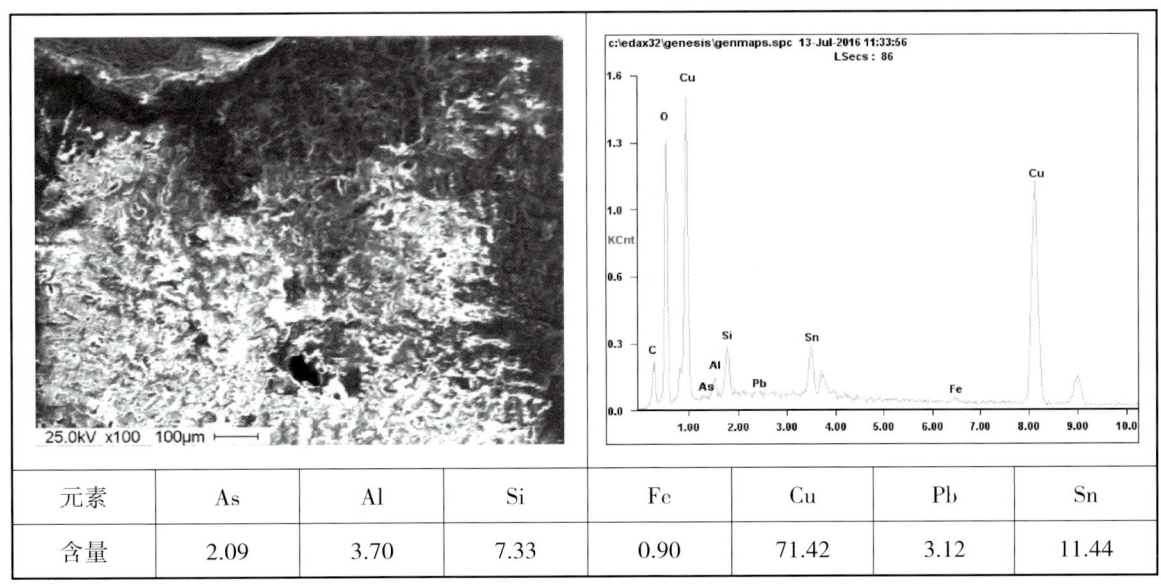

元素	As	Al	Si	Fe	Cu	Pb	Sn
含量	2.09	3.70	7.33	0.90	71.42	3.12	11.44

分析结果可以判断该青铜器为铜锡铅三元合金。能谱分析可以看出 Si、Al 等元素峰，这些都属于土壤元素，As、Fe 等元素峰为合金添加成分，Si、Al 推测可能是青铜器表面和土壤界面发生接触元素，还需进一步检测分析。C、O 元素含量高是由于此处锈蚀层主要由二价铜的碱式碳酸盐化合物组成。

从表中可见外层腐蚀层中铜含量非常高，同时电镜图可见该物质表面粗糙，较为疏松，结合其外观形貌颜色，推断其可能是最常见的碱式碳酸铜锈蚀产物，由于 Si、

Al 元素含量相对较少，它们的化合物虽然构成腐蚀层矿化物的一部分，但并不明显。这几种元素相互作用使得形成了该青铜戈这种绿色的粗糙的形貌。

3）X 射线衍射分析 XRD

本实验采用的是美国伊诺斯（Innov-x）便携式 X 射线衍射仪 XRD-Terra，X 光管为微焦 X 射线管，靶材标准配置为 Cu、Co，该便携式 XRD 样品制备更简单，无需制片，粒径 <150 微米即可样品振动系统，可消除晶体择优取向，增加检测样品的数量，适合大颗粒样品。操作使用简单，无需复杂参数设置和校正，无需专业实验室，可满足现场检测使用，可防尘、防雾、防震动。

对样品的检测分析结果如下图：

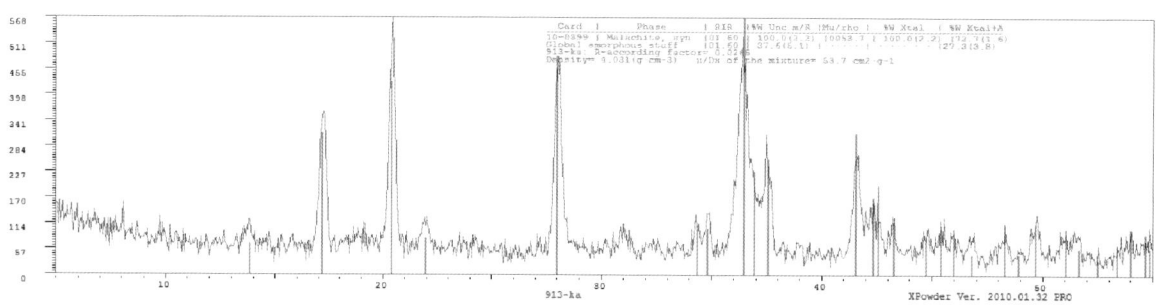

结果显示，张家界出土该青铜戈样品锈蚀产物主要为：孔雀石（malachite），结合扫描电镜推测为碱式碳酸铜。

4）Raman 光谱分析

本实验采用显微激光共聚焦拉曼光谱仪。样品的拉曼图谱如下：

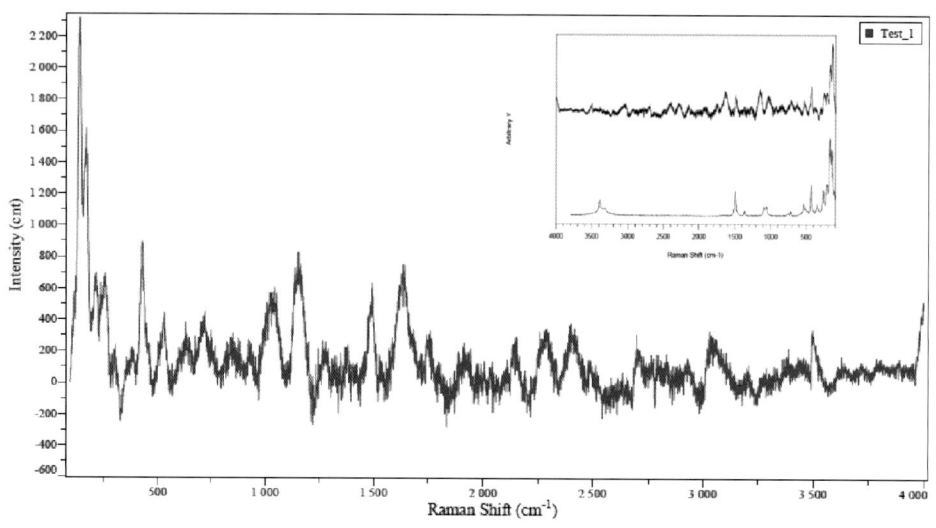

由右上角的谱图对比可以看出，拉曼光谱结果显示样品为孔雀石，其主要成分是碱式碳酸铜。

5）红外光谱分析

此次样品的红外检测结果谱图如下：

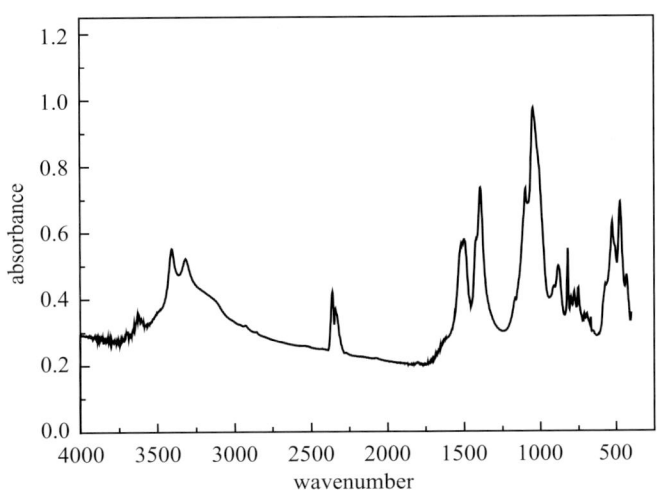

根据谱图检索对比可以得出，该青铜戈表面主要为孔雀石碱式碳酸铜，结合SEM-EDS和XRD，进一步验证了检测结果。

（3）总结

1）结合几种分析测试手段可以得出，该青铜戈的腐蚀产物主要为碱式碳酸铜，还有部分土壤夹杂物。

2）基本可以判断该青铜戈中没有含氯的有害锈，而孔雀石这种无害锈等基本保持了金属原来的形貌，可以起到一定的保护作用，且是历史留下痕迹，不必去除，只需去除表面疏松锈蚀即可。

3）根据检测分析结果，结合保存环境的监测分析，在对张家界类似出土青铜器进行锈蚀保护时，应主要采取机械方法去除表面浮着的硬结物和松软锈蚀；对器物疏松较为严重的部位进行渗透加固；在文物库房保存或展出过程中，一定采取温、湿度控制措施，尽量控制高湿环境的危害，同时应避免与氯化物、硫化物、氮氧化物等一些腐蚀性物质接触。

4. 遵循的原则

（1）保护修复材料可逆性或可再处理性，不含有害成分。

（2）遵守最小干预的保护原则、实施最小干预的保护方法和技术。

5. 保护修复过程

根据此件文物的病害状况我们制定了适合的保护处理方法，具体文物的保护技术路线如下：

文字记录、拍照→预加固→清洗→缓蚀→封护→完成档案制作

（1）建立保护修复档案

参照现有标准（《馆藏青铜文物保护修复档案记录规范》（中华人民共和国文物保护行业标准 WW/T/0010-2008）），填写包括文物基本信息和保护修复步骤的档案文本。档案采用文字记录和图片采集相结合的方式。

（2）预加固

该件文物的后缘边缘、胡、下阑部位矿化较为严重，稍有碰触就有掉落碎块的危险，因此，清洗前对其要进行预加固，使用 1.5%～5% B_{72} 乙酸乙酯溶液对其涂刷加固，浓度由低到高逐步递增。

（3）清洗

对于表面硬结物较少的内部，使用软毛刷除去表面浮尘后，用脱脂棉蘸取 2A 溶液对其进行进一步清洗。去除援部的表面硬结物，较为疏松的使用手术刀打圈去除，对于手术刀不易去除的更为坚硬的硬结物，则使用超声波洁牙机进行去除。

（4）缓蚀

缓蚀之前需对文物进行彻底干燥，后将其浸泡至 3% BTA 溶液 30 分钟，24 小时后去除表面多余结晶。

（5）封护

使用 3% B_{72} 乙酸乙酯溶液均匀涂刷至文物表面进行封护。

6. 修复前后对比

修复前

修复后

（五）战国桂柄复合铜剑

1. 文物基本信息

战国桂柄复合铜剑（张家界市博物馆藏，编号000943），长479毫米，最宽处31毫米，重460克。文物整体已被点腐蚀侵蚀，尖部缺损。保护修复前状态如下图：

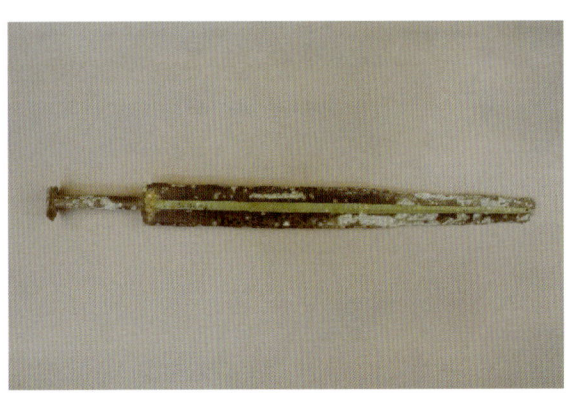

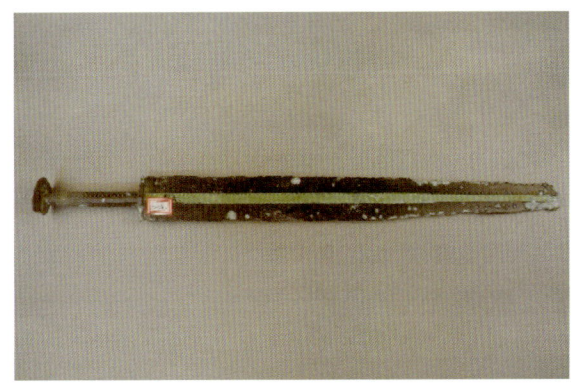

战国桂柄复合铜剑原始保存状态

2. 病害分析

通过对该件文物的病害调查，发现其表面存在大量浅绿色点腐蚀、尖部已残缺。根据《馆藏青铜器病害与图 WW/T0004-2007》绘制了病害图。

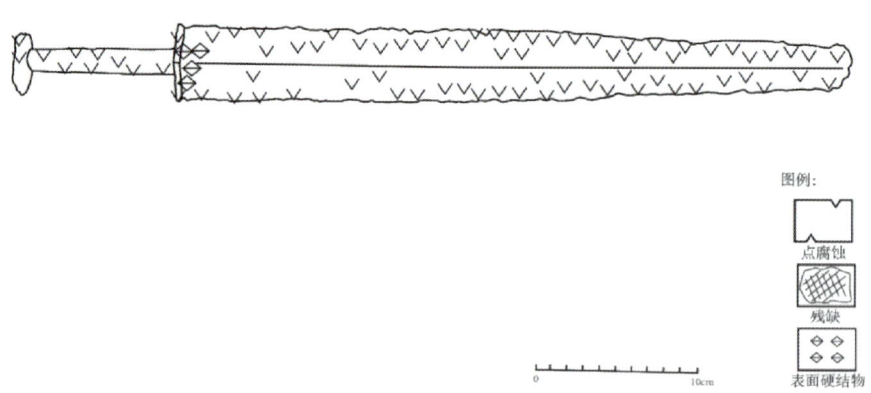

病害图

通过病害图可以看出，文物表面遍布大量浅绿色点腐蚀，大部分已腐蚀为坑洼状，部分呈点、片状，剑刃部与剑首部位有因点腐蚀导致的锯齿状残缺，尖部已残缺。文物处于非常不稳定状态，亟待保护处理。

3. 检测分析

（1）环境分析

因测试分析需要考虑到环境条件，且环境条件对青铜文物病害形成与发展具有重要影响，为了全面分析病害机理，我们对湖南省张家界的温度湿度环境进行了分析研究。

对该地区温、湿度进行为期一个月的监测，曲线图记录如下：

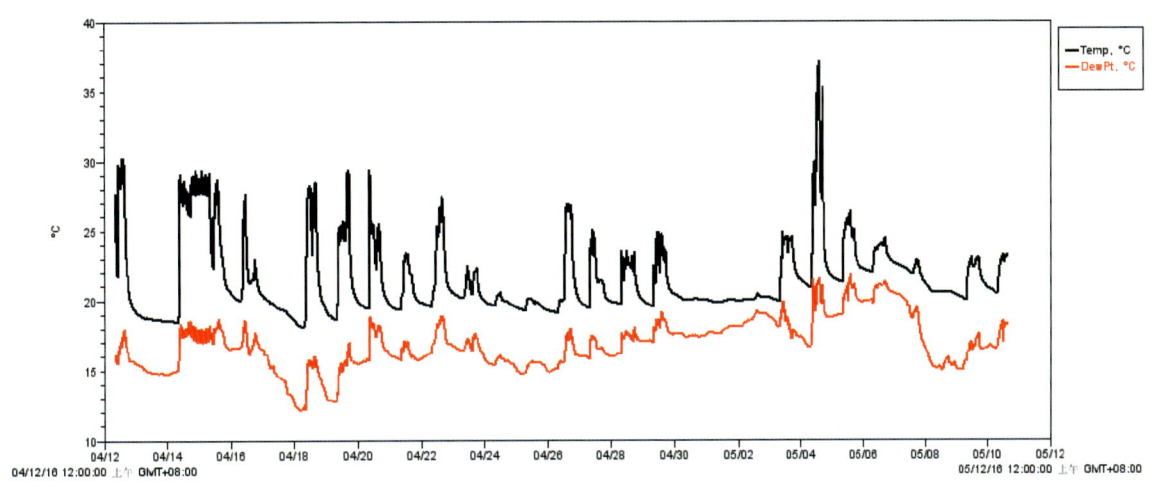

露点温度与温度关系图

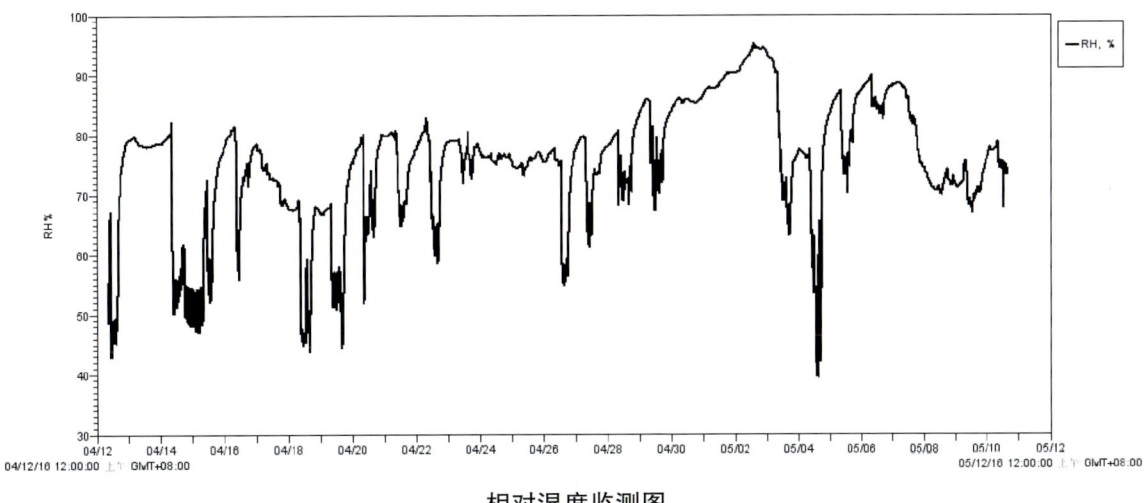

相对湿度监测图

在此基础上，通过统计分析，得出监测期内每日温度与露点温度只差，以及整个监测期内环境相对湿度高低分布比例情况，结果如下图：

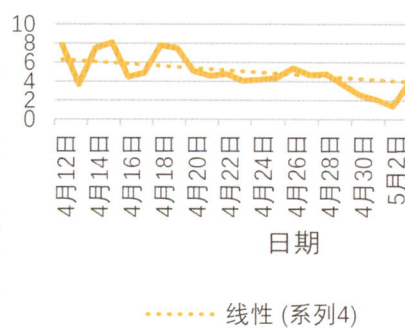

每日温度与露点温度差值曲线图

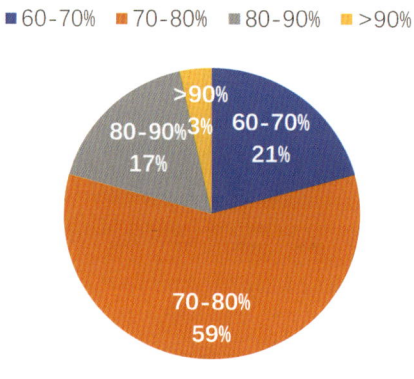

相对湿度高低分布比例饼状图

进行分析前先引入一个概念：露点温度，指空气在水汽含量和气压都不改变的条件下，冷却到饱和时的温度。形象地说，就是空气中的水蒸气变为露珠时候的温度叫露点温度。露点温度本是个温度值，有时也可以用它来表示湿度。这是因为，当空气中水汽已达到饱和时，气温与露点温度相同；当水汽未达到饱和时，气温一定高于露点温度。所以露点与气温的差值可以表示空气中的水汽距离饱和的程度。气温降到露点以下是水汽凝结的必要条件。

据此结合监测结果分析，由上图可见，张家界地区的露点温度与实际温度相差并不大，并且其差值呈下降趋势，因此当气温降到露点温度时，形成水滴，所以该地区极容易在金属表面形成水膜，加速腐蚀。

可以看出，该地区相对湿度最低39.217%，最高95.231%，平均相对湿度为75%。相对湿度高低分布比例饼状图更直观的显示了相对湿度分布比例，湿度在70%～80%

之间占该月的一半以上，是典型的高湿度环境。相对湿度的增加，使得青铜文物表面吸附一层较厚的水膜，从而促进其表面离子传递，加速表面电化学腐蚀速率，因此青铜文物表面的腐蚀速率加快，腐蚀程度加重。

（2）检测分析

1）取样

在对该青铜剑进行简单清洗之后，借助三维视频显微镜观察，在剑格凸起部位及剑尾锈蚀坑洞内，获取绿色锈蚀产物样品。

整体照

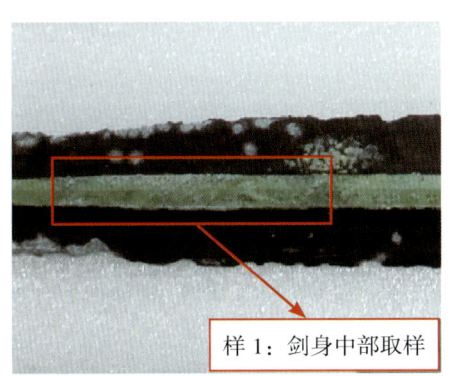
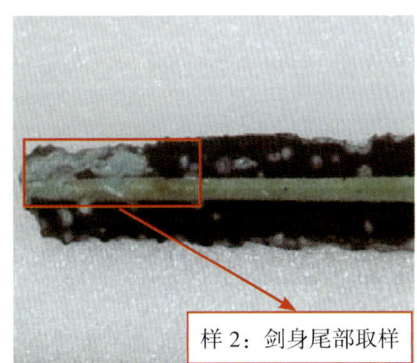

样1：剑身中部取样　　样2：剑身尾部取样

取样位置

三维视频

2）X光探伤

X射线探伤(x-ray inspection)是利用x射线（也可以是γ射线或其他高能射线）能够穿透金属材料，并由于材料对射线的吸收和散射作用的不同，从而使胶片感光不一样，于是在底片上形成黑度不同的影像，据此来判断材料内部缺陷情况的一种检验方法。

如下为该青铜剑的X光探伤照片以及相应的实验条件。

文物名称：战国桂柄复合铜剑　　编号：000943

仪器型号：Eresco42MF4

拍照条件：1. 电压：120千伏　　电流：3毫安　　时间：30秒

　　　　　2. 电压：130千伏　　电流：3毫安　　时间：30秒

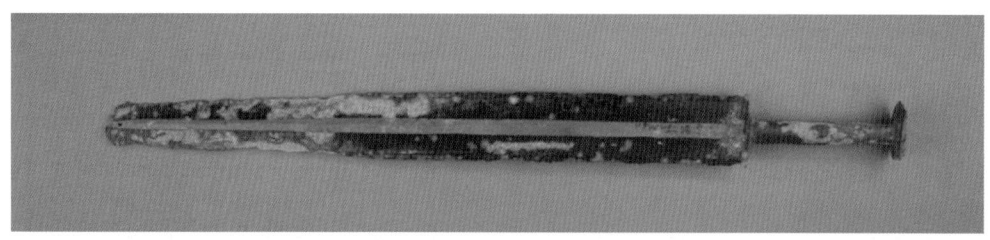

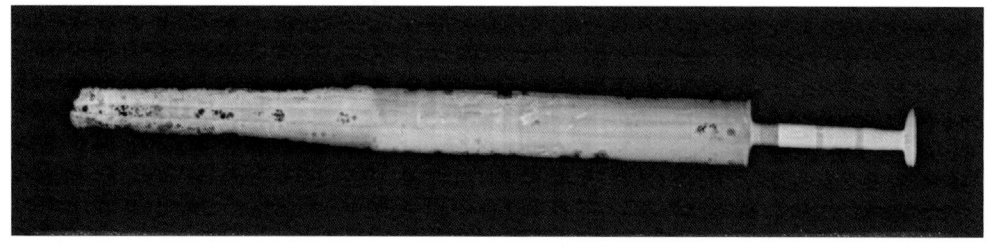

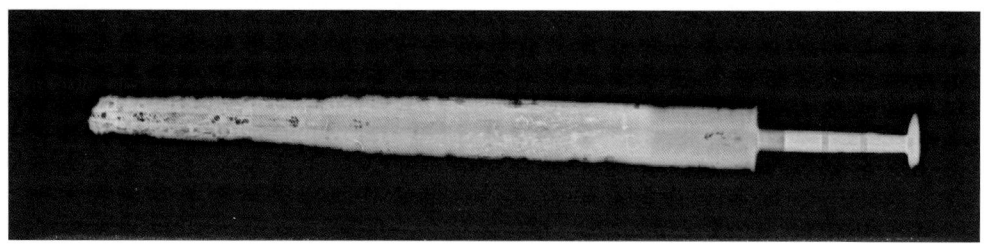

由上图可见该青铜剑尾部剑脊小部分区域灰度较高，判断该处比较疏松，腐蚀较重；同时可以看到剑刃处不平整，表面腐蚀使得刃部出现局部残缺，而其他区域灰度较为均匀，腐蚀较小保存较为完整。

3）扫描电镜-X射线能谱（SEM-EDS）

本实验使用Hitachi S-3600N扫描电子显微镜与EDAX GENESIS 2000XMS能谱分析仪。样品用导电胶直接粘在样品台上观察，结果如下：

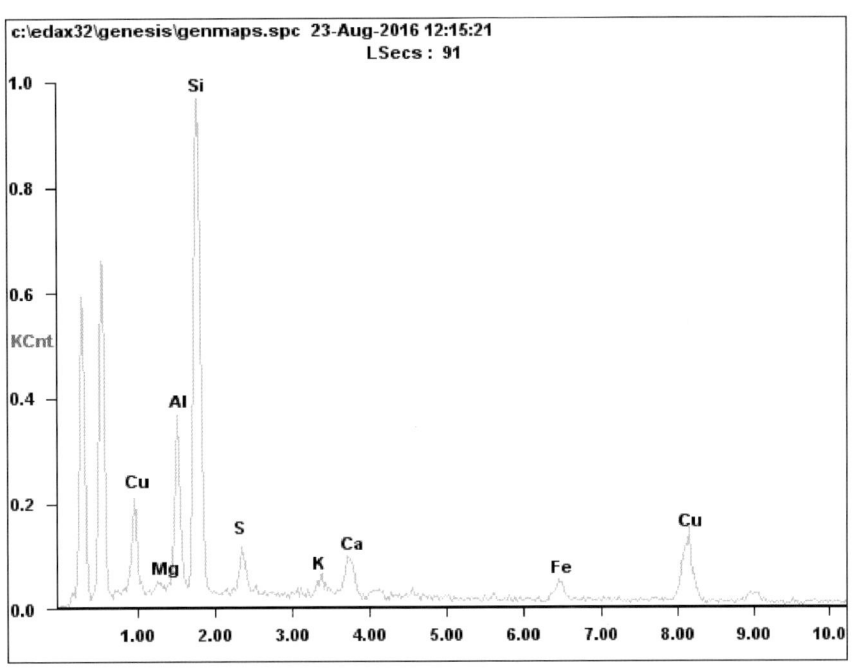

（样1）

元素	Mg	Al	Si	S	K	Ca	Fe	Cu
含量	1.23	13.77	39.21	4.22	1.83	4.38	4.08	31.28

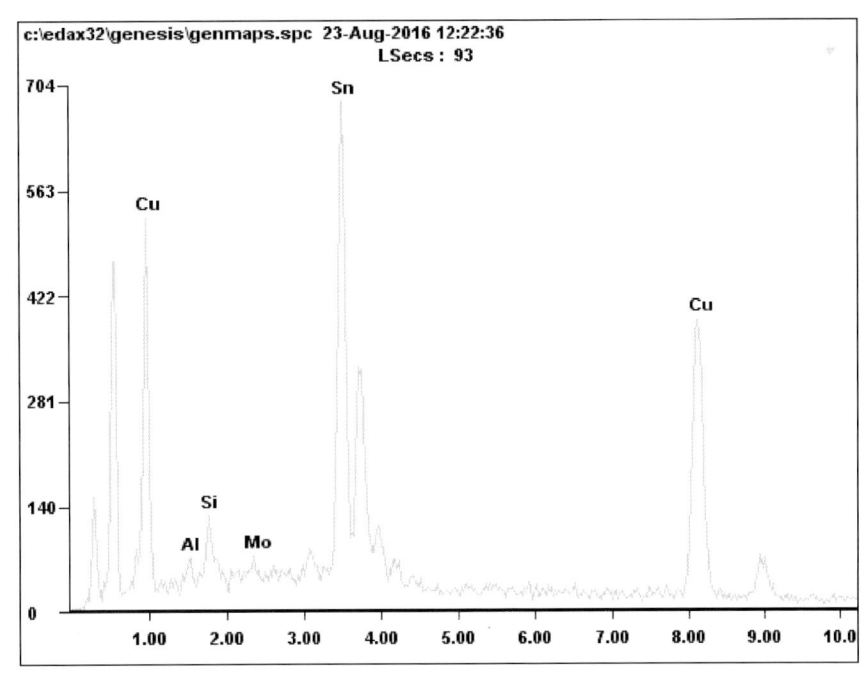

（样2）

元素	Al	Si	Mo	Sn	Cu
含量	1.23	2.33	1.03	43.53	51.89

结合取样部位分析，样1来源于青铜器表面，锈蚀产物较易脱落，能谱分析显示Si、Al、Mg、Ca等元素峰值较高，这些都属于土壤元素。铜元素含量较高，推测可能是青铜器表面中铜元素流失在青铜器和土壤界面发生腐蚀形成的锈蚀产物，还需进一步检测分析。从表中可见外层腐蚀层中铜、锡含量相当低，锡含量甚至未检出，说明外层矿化相当严重，腐蚀层中铜含量较低，这可用铜合金选择性腐蚀来解释。C、O元素含量高是由于这层腐蚀层主要由二价铜的碱式碳酸盐化合物组成。Si、Mg元素含量相对较高，它们的化合物也构成了腐蚀层矿化物的一部分。

样2来源于锈蚀坑洞中酥松产物，能谱分析看到Sn的含量较高，推测腐蚀产物主要为锡的氧化物SnO_2。

4）X射线衍射分析XRD

本实验采用的是美国伊诺斯（Innov-x）便携式X射线衍射仪XRD-Terra，X光管为微焦X射线管，靶材标准配置为Cu、Co，该便携式XRD样品制备更简单，无需制片，粒径<150微米即可。样品振动系统，可消除晶体择优取向，增加检测样品的数量，适合大颗粒样品。操作使用简单，无需复杂参数设置和校正，无需专业实验室，可满足现场检测使用，可防尘、防雾、防震动。

对样品的检测分析结果如下图：

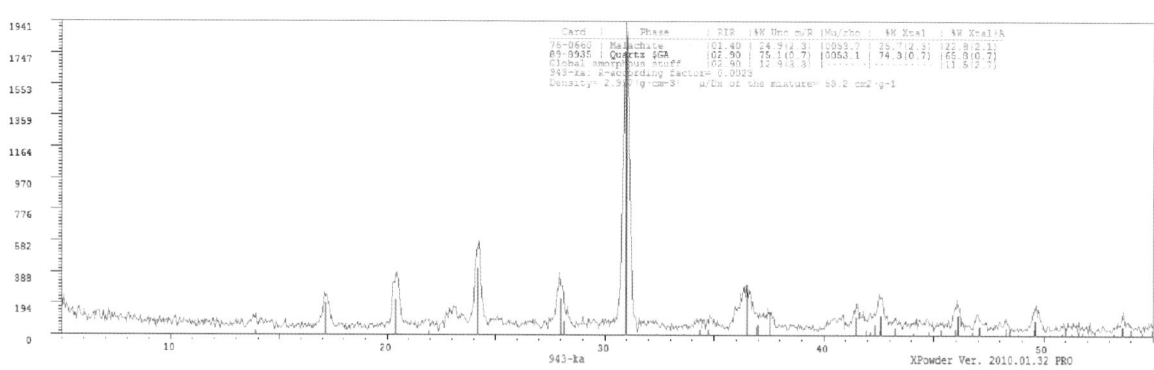

分析结果显示，张家界出土该青铜器样品锈蚀产物主要为：淡绿色的孔雀石（碱式碳酸铜），白色或无色的石英（SiO_2），以及取样时带入的铜本体。

5）Raman光谱分析

本实验采用显微激光共聚焦拉曼光谱仪。样品的拉曼图谱如下：

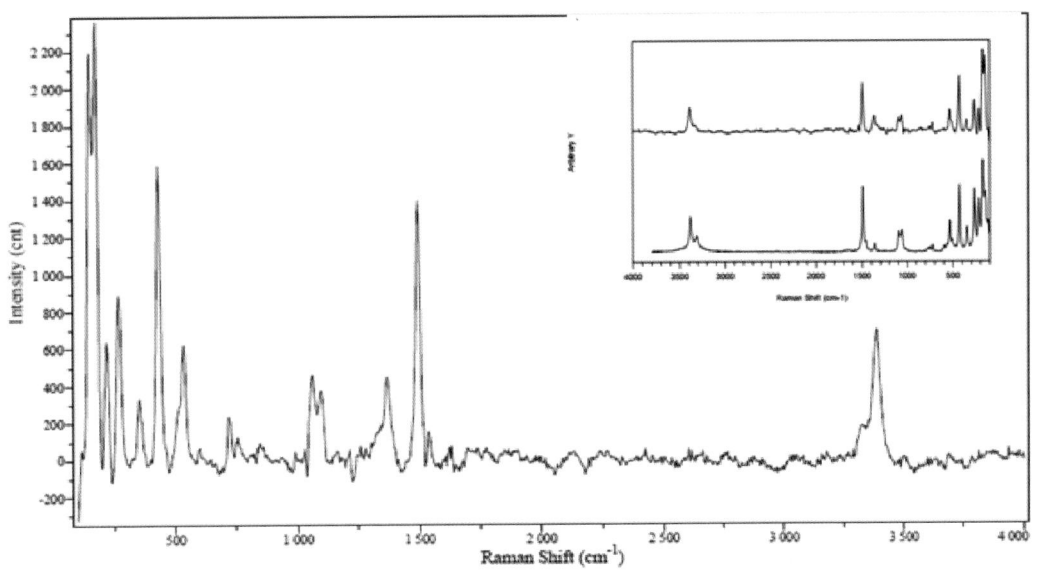

由右上角的谱图对比可以看出青铜器锈蚀产物一致，均含有孔雀石（$CuCO_3 \cdot Cu(OH)_2$），存在部分蓝铜矿（$2CuCO_3 \cdot Cu(OH)_2$）。

6）红外光谱分析

此次样品的红外检测结果谱图如下：

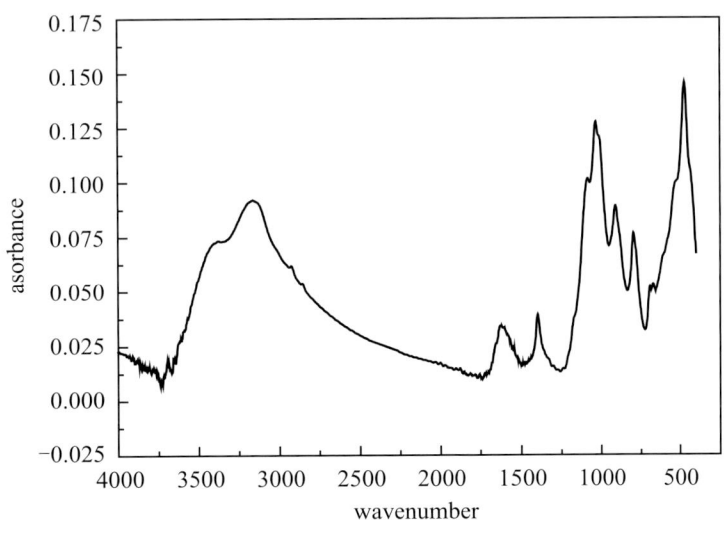

结合 SEM-EDS 等分析结果显示无论是表面的绿色结状物还是剑体酥松的点坑状，都是碱式碳酸铜即孔雀石。

（3）总结

（1）结合几种分析测试手段可以得出，该青铜剑的腐蚀产物主要为碱式碳酸铜，即孔雀石，还有少量石英。

（2）对于 SEM-EDS 中检测出的锡元素，在拉曼测试中未见理想图，红外测试中与标准谱图无法对应，需要进一步检测分析确定成分。

（3）基本可以判断该青铜剑中没有含氯的有害锈，而孔雀石这种无害锈等基本保持了金属原来的形貌，可以起到一定的保护作用，且是历史留下痕迹，不必去除。

（3）根据检测分析结果，结合保存环境的监测分析，在对张家界类似出土青铜器进行锈蚀保护时，应主要采取机械方法去除表面浮着的硬结物和松软锈蚀；在文物库房保存或展出过程中，一定采取温、湿度控制措施，尽量控制高湿环境的危害，同时应避免与氯化物、硫化物、氮氧化物等一些腐蚀性物质接触。

4. 保护修复原则

该件文物修复过程中，我们遵循了以下原则：

（1）保护修复材料可逆性或可再处理性，不含有害成分。

（2）遵守最小干预的保护原则、实施最小干预的保护方法和技术。

5. 保护修复

根据此件文物的病害状况我们制定了适合的保护处理方法，具体文物的保护技术路线如下：

文字记录、拍照→清洗→缓蚀→封护→补全→完成档案制作

（1）建立保护修复档案

参照现有标准（《馆藏青铜文物保护修复档案记录规范》（中华人民共和国文物保护行业标准 WW/T/0010-2008）），填写包括文物基本信息和保护修复步骤的档案文本。档案采用文字记录和图片采集相结合的方式。

（2）清洗

1）表面硬结物的去除

使用软毛刷扫去表面浮尘后，脱脂棉蘸取 2A 溶液，软化表面硬结物，后用手术刀将其剔除。

2）点腐蚀的去除

使用手术刀结合钢针将表面的有害锈剔除干净后，将锌粉混合 20% 酒精溶液调成糊状的涂覆于该处。处理期间使得该部位一直保持湿润状态，可使用 20% 酒精溶液滴于该处，用保鲜膜封存。约 8 小时后，用蒸馏水冲洗该部位。在铜器有害锈清除过程

中，用 1.5% 过氧化氢溶液来检验清洗效果，直至检验不出 Cl^- 存在时为止。

局部清洗后

（3）缓蚀

缓蚀之前需对文物进行彻底干燥，后将其浸泡至 3% BTA 溶液 30 分钟，24 小时后去除表面多余结晶。

（4）封护

使用 3% B_{72} 乙酸乙酯溶液均匀涂刷至文物表面进行封护。

（5）补全

此件文物尖部已残缺，因没有补全的依据，所以不予补全。但有害锈处理完成后表面留下较多的坑洼。影响了文物的美观与协调性，考虑到展览效果，我们对表面的坑洼状进行补全，并对其起到进一步封护的作用。

具体步骤为：使用环氧树脂添加滑石粉与矿物颜料，将其填充进需补全部位，待充分干燥后，使用合适目数的打磨工具进行打磨、随型。

补全后

打磨

（6）作色

打磨完成后，使用需要的矿物颜料添加酒精虫胶漆，对该部位进行作色。

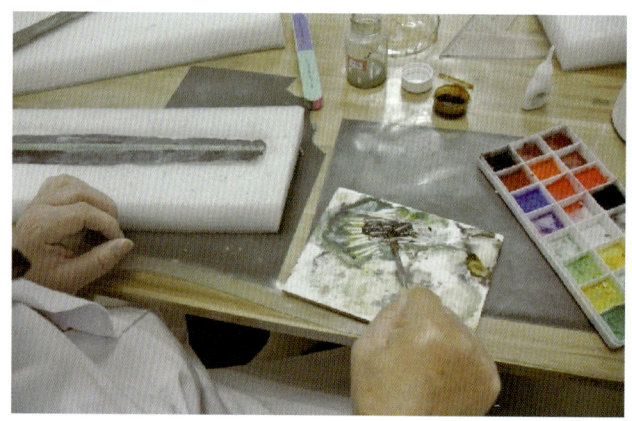

作色

6. 修复前后对比

修复前

修复后

（六）汉铜盆清洗及补配打磨流程

在对张家界馆藏青铜文物保护修复实施项目汉铜盆（文物编号001022）文物的清洗过程中，采用了传统的物理清洗和现代的洁牙机清洗相结合方法。在补配和打磨流程中因文物变形严重且通体矿化所以使用随形补配和打磨机加砂纸打磨方法。在文物清洗和补配打磨过程中所遇到的问题与难点均已得到解决，文物得到了有效的保护和修复。

1. 保存现状

（1）基本信息及病害描述

汉铜盆为一般级文物。文物病害主要又通体矿化、表面硬结物、残缺，边缘处残缺破损较为严重，表面有局部残缺并且被一层表面硬结物和土垢包裹，盆内盛满土垢。

汉铜盆修复前（俯视图）

汉铜盆修复前（正视图）

（2）病害成因分析

汉铜盆出土于湖南省张家界市。张家界市位于湖南省西北部，地处亚热带，介于北纬 28°52′～29°48′，东经 109°40′～111°20′，属于季风性气候。降水丰富，夏季高温多雨，冬季温和湿润。年均气温 17 摄氏度，年降水量 1400 毫米。因此，当青铜文物埋藏于这样温润潮湿环境中，极大降低了器物本体的耐腐蚀性，器物在常年的埋藏过程中本体与环境介质发生了化学反应，形成了腐蚀产物。

在汉铜盆土垢下是一层色泽和谐的暗紫色凹凸表面，器物整体造型没有太大变化，但是表面覆盖下的铜质已经完全矿化，失去金属特性，十分脆弱，不当的触碰就会有碎片脱落。在埋藏环境、土壤压力和通体矿化等外界环境因素作用下，汉铜盆表面出现了局部变形和残缺现象。

2. 清洗

（1）传统物理清洗

汉铜盆由于通体矿化、表面局部变形和残缺，所以造成对器物整体清洗工作困难，稍有不当处理就会对文物本体造成不可逆的永久性伤害。

因此，为了对汉铜盆达到更好的清洗效果，在清洗前先对器物表面变形和残缺的部分进行了局部加固和贴布处理：先用脱脂棉蘸取 80% 乙醇溶液，敷于残缺和变形表面，待其软化，用手术刀清洗，然后用牙刷蘸取 80% 乙醇溶液轻刷其表面，再用棉签蘸取 80% 乙醇溶液滚动擦拭，最后用棉签蘸取蒸馏水再次滚动擦拭。待处理表面晾干，使用毛刷蘸取 10% B_{72} 溶液对器物变形和残缺部位进行涂刷，最后贴上大小适中的无纺布条。

加固和贴布完成后，对汉铜盆内的堆积土进行清理：用蒸馏水对堆积土表面进行润湿，晾置片刻后使用平头雕刻刀对润湿堆积土进行逐层清理，清理到没有润湿的堆积土时再重复前一步骤，如此反复，直到把盆内堆积土完全清理干净。对润湿的堆积土进行逐层清理的优势在于逐层清理不易伤害到器物本体，可以看到不同颜色不同年代的堆积土，便于收集整理，减小对堆积土内夹杂物体的伤害。

（2）洁牙机清洗

汉铜盆外表面多为土垢和硬结物，因此用脱脂棉蘸取80%乙醇溶液，敷于外表面，待其软化，用手术刀清洗，然后用牙刷蘸取80%乙醇溶液轻刷外表面，再用棉签蘸取80%乙醇溶液滚动擦拭，最后用棉签蘸取蒸馏水再次滚动擦拭。待处理表面晾干后借助超声波洁牙机的共振原理震掉器物上的土垢和硬结物达到去锈效果。

汉铜盆矿化细节

汉铜盆器身变形和残缺

贴布

清洗后

3. 补配和打磨

（1）补配

在清洗步骤完成后对汉铜盆残缺部分进行粘胶补配处理：在瓷板上挤好适量 UHU PLUS 黏结剂和凝固剂，使用调刀将两种化学试剂调好后，加入绿色矿物粉末颜料和玻璃微珠粉末调和好，撕合适纸胶带粘于残缺处打底，最后取适量胶随形填于残缺处，待胶干后撕掉纸胶带。

纸胶带打底

补配后

（2）打磨

补配后使用打磨机和不同型号的砂纸对补配处多余的胶进行打磨处理，以达到补配处表面和器物原表面薄厚一致、曲率一致的效果，为后续的作色环节打好良好的基础，使器物在保护修复完之后为一个良好的有机整体。

针对汉铜盆表面硬结物、通体矿化和残缺的病害特点，在清洗该文物时使用了传统的物理清洗方法和现代的洁牙机清洗方法，将传统和现代技术结合在一起，达到了良好的清洗效果，有效的除去了器物表面硬结物和土垢。

打磨

（七）战国云纹铜镜的艺术价值与保护

慈利出土的战国云纹铜镜是一件"漆衣铜镜"。这种以铜为胎的漆镜因其出土数量鲜少，其制作工艺、纹饰、保护方法都备受学者和研究者们的关注和研究。战国云纹铜镜出土时整体保存较为完整，漆面有启翘和剥落的状况。在对这件文物进行现状分析和价值评估后，对其进行保护处理，在清理铜镜表面污垢后，对起翘的漆皮进行回贴，使其在经过修复后更为完整，达到较为稳定的保存状态。

1.战国云纹铜镜的纹饰特点

战国云纹铜镜属于"漆衣铜镜"。"漆衣铜镜"是指以铜镜做胎，在铜镜表面髹漆并在漆面上施以彩绘的铜镜。

战国时期的铜镜具有薄形、细钮、体轻、狭廓的特点，彩绘多施以红、黑、黄三色。慈利出土的这件战国云纹铜镜的直径为107毫米，厚度仅为4毫米，重量为69克。其形态体态轻薄，是典型的战国时期的铜镜。

战国时期铜镜纹饰的主要结构有囧形骨骼、十字骨骼和斜十字骨骼，云气纹是以单旋云纹、对旋云纹和S形云纹为主。慈利出土的战国云纹铜镜的结构是以十字形为基础，增加线条进而形成网格状骨骼。云气纹应该是勾连云纹，战国时期云纹作为主体纹饰的漆器数量较少，通常云纹被作为带状装饰纹饰用于器物的口沿等其他部位，用来衬托主体纹饰。

2. 战国云纹铜镜的彩绘颜料

有一件凤纹漆衣铜镜与慈利出土的这件战国云纹铜镜很是相似。这件凤纹漆衣铜镜在经过检测后发现红色漆膜除含有铜元素外还含有较高的汞和硫。[①] 汞和硫的存在符合文献中有关红色漆添加银珠的记载。银珠又称朱砂、辰砂，即硫化汞，化学品名称为HgS，用作颜料可经久不退。慈利出土的战国云纹铜镜的云气纹便是用红漆绘制，由于没有进行检测所以无法肯定其中含有的成分，但是借鉴凤纹漆衣铜镜的检测结果，这件战国云气纹铜镜的红漆的主要成分也有可能为硫化汞。

秦始皇陵出土了有彩绘的青铜水禽，通过偏光显微分析和拉曼光谱分析，水禽上的黑色颜料为炭黑。炭黑是中国古代使用最早的黑色颜料之一，早在新石器时代炭黑就被作为黑色颜料使用。如秦安大地湾遗址出土的彩陶上的黑色颜料和山西神木石峁遗址出土的彩陶上的黑色颜料皆为炭黑。商周时期炭黑的使用逐渐增多，至秦汉时期，炭黑作为黑色颜料被广泛使用。慈利出土的这件战国云纹铜镜的漆虽然没有经过检测，但是战国时期炭黑颜料的使用已经逐步增多，不妨推测黑色的漆的主要成分为炭黑。

青铜镜上的漆层在一定程度上可以保护青铜镜本体，一般第一层漆起到了隔绝氧气的作用，除此之外，漆层的存在是青铜镜免受水、酸、微生物等化学或生物性的侵害。在保护的同时，漆绘又起到了装饰的作用。

---

① 马菁毓，程博. 一件凤纹漆衣铜镜的保护处理［J］. 文博，2009（6）：487-491.

3. 战国云纹铜镜的保护措施

（1）战国云纹铜镜的保存状况

战国云纹铜镜整体保存完整，漆面上有表面硬结物，漆绘开裂且有残缺，漆面启翘，露出铜底。

湖南地区夏季多雨，冬季湿润，常年处于潮湿的状态，这种常年湿润的气候可以使漆处于饱水状态，有利于漆器的保存。但是，常年埋藏于地下漆器在地质环境的变化或者人为破坏等情况下会发生破裂、残缺等状况。一旦漆膜剥落，青铜本体在潮湿的情况下就会生成无害锈，甚至还会生成有害锈。

文物出土后在相对干燥的环境下漆膜内水分会产生挥发。水分挥发时，漆膜厚度不均匀等因素，可能会造成漆膜内部的内应力分布不均匀，从而导致漆膜发生物理变形，甚至开裂。在漆膜开裂的地方如果水分进一步挥发，开裂后的漆膜受到的内测与外出应力不均匀，内侧水分挥发较快，产生的应力较大，漆膜会向外侧产生翘曲，发生启翘。所以，漆器出土后的保护十分重要。

（2）战国云纹铜镜的保护措施

首先用脱脂棉沾 80% 的酒精清理漆面。当表面的尘土被擦拭掉后，露出了较为光亮的漆层。除了明显的红漆外，还有黑色的漆纹在漆面上，留下的纹路可能为其他颜色的漆绘褪去后留下的痕迹。

用 1.5% 的 B_{72} 溶液回贴启翘的漆皮。用到的工具有大头针、针管、毛笔。有的地方的漆皮有轻微的褶皱，在漆皮下面涂上 B_{72} 溶液后需要从未起皮的地方向前按压，使之平展。有的漆面处于空鼓状态，需要在鼓出的地方扎出小孔，放出里边的气体，然后从空隙中滴入 B_{72} 溶液，用大头针的顶部按平。在所有启翘部分被按压平整后，用 1.5% 的 B_{72} 溶液对漆面进行整体加固。

（八）战国复合双箍铜剑

1. 文物基本信息

战国复合双箍铜剑（张家界市博物馆藏，编号002937），通长488毫米，最宽处42毫米，厚36毫米，重740克。文物器形保存基本完整，整体呈棕褐色，保护修复前状态如下图。

第四章 文物保护修复实录

战国复合双箍铜剑原始保存状态

2. 病害分析

该件文物器形保存基本完整，整体呈棕褐色，尖部有少许残缺，根据《馆藏青铜器病害与图 WW/T0004-2007》绘制了病害图，如下图。

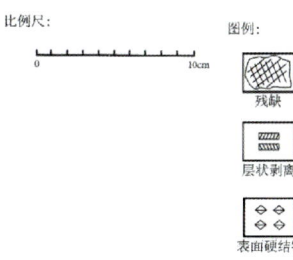

病害图

通过病害图可以看出，文物表面有多处层状剥离，局部剥离处出现酥粉、掉渣现象，尖部有因层状剥离导致的锯齿状残缺。文物所承载的历史信息面临缺失的危险，亟待保护处理。

3. 检测分析

（1）环境分析

因测试分析需要考虑到环境条件，且环境条件对青铜文物病害形成与发展具有重要影响，为了全面分析病害机理，我们对湖南省张家界的温度湿度环境进行了分析研究。

对该地区温、湿度进行为期一个月的监测，曲线图记录如下：

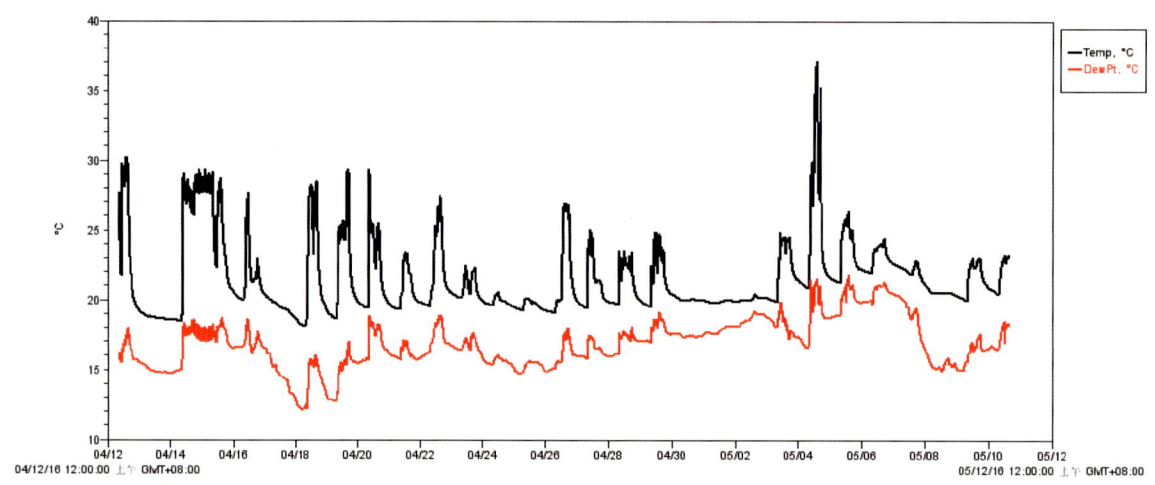

露点温度与温度关系图

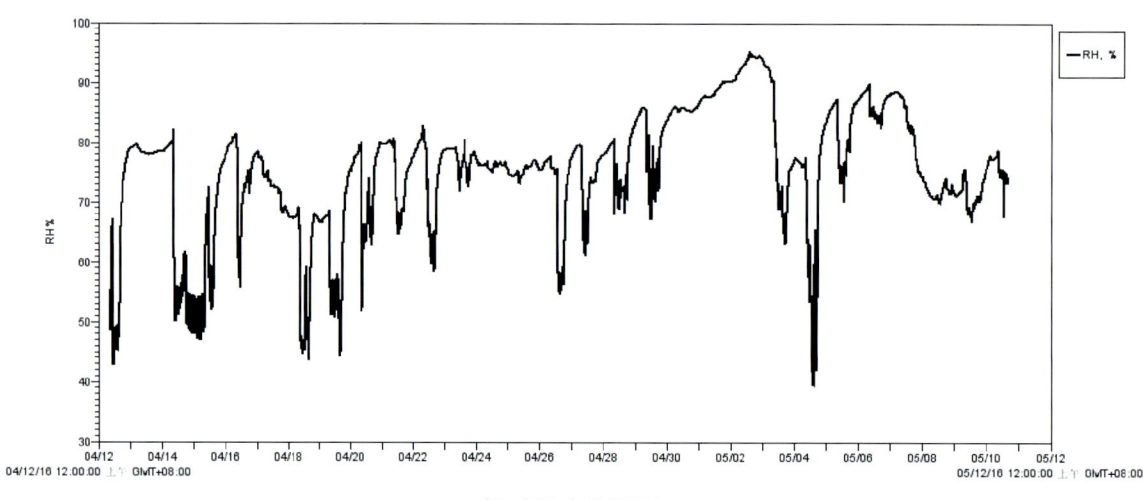

相对湿度监测图

在此基础上，通过统计分析，得出监测期内每日温度与露点温度只差，以及整个监测期内环境相对湿度高低分布比例情况，结果如下图：

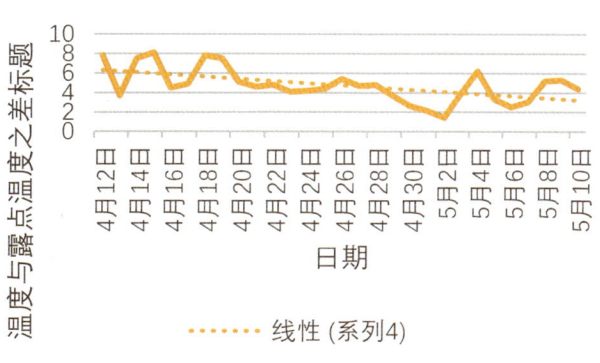

每日温度与露点温度差值曲线图

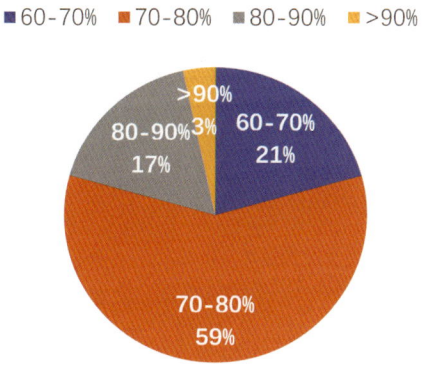

相对湿度高低分布比例饼状图

据此结合监测结果分析，由露点温度与温度关系图和相对湿度监测图可见，张家界地区的露点温度与实际温度相差并不大，并且其差值呈下降趋势，因此当气温降到露点温度时，形成水滴，所以该地区极容易在金属表面形成水膜，加速腐蚀。

由相对湿度监测图可以看出，该地区相对湿度最低39.217%，最高95.231%，平均相对湿度为75%。相对湿度高低分布比例饼状图更直观的显示了相对湿度分布比例，湿度在70%～80%之间占该月的一半以上，是典型的高湿度环境。相对湿度的增加，使得青铜文物表面吸附一层较厚的水膜，从而促进其表面离子传递，加速表面电化学腐蚀速率，因此青铜文物表面的腐蚀速率加快，腐蚀程度加重。

（2）检测分析

1）取样

在对该青铜剑进行简单清洗之后，借助三维视频显微镜观察，在剑身锈蚀坑洞内，获取锈蚀产物样品。样品照片记录如下：

整体照

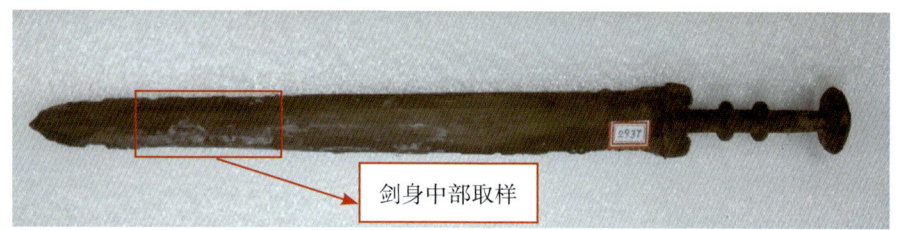

取样位置

三维视频

2）X光探伤

X射线探伤（x-ray inspection）是利用x射线（也可以是γ射线或其他高能射线）能够穿透金属材料，并由于材料对射线的吸收和散射作用的不同，从而使胶片感光不一样，于是在底片上形成黑度不同的影像，据此来判断材料内部缺陷情况的一种检验方法。

如下为该青铜剑的 X 光探伤照片以及相应的实验条件。

文物名称：战国复合双箍铜剑　　编号：002937

仪器型号：Eresco42MF4

拍照条件：电压：120 KV　　电流：3 mA　　时间：30 S

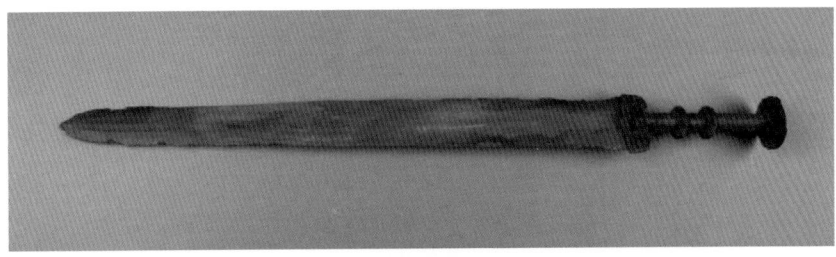

由照片观察可见该青铜剑只有剑首刃部处灰度较高，判断该处比较疏松，腐蚀较重；其他区域灰度较为均匀，腐蚀较小保存较为完整。

3）扫描电镜 -X 射线能谱（SEM-EDS）

本实验使用 Hitachi S-3600N 扫描电子显微镜与 EDAX GENESIS 2000XMS 能谱分析仪。样品用导电胶直接粘在样品台上观察，结果如下：

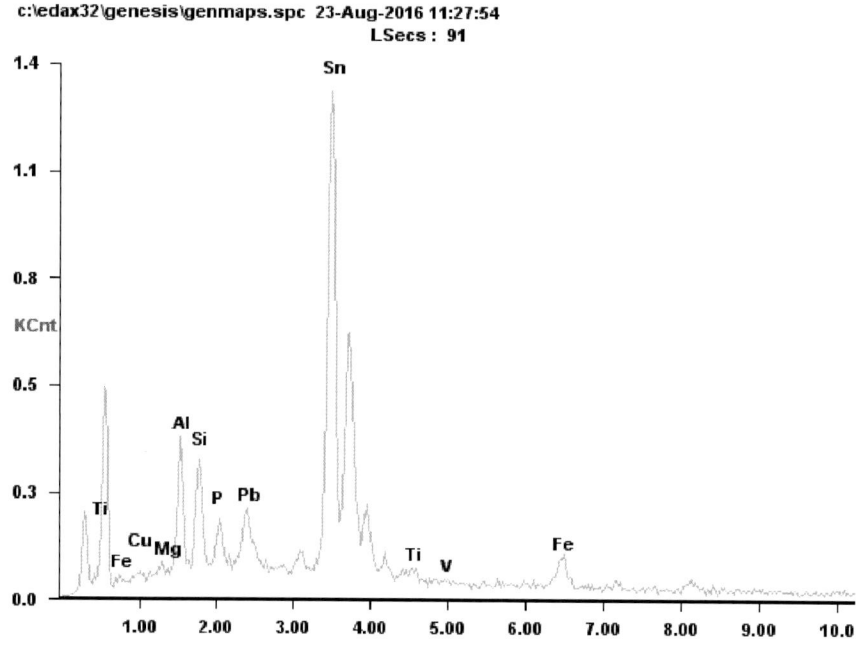

元素	Mg	Al	Si	Ti	Fe	P	Cu	Pb	Sn
1	1.09	6.94	5.32	0.82	4.19	2.39	3.35	9.23	66.67

结合取样部位分析，可以判断该青铜器为铜锡铅三元合金。能谱分析显示 Si、Al、Mg、Fe、P 等元素峰值较高，这些都属于土壤元素。推测可能是青铜器表面和土壤界面发生接触反应。C、O 元素含量高是由于腐蚀层主要由二价铜的碱式碳酸盐化合物组成。

从表中可见外层腐蚀层中铜含量在青铜器中含量非常低，而锡含量占一半以上，结合电镜图，可见表面粗糙多孔，较为酥脆疏松，根据能谱分析结果推测腐蚀产物主要为锡的氧化物 SnO_2。可能是在埋藏过程中造成 Cu 元素大量流失，留下锡的二氧化物。此外，Si、Al 元素含量相对较高，它们的化合物也构成了腐蚀层矿化物的一部分，这几种元素与锡石结合起来，形成了该青铜剑表面这种褐色的独特形貌。

4）X 射线衍射分析 XRD

本实验采用的是美国伊诺斯（Innov-x）便携式 X 射线衍射仪 XRD-Terra，X 光管为微焦 X 射线管，靶材标准配置为 Cu、Co，该便携式 XRD 样品制备更简单，无需制片，粒径 <150um 即可 样品振动系统，可消除晶体择优取向，增加检测样品的数量，适合大颗粒样品。操作使用简单，无需复杂参数设置和校正，无需专业实验室，可满

足现场检测使用，可防尘、防雾、防震动。

对样品的检测分析结果如下图：

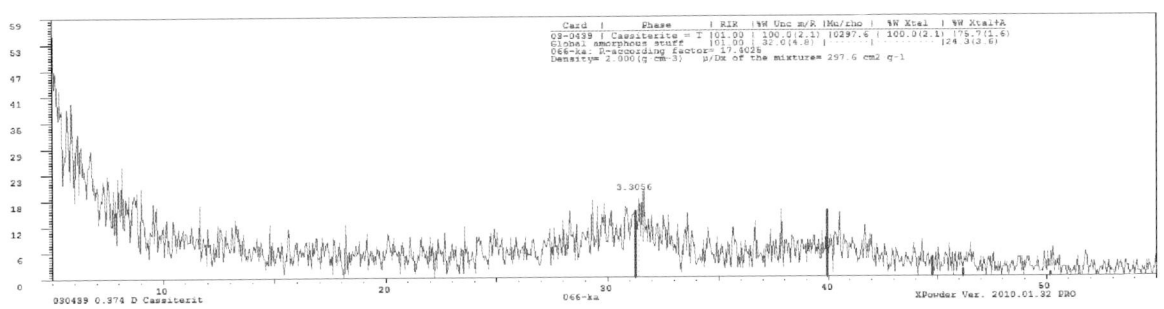

XRD 分析结果显示，张家界出土该青铜器样品锈蚀产物主要为：锡石和非结晶材料（结合扫描电镜推测为疏松的土壤矿物）。

5）Raman 光谱分析

本实验采用显微激光共聚焦拉曼光谱仪。样品的拉曼图谱如下：

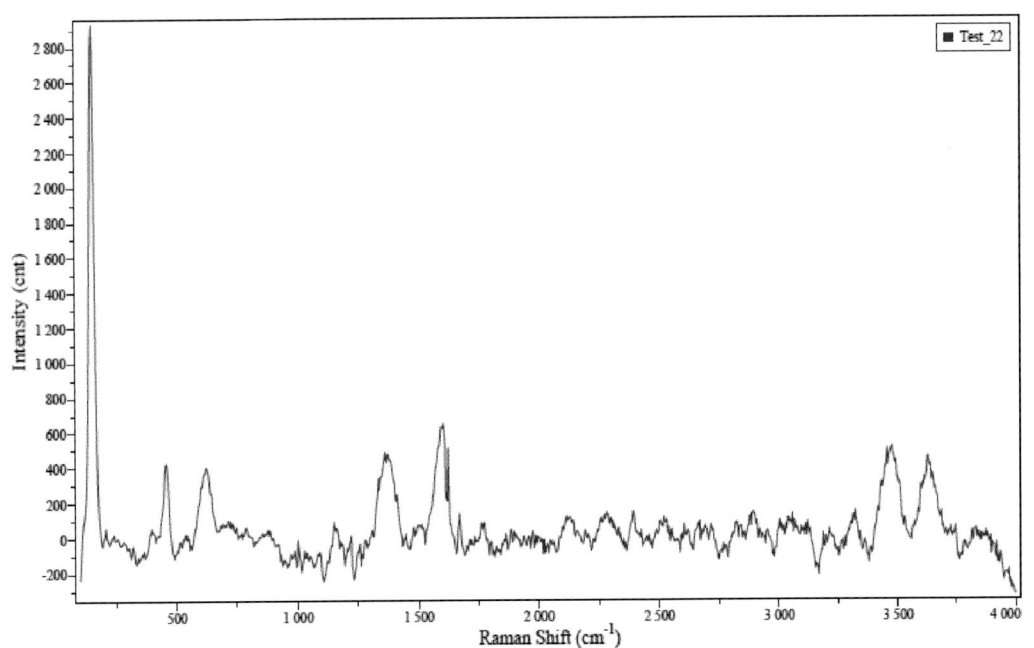

通过对比分析，拉曼光谱结果显示样品为含锡的化合物。

6）红外光谱分析

此次样品的红外检测结果谱图如下：

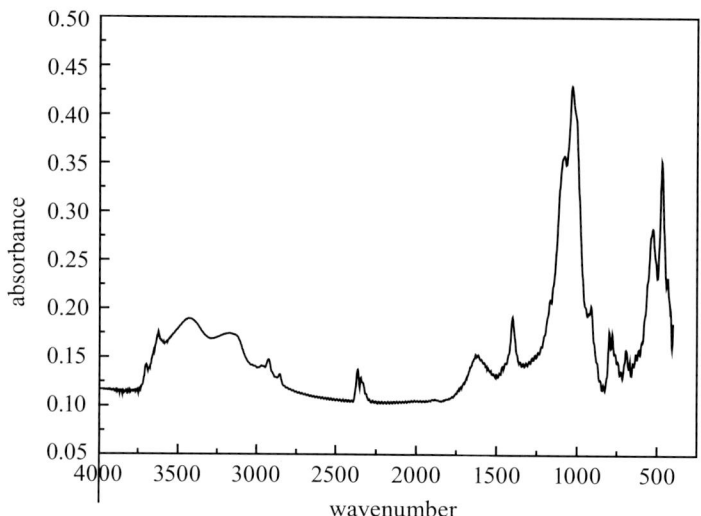

根据谱图检索对比可以得出,该青铜剑表面主要为伊利石,一种富含 Al、Si 元素的矿物,结合 SEM-EDS 和 XRD,进一步验证了对于锈蚀产物的推断。

(3)总结

1)结合几种分析测试手段可以得出,该青铜剑的腐蚀产物主要为二氧化锡,即锡石,还有部分土壤夹杂物。

2)基本可以判断该青铜剑中没有含氯的有害锈,而锡石这种无害锈等基本保持了金属原来的形貌,可以起到一定的保护作用,且是历史留下痕迹,不必去除,只需去除表面疏松锈蚀即可。

3)根据检测分析结果,结合保存环境的监测分析,在对张家界类似出土青铜器进行锈蚀保护时,应主要采取机械方法去除表面浮着的硬结物和松软锈蚀;对器物较为严重的疏松部位进行渗透加固;在文物库房保存或展出过程中,一定采取温、湿度控制措施,尽量控制高湿环境的危害,同时应避免与氯化物、硫化物、氮氧化物等一些腐蚀性物质接触。

4. 保护修复原则

该件文物修复过程中,我们遵循了以下原则:

(1)保护修复材料可逆性或可再处理性,不含有害成分。

(2)遵守最小干预的保护原则、实施最小干预的保护方法和技术。

5. 保护修复

根据此件文物的病害状况我们制定了适合的保护处理方法,具体文物的保护技术路线如下：

文字记录、拍照→预加固→清洗→缓蚀→封护→完成档案制作

（1）加固

为防止层状剥离部位进一步剥离，使用1.5%～5% B_{72}乙酸乙酯溶液对其涂刷加固，浓度由低到高逐步递增。

（2）清洗

使用软毛刷扫去表面浮尘后，脱脂棉蘸取2A溶液，软化表面硬结物，后用手术刀将其剔除。

（3）缓蚀

缓蚀之前需对文物进行彻底干燥，后将其浸泡至3%BTA溶液30分钟，24小时后去除表面多余结晶。

（4）封护

使用3% B_{72}乙酸乙酯溶液均匀涂刷至文物表面进行封护，如下图。

封护中

6. 修复前后对比照片

修复前

修复后

（九）新科技在修复中的运用

随着数字博物馆的发展，虚拟技术在文物保护上也逐步得以应用。云南民族大学的同学利用 X3D 实时贴图技术在漆器修复进行了运用。首先利用 X3D 进行 3D 建模，将要数字化的文物 360 度建立在软件的模板上，再利用软件的二维坐标将纹理回帖到原来的位置上。如此一来，原来残缺的漆皮部分在数字化的文物上就恢复如初，成为一个完整的展品。

数字博物馆具有信息实体虚拟化。信息资源数字化、信息传递网络化、信息利用共享化、信息提供智能化、信息展示多样化等特点。博物馆数字化是博物馆未来发展的一种走势，虚拟现实技术在文物修复、博物馆数字化方面的应用拥有广阔的前景。

（十）摄影技巧在文物中的应用——以西汉代宽弦纹铜壶病害拍照为例

文物，是人类历史上物质文化和精神文化的遗存。它所蕴藏的信息具有历史、艺术、科学等价值，是一个国家、一个民族历史发展的重要文化遗产。在记录文物档案中，对文物摄影提出了更高层次的要求，不仅需要具备考古方面的专业知识，还要掌握摄影艺术，只有这样才能拍摄出既有科学研究价值又有审美价值的作品。下文，对如何运用灯光、投影、背景、角度和摄影原则等问题展开以下论述。

1. 运用好灯光是文物摄影的关键

文物摄影大多数在灯光照明的条件下拍摄，所以首先要了解灯光照明的一些特点。灯光照明主要有散光灯和聚光灯两种。散光灯的照射效果是光照广泛、均匀，光的强度由照明区到非照明区逐渐减弱，而聚光灯照明集中、强烈，光的强度由照明区到非照明区减弱。拍摄文物大多数用散射光，因为光强性质接近于自然光，适合于人物视觉习惯。

前侧光是沿着拍摄方向并成45°～90°角方向照射来的光线。用这种光线照明可以突出表现粗糙和有凹凸花纹的器物，如陶器上的绳纹、铜器上的饕餮纹、甲骨上的刻字或器物上的附着物（布纹、席纹等）。

后侧光属于逆光的一种，它能有效地增加器物的立体感和空间感，对于塑造物体的轮廓十分有效。后侧光一般要高于器物，使器物至少两个受光面（上面和侧面）这样有利于勾勒器物的大部分轮廓。

根据侧光角度大而阴影短，角度小而阴影长的特点，在拍摄凹凸起伏的器物时要采用高位置的侧光，反之要采用低位置的侧光。如果凹凸变化很小，侧光的位置就要很低，甚至采用接近90°角的正侧光，才能把要表现的细部刻画出来。

小件器物拍摄时的注意事项。文物摄影中小件器物的摄影较为多见。小件器物拍摄时除一般采用散射光照明外，还要注意以下几点：

（1）器物的色调要尽量接近，避免深色、浅色器物色调差别过大而引起曝光偏差。

（2）拍摄时大多采用俯拍角度。

（3）沉底的颜色与器物颜色要搭配协调。

（4）适当调整器物高低位置。

（5）注意器物之间不要互相遮挡。

静物台

2. 文物摄影中投影的处理

文物摄影中投影的浓淡及文物在画面上所占的位置与比重，对衬托主题都是十分重要的，必须认真对待。

文物摄影光源距器物较近，并且通常需要有主光和辅助光照明，这就使器物的影子不但明显且处理不妥还会杂乱，特别是鼎类的三足器物，每足有 1～2 个投影，当光从两个角度打来时就会出现两个投影。

所以，如果用光不当，投影过浓，势必又出现喧宾夺主的现象；影子过多，互相交错，又有杂乱之感；如果没有影子，虽然主题也突出了，但器物会有凌空的感觉，或形同剪纸，效果也不好。浅色器物的拍摄，玉器、石器、骨器、蚌器或铜器等可以放在较深色的背景上拍摄，这样既能突出器物轮廓，也能衬托器物的色调和质感，投影处理在深色背底上也不明显，不会干扰所表现的器物。所以，文物摄影中，处理好投影会增加器物的立体感，起到填补空白、调整平衡、突出器物造型的作用。

3. 文物摄影中背景的处理

拍摄文物要利用背景纸来营造比较干净的氛围，背景的颜色不能太鲜艳，纷乱的颜色映衬在文物上，破坏文物的轮廓线，大片的颜色反光还容易使文物偏色。现在通用的背景纸是中灰色，因为灰色是中性色，可以和任何色彩的文物搭配，有利于突出文物。

三脚架：文物摄影的清晰度是首要保证的，所以在拍摄时必须使用三脚架，有利于构图和调焦，避免因手持拍摄而引起的抖动。

4. 文物摄影中角度的处理

文物的拍摄一般是在画面居中的位置，但如果器物本身是有方向性的，就要考虑整个画面的布局。对于二维文物（青铜剑、青铜戈等），采用正反面拍摄+色标卡的构图方式，对于三维立体文物（铜鼎等），采用三视图+色标卡的构图方式。要求被摄物体对称轴与画面边缘平行，色标卡与画面边缘平行。

正视图：是指照相机拍摄位置与被拍摄物体的高度相同，它的特点是不易变形，拍摄画面亲切自然。

俯视图：是指照相机的拍摄位置高于被拍摄物体的高度，即照相机从上向下拍摄。它能产生较好的空间感，尽可能全面的表现一些具体细节。

战国铜鼎俯视图

例如，这件战国时期的铜鼎，拍摄时要找出一个最能表现器形特征角度，还要将足、耳等细节都表现出来，所以在摆放时要转动文物找到一个各部位相互不重叠的角度，而且拍摄时相机的高低要能将三个足都表现出来。在光线的运用上，为了强化栩栩如生的青铜质地，在文物的正面加强了灯光输出，和顶光的前后呼应，凸显了文物的端庄高贵。

战国铜鼎

5. 文物摄影原则

对文物摄影要本着准确、真实、全面的原则，让照片真实地呈现出文物的原貌。

（1）摄影的准确性。

（2）摄影的完整性。

（3）室内文物摄影背景的使用。为使文物拍出更好的效果，在背景的使用上不要千篇一律。

（4）每次摄影结束后，要及时整理、编号、填写时间、地点、文物名称等。方便后期对文物的整理记录。

文物摄影因它的工作性质特殊而成为摄影艺术中的一个独特门类，是记录文物信息、传播文物知识的重要手段。文物摄影不仅需要具备考古方面的专业知识，还要掌握摄影艺术，只有这样才能拍摄出既有科学研究价值又有审美价值的考古作品，促进文博事业的发展。文物摄影从不同的角度对文物全方位的诠释，为研究、继承优秀传统文化提供了有力的佐证。文物摄影也是一个不断探索的工作，掌握了文物摄影的方法和技巧，就有了一把继续探索的钥匙。

6. 病害拍照典型案例——西汉代宽弦纹铜壶

主要病害：变形、表面硬结物、剥落、残缺、点蚀、动物损害、孔洞、裂隙。

病害拍照的注意事项（选取锈蚀、裂隙残缺典型病害为例）：

快门速度 1/40、光圈 9 一定时，测试不同感光度情况下，对拍摄文物病害的影响。

Iso 400

Iso 800

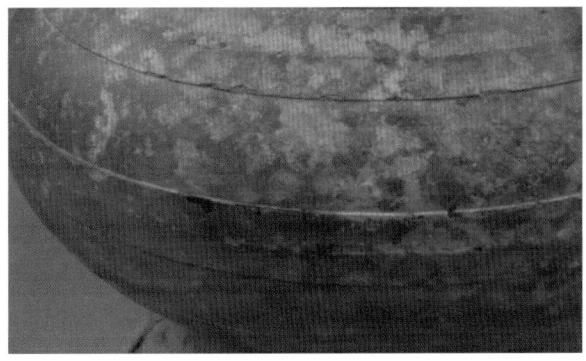

Iso1600

Iso 3200

Iso 6400

经过五组对照实验，可发现由于室内光线较暗，感光度为 3200 时，能够真实反映文物锈蚀的病害情况。

快门速度为 1/40、感光度为 3200 一定时，测试不同光圈情况下，对拍摄文物病害的影响。

F5.6

F6.3

F8

F9

F10

F11

经过六组对照实验，可发现光圈为 8 时，能够真实反映文物锈蚀的病害情况。

针对文物局部病害拍摄问题，在较暗的室内情况下，控制好光线尤为重要。感光度是相机对光线的感应能力，拍摄条件越暗，需要感光度就越高。但感光度过高，照片放大后出现的噪点就越大，所以要选取调试适宜的感光度。光圈是控制镜头的通光量，光圈数值越小，在同一单位时间内的进光量就越多。对于较大范围的病害区域，例如裂隙和残缺病害，就需要用较大光圈，使得景深变深，拍照区域就会相对清晰。例如点蚀和锈蚀，就需要用较小的光圈，景深越浅，拍摄出的效果更加突出主体。因此，由于相机参数的复杂性和文物病害拍摄的特殊性，更需要我们用更专业的技术和知识储备，真实地记录文物信息。

五、文物修复档案

（一）张家界市博物馆馆藏文物修复档案

档案：01

文物名称：东汉张氏作车马禽兽纹铜镜

收藏单位：张家界市博物馆

文物编号：000004

年代：东汉

质地：青铜

级别：一级

规格：长／口径 224 毫米，厚／高 12 毫米，重量 154.7 克

处理等级：中等

进入实验室日期：2016-6-6

离开实验室日期：2016-9-1

负责人：马菁毓

保护修复实施者：范花宁

保护修复前

保护修复后

病害种类：1. 表面硬结物；2. 残断；3. 二次修复

病害活动评估

稳定病害：表面硬结物、残断

活动病害：二次修复

以往保护情况：已保护

表面硬结物

前期修复痕迹

保护修复日志：

2016-6-6　记录文物信息，整理文物，给文物拍照留档。

2016-6-7—2016-6-31　1. 使用80%的酒精清洗。

　　　　　　　　　　2. 使用牙刷清洗。

　　　　　　　　　　3. 使用热风枪拆除前期不当修复。

　　　　　　　　　　4. 使用手术刀清洗前期不当修复的胶结痕迹。

手术刀清洗前期不当修复

2016-7-1　使用1.5%的BTA溶液缓蚀。

2016-7-2　缓蚀后24小时使用3%的B_{72}溶液封护。

2016-7-3　用微晶蜡进行封护。

2016-7-4—2016-7-24　焊接粘接。

焊接粘结

2016-8-25—2016-8-30 作色。

2016-9-1 修复完成，装箱归还张家界市博物馆。

档案：02

文物名称：战国空首铜剑

收藏单位：张家界市文物局

文物编号：①

年代：战国

质地：青铜

规格：长／口径 437/62 毫米，宽 46/36 毫米，厚／高 36/21 毫米，重量 526 克

处理等级：中等

进入实验室日期：2016-9-27

离开实验室日期：2016-12-20

负责人：马菁毓

保护修复实施者：周丹

保护修复前

保护修复前

病害种类：1. 表面硬结物，2. 残断，3. 矿化，4. 残缺

病害活动评估

稳定病害：表面硬结物、残缺、残断

活动病害：局部矿化

以往保护情况：未保护

表面硬结物

残缺

残断

局部矿化

保护修复日志：

2016-9-29　记录文物信息，整理文物，给文物拍照留档。

2016-10-10—2016-10-13　使用2A溶液和牙刷清洗。

2016-10-14—2016-10-16　使用BTA溶液缓蚀、B_{72}溶液封护和微晶蜡封护。

2016-11-3—2016-11-17　焊接、粘接和作色。

2016-12-20　修复完成，装箱归还张家界市博物馆。

档案：03

文物名称： 明青铜锣

收藏单位： 张家界市博物馆

文物编号： 000175

来源： 发掘（2003年7月28日）

年代： 明

质地：青铜

级别：三级

规格：口径 19.7 毫米，底径 15.9 毫米，厚/高 2.1 毫米，重量 234.98 克

处理等级：中等

进入实验室日期：2016-3-15

离开实验室日期：2016-6-30

负责人：马菁毓

保护修复实施者：彭天

保护修复前

保护修复后

病害种类：硬结物

病害活动评估

稳定病害：表面硬结物

可诱发病害：表面硬结物

以往保护情况：未保护

表面硬结物

保护修复日志：

2016-3-15　记录文物信息，整理文物，给文物拍照留档。

2016-3-18—2016-3-21　使用 2A 溶液和牙刷清洗。

2016-4-11—2016-4-12　使用 BTA 溶液缓蚀、B_{72} 溶液封护。

2016-6-30　修复完成，装箱归还张家界市博物馆。

档案：04

文物名称：明乐器

收藏单位：张家界市博物馆

文物编号：000178

年代：明

质地：青铜

级别：三级

规格：长／口径 148 毫米，底径 158 毫米，重量 609 克

处理等级：中等

进入实验室日期：2016-11-1

离开实验室日期：2018-12-17

负责人：马菁毓

保护修复实施者：周丹

保护修复处理前

保护修复处理后

病害种类：1.表面硬结物；2.点腐蚀

病害活动评估

稳定病害：表面硬结物

可诱发病害：点腐蚀

以往保护情况：未保护

点腐蚀和表面硬结物

保护修复日志：

2016-11-2　记录文物信息，整理文物，给文物拍照留档。

2016-12-4—2016-12-31　使用 2a、超声波洁牙机和牙刷清洗。使用双氧水法去除有害锈。

手术刀去除表面锈蚀

2017-3-6　使用 BTA 溶液缓蚀、B_{72} 溶液封护。

2017-9-1　修复完成，装箱归还张家界市博物馆。

档案：05

文物名称：铜矛

收藏单位：张家界市博物馆

文物编号：000210

来源：发掘

年代：战国

质地：青铜

级别：一般

规格：长／口径 139 毫米，宽 31 毫米，厚／高 36 毫米，重量 83.22 克

处理等级：中等

进入实验室日期：2016.3.15

负责人：马菁毓

离开实验室日期：2018.12.26

保护修复实施者：周丹

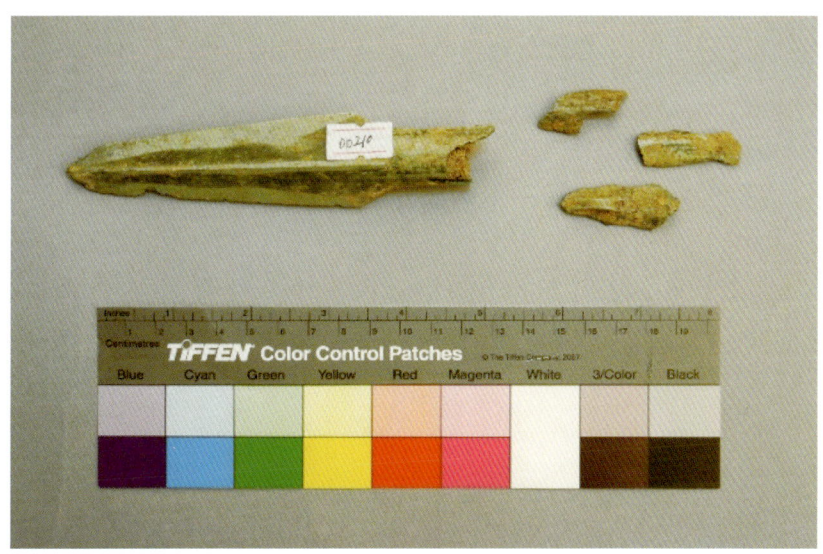

保护修复前

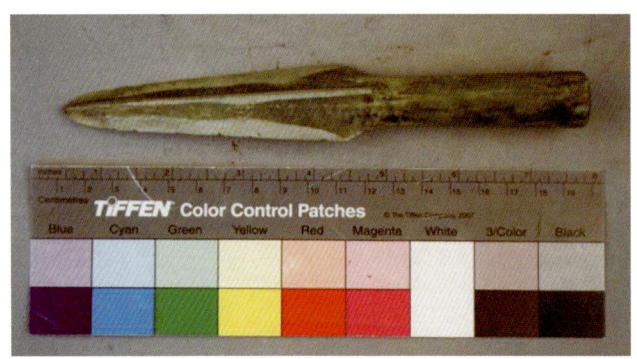

保护修复后

病害种类：1. 表面硬结物；2. 残断；3. 残缺；4. 通体矿化

病害活动评估

稳定病害：表面硬结物、残断

活动病害：通体矿化

以往保护情况：未保护

残缺

通体矿化和表面硬结物

保护修复日志：

2016-3-15 记录文物信息，整理文物，给文物拍照留档。

2016-3-16—2016-3-18 使用2A、超声波洁牙机和牙刷清洗，使用B_{72}加固。

2016-3-19—2016-3-21 使用BTA溶液缓蚀、B_{72}溶液封护。

2016-12-8—2018-12-16 粘接、补全作色。

2018-12-26 修复完成，装箱归还张家界市博物馆。

档案：06

文物名称： 战国铜鼎

收藏单位： 张家界市博物馆

文物编号： 000247

年代： 战国

质地： 青铜

级别： 二级

规格： 宽17毫米，厚/高21毫米，重量1310克

处理等级： 中等

进入实验室日期： 2016-6-6

离开实验室日期： 2016-9-27

负责人： 马菁毓

保护修复实施者： 范花宁

保护修复前

保护修复后

病害种类：表面硬结物

病害活动评估

稳定病害：表面硬结物

可诱发病害：表面硬结物

以往保护情况：未保护

保护修复日志：

2016-6-7　记录文物信息，整理文物，给文物拍照留档。

2016-6-16—2016-6-22　使用 2A、超声波洁牙机和牙刷清洗，使用 B_{72} 加固。

2016-6-23—2016-6-25　使用 BTA 溶液缓蚀、B_{72} 溶液封护。

2016-9-27　修复完成，装箱归还张家界市博物馆。

档案：07

文物名称：铜戈

收藏单位：张家界市博物馆

文物编号：000259

年代：战国

质地：青铜

级别：

规格：直径 223 毫米，宽 106 毫米，厚/高 4 毫米，重量 93.6 克

处理等级：一般

进入实验室日期：2016-3-15

离开实验室日期：2016-6-30

负责人：马菁毓

保护修复实施者：彭天

保护修复前

保护修复后

病害种类：表面硬结物

病害活动评估

稳定病害：表面硬结物

可诱发病害：表面硬结物

以往保护情况：未保护

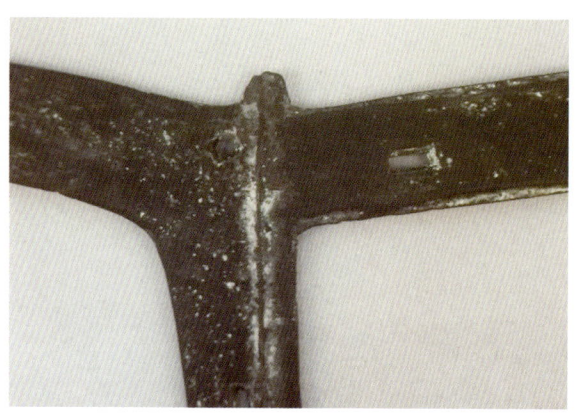

表面硬结物

保护修复日志：

2016-3-16　记录文物信息，整理文物，给文物拍照留档。

2016-3-17—2016-3-22　使用 2A 和牙刷清洗。

2016-3-24—2016-3-26　使用 BTA 溶液缓蚀、B_{72} 溶液封护

2016-6-30　修复完成，装箱归还张家界市博物馆。

档案：08

文物名称：战国四叶纹铜镜

收藏单位：张家界市博物馆

文物编号：000925

年代：战国

质地：青铜

级别：三级

规格：长／口径 112 毫米，厚／高 5 毫米，重量 56 克

处理等级：中等

进入实验室日期：2016.11-1

离开实验室日期：2016-12-20

负责人：马菁毓

保护修复实施者：周丹

保护修复前

保护修复后

病害种类：1. 表面硬结物；2. 残缺；3. 通体矿化

病害活动评估

稳定病害：表面硬结物、残缺

活动病害：通体矿化

以往保护情况：未保护

残缺和通体矿化

表面硬结物

保护修复日志：

2016-11-2　记录文物信息，整理文物，给文物拍照留档。

2016-11-3—2016-11-25　使用2A和牙刷清洗，使用B_{72}加固。

2016-11-26—2016-11-28　使用BTA溶液缓蚀、B_{72}溶液封护。

2016-12-8—2018-12-16　粘接、补全作色。

2018-12-20　修复完成，装箱归还张家界市博物馆。

档案：09

文物名称：战国十二叶四竹叶四山纹铜镜

收藏单位：张家界市博物馆

文物编号：000928

年代：东汉

质地：青铜

级别：三级

规格：长/口径160毫米，厚/高10毫米，重量310克

处理等级：中等

进入实验室日期：2016-11-1

离开实验室日期：2017-3-17

负责人：马菁毓

保护修复实施者：周丹

保护修复前

保护修复后

病害种类：1. 表面硬结物；2. 残断

病害活动评估

稳定病害：残断、表面硬结物

以往保护情况：未保护

残断

表面硬结物

保护修复日志：

2016-11-2　记录文物信息，整理文物，给文物拍照留档。

2016-11-3—2016-11-14　使用 2A 和牙刷清洗，使用 B_{72} 加固。

2016-11-15—2016-11-21　使用 BTA 溶液缓蚀、B_{72} 溶液封护。

2016-12-8—2018-12-16　粘接、补全作色。

2017-3-17　修复完成，装箱归还张家界市博物馆。

档案：10

文物名称： 东汉尚方作镜铜镜

收藏单位： 张家界市文物局

文物编号： 000929

年代： 东汉

质地： 青铜

级别： 一般

规格： 长/口径 150 毫米，宽 103 毫米，厚/高 19 毫米，重量 340 克

处理等级： 中等

进入实验室日期： 2016-9-27

离开实验室日期： 2018-12-27

负责人： 马菁毓

保护修复实施者： 周丹

保护修复前

保护修复后

病害种类：1. 表面硬结物；2. 残断；3. 残缺；4. 二次修复

病害活动评估

稳定病害：表面硬结物、残断、残缺、二次修复

可诱发病害：硬结物

以往保护情况：已保护

残缺和硬结物

修复痕迹

保护修复日志：

2016-9-29　记录文物信息，整理文物，给文物拍照留档。

2016-10-23—2016-10-26　使用 2A 和洁牙机清洗。使用热风枪拆除前期不当修复。使用手术刀清洗前期不当修复的胶结痕迹。

2016-10-27—2016-10-29　使用 BTA 溶液缓蚀、B_{72} 溶液封护。

2018-11-1—2018-11-5　粘接补全作色。

2018-12-27　修复完成，装箱归还张家界市博物馆。

档案：11

文物名称： 战国铜圈

收藏单位： 张家界市文物局

文物编号： 000931

年代： 战国

质地： 青铜

级别： 一般

规格： 长/口径 65 毫米，厚/高 4 毫米，重量 43 克

处理等级： 中等

进入实验室日期： 2016-9-27

离开实验室日期： 2016-11-01

负责人： 马菁毓

保护修复实施者： 周丹

第四章 文物保护修复实录

保护修复前

保护修复后

病害种类：1.表面硬结物；2.残断；3.矿化；4.残缺

病害活动评估

稳定病害：表面硬结物、残断、矿化、残缺

可诱发病害：表面硬结物、矿化

以往保护情况：未保护

通体矿化

残缺和表面硬结物

保护修复日志：

2016-9-29　记录文物信息，整理文物，给文物拍照留档。

2016-10-9—2016-10-10　使用 2A 清洗。使用 B_{72} 溶液加固。

2016-10-11—2016-10-13　使用 BTA 溶液缓蚀、B_{72} 溶液封护。

2016-10-17—2016-10-19　粘接补全作色。

2016-11-1　修复完成，装箱归还张家界市博物馆。

档案：12

文物名称： 西汉铜器盖

收藏单位： 张家界市文物局

文物编号： 000932

年代： 西汉

质地： 青铜

级别： 一般

规格： 长／口径 67 毫米，厚／高 24 毫米，重量 129 克

处理等级： 中等

进入实验室日期： 2016-9-27

离开实验室日期： 2016-11-01

负责人： 马菁毓

保护修复实施者： 范花宁

第四章 文物保护修复实录

保护修复前

保护修复后

病害种类：1. 表面硬结物；2. 通体矿化

病害活动评估

稳定病害：表面硬结物、通体矿化

以往保护情况：未保护

表面硬结物

通体矿化

保护修复日志：

2016-9-29 记录文物信息，整理文物，给文物拍照留档。

2016-10-9—2016-10-10 使用 2A 清洗。使用 B_{72} 溶液加固。

2016-10-11—2016-10-13 使用 BTA 溶液缓蚀、B_{72} 溶液封护。

2016-11-1 修复完成，装箱归还张家界市博物馆。

档案：13

文物名称： 战国双箍铜剑

收藏单位： 张家界市博物馆

文物编号： 000935

年代： 战国

质地： 青铜

级别： 一般

规格： 长／口径 655 毫米，宽 46 毫米，厚／高 23 毫米，重量 836 克

处理等级： 中等

进入实验室日期： 2016-8-31

离开实验室日期： 2018-12-26

负责人： 马菁毓

保护修复实施者： 周丹

保护修复前

保护修复后

病害种类：1.表面硬结物；2.断裂；3.点腐蚀；4.前期修复痕迹

病害活动评估

稳定病害：表面硬结物、断裂

活动病害：点腐蚀

可诱发病害：点腐蚀、表面硬结物

以往保护情况：已保护

前期修复痕迹及断裂

点腐蚀

保护修复日志：

2016-9-10　记录文物信息，整理文物，给文物拍照留档。

2016-9-11—2016-9-18　使用 2A 和洁牙机清洗。使用热风枪拆除前期不当修复。使用手术刀清洗前期不当修复的胶结痕迹。

2016-9-19—2016-9-21　使用 BTA 溶液缓蚀、B_{72} 溶液封护。

2018-12-71—2018-12-16　粘接补全作色。

2018-12-26　修复完成，装箱归还张家界市博物馆。

档案：14

文物名称：战国扁茎平脊铜剑

收藏单位：张家界市文物局

文物编号：000937

年代：战国

质地：青铜

级别：一般

规格：长 / 口径 310 毫米，宽 31 毫米，厚 / 高 9 毫米，重量 78 克

处理等级：中等

进入实验室日期：2016-9-27

离开实验室日期：2016-11-01

负责人：马菁毓

保护修复实施者：范花宁

保护修复前

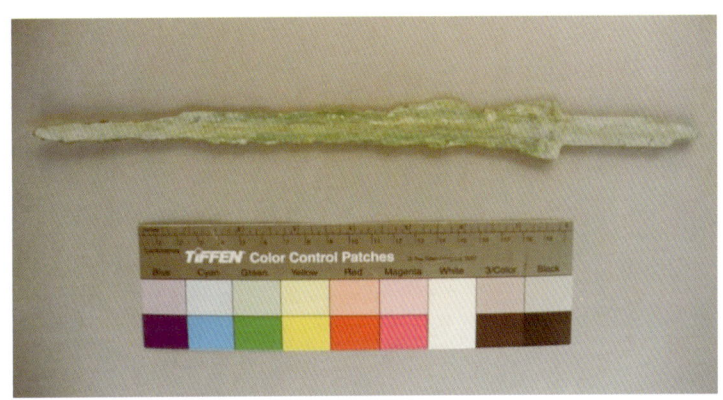

保护修复后

病害种类：1.表面硬结物；2.残断；3.矿化；4.残缺

病害活动评估

稳定病害：表面硬结物、残缺、残断

活动病害：局部矿化

以往保护情况：未保护

保护修复日志：

2016-9-29　记录文物信息，整理文物，给文物拍照留档。

2016-10-12—2016-10-26　使用2A溶液和洁牙机清洗。使用B_{72}溶液加固。

2016-10-27—2016-10-29　使用BTA溶液缓蚀、B_{72}溶液封护。

2016-11-1　修复完成，装箱归还张家界市博物馆。

档案：15

文物名称：战国铜鼎

收藏单位：张家界市博物馆

文物编号：001020

年代：战国

质地：青铜

级别：一般

规格：长／口径 280 毫米，宽 285 毫米，厚／高 215 毫米，重量 2443 克

处理等级：中等

进入实验室日期：2016-8-12

离开实验室日期：2018-12-26

负责人：马菁毓

保护修复实施者：周丹

保护修复前

保护修复后

病害种类：1. 表面硬结物；2. 断裂；3. 残缺；4. 通体矿化

病害活动评估

稳定病害：表面硬结物、断裂、残缺

活动病害：通体矿化

可诱发病害：表面硬结物、通体矿化

以往保护情况：未保护

残缺

内部提取土

保护修复日志：

2018-10-10　记录文物信息，整理文物，给文物拍照留档。

2018-10-11—2018-10-14　使用 2A 和牙刷清洗。

2018-10-17—2016-10-31　1. 使用树脂加固补全。

　　　　　　　　　　　　2. 清理文物内部土块。

2018-9-19—2018-9-21   使用 BTA 溶液缓蚀、B_{72} 溶液封护。

2018-12-4—2018-12-16   粘接补全作色。

2018-12-26   修复完成，装箱归还张家界市博物馆。

档案：16

文物名称：汉铜盆

收藏单位：张家界市博物馆

文物编号：001022

年代：东汉

质地：青铜

级别：一般

规格：长／口径 243 毫米，厚／高 22 毫米，重量 584 克

处理等级：中等

进入实验室日期：2016-8-12

离开实验室日期：2018-12-26

负责人：马菁毓

保护修复实施者：周丹

保护修复前

保护修复后

病害种类：1.表面硬结物；2.残缺；3.带土提取；4.通体矿化

病害活动评估

稳定病害：表面硬结物、带土提取、残缺

活动病害：通体矿化

可诱发病害：通体矿化、表面硬结物

以往保护情况：未保护

表面硬结物

残缺

带土提取

保护修复日志：

2018-8-13　记录文物信息，整理文物，给文物拍照留档。

2018-9-29—2018-10-18　使用 2A 和牙刷清洗。

2018-9-19—2018-9-21　使用 BTA 溶液缓蚀、B_{72} 溶液封护。

2018-12-7—2018-12-16　粘接补全作色。

2018-12-26　修复完成，装箱归还张家界市博物馆。

档案：17

文物名称： 宋菊花纹铜铃

收藏单位： 张家界市博物馆

文物编号： 001173

年代： 宋

质地：

级别： 三级

规格： 长 / 口径 78 毫米，宽 63 毫米，厚 / 高 62 毫米，重量 278 克

处理等级： 中等

进入实验室日期： 2016-9-27

离开实验室日期： 2016-11-1

负责人： 马菁毓

保护修复实施者： 周丹

保护修复前　　　　　　　　　　　保护修复后

病害种类：表面硬结物

病害活动评估

稳定病害：表面硬结物

以往保护情况：未保护

表面硬结物

保护修复日志：

2016-9-29　记录文物信息，整理文物，给文物拍照留档。

2016-10-10—2016-10-12　使用 2A 溶液和手术刀清洗。

2016-10-13—2016-10-15　使用 BTA 溶液缓蚀、B_{72} 溶液封护。

2016-11-1　修复完成，装箱归还张家界市博物馆。

档案：18

文物名称：汉"宜候王"双鱼铜洗

收藏单位：张家界市博物馆

文物编号：001176

年代：汉

质地：青铜

级别：三级

规格：长／口径 315 毫米，宽 315 毫米，重量 1158 克

处理等级：中等

进入实验室日期：2016-9-27

离开实验室日期：2018-12-26

负责人：马菁毓

保护修复实施者：周丹

保护修复前

保护修复后

病害种类：1.表面硬结物；2.断裂；3.矿化

病害活动评估

稳定病害：表面硬结物、断裂

活动病害：矿化

可诱发病害：表面硬结物、矿化

以往保护情况：未保护

残缺

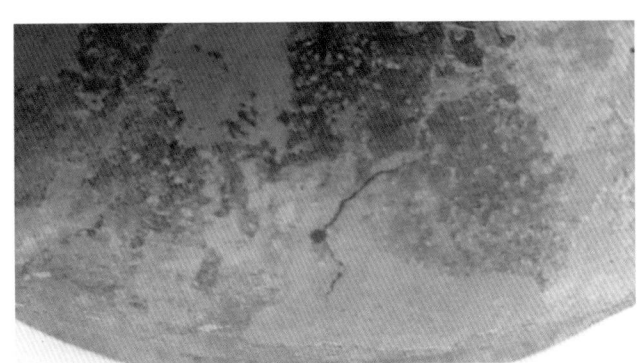

矿化

保护修复日志：

2018-9-27　记录文物信息，整理文物，给文物拍照留档。

2018-10-17—2018-10-31　使用2A和牙刷清洗。

2018-11-24—2018-11-26　使用BTA溶液缓蚀、B_{72}溶液封护。

2018-12-7—2018-12-16　粘接补全作色。

2018-12-26　修复完成，装箱归还张家界市博物馆。

档案：19

文物名称：宣德炉
收藏单位：张家界市博物馆
文物编号：001192
年代：明
质地：
级别：一般
规格：长/口径 130 毫米，宽 135 毫米，厚/高 110 毫米，重量 1116 克
处理等级：中等
进入实验室日期：2016-9-27
离开实验室日期：2016-11-1
负责人：马菁毓
保护修复实施者：范花宁

保护修复前

保护修复后

病害种类：表面硬结物

病害活动评估

稳定病害：表面硬结物

以往保护情况：未保护

表面硬结物

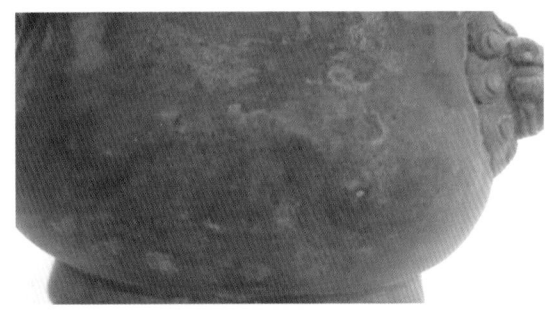

变形

保护修复日志：

2016-9-29　记录文物信息，整理文物，给文物拍照留档。

2016-10-10—2016-10-12　使用 2A 溶液和手术刀清洗。

2016-10-13—2016-10-15　使用 BTA 溶液缓蚀、B_{72} 溶液封护。

2016-11-1　修复完成，装箱归还张家界市博物馆。

档案：20

文物名称：清牡丹花纹铜手炉

收藏单位：张家界市博物馆

文物编号：001193

年代：清

质地：

级别：三级

规格：长 / 口径 154 毫米，宽 125 毫米，厚 / 高 81 毫米，重量 591 克

处理等级：中等

进入实验室日期：2016-9-27

离开实验室日期：2016-11-1

负责人：马菁毓

保护修复实施者：范花宁

保护修复前

保护修复后

病害种类：表面硬结物

病害活动评估

稳定病害：表面硬结物

以往保护情况： 未保护

表面硬结物（一）

表面硬结物（二）

保护修复日志：

2016-9-29　记录文物信息，整理文物，给文物拍照留档。

2016-10-10—2016-10-12　使用 2A 溶液和手术刀清洗。

2016-10-13—2016-10-15　使用 BTA 溶液缓蚀、B_{72} 溶液封护。

2016-11-1　修复完成，装箱归还张家界市博物馆。

档案：21

文物名称：清铜锁

收藏单位：张家界市博物馆

文物编号：001581

年代：清

质地：

级别：一般

规格：长/口径133毫米，宽44毫米，厚/高16毫米，重量224克

处理等级：中等

进入实验室日期：2016-9-27

离开实验室日期：2016-11-1

负责人：马菁毓

保护修复实施者：范花宁

保护修复前

保护修复后

病害种类：表面硬结物

病害活动评估

稳定病害：表面硬结物

以往保护情况：未保护

表面硬结物

保护修复日志：

2016-9-29　记录文物信息，整理文物，给文物拍照留档。

2016-10-10—2016-10-12　使用 2A 溶液和手术刀清洗。

2016-10-13—2016-10-15　使用 BTA 溶液缓蚀、B_{72} 溶液封护。

2016-11-1　修复完成，装箱归还张家界市博物馆。

档案：22

文物名称：战国双箍铜剑

收藏单位：张家界市博物馆

文物编号：001655

年代：战国

质地：

级别：三级

规格：长/口径 691 毫米，宽 48 毫米，厚/高 38 毫米，重量 840 克

处理等级：中等

进入实验室日期：2016-9-27

离开实验室日期：2016-11-1

负责人：马菁毓

保护修复实施者：范花宁

保护修复前

保护修复后

病害种类：1. 表面硬结物；2. 矿化

病害活动评估

稳定病害：表面硬结物

活动病害：矿化

以往保护情况：未保护

保护修复日志：

2016-9-29　记录文物信息，整理文物，给文物拍照留档。

2016-10-8—2016-10-12　使用2A溶液和手术刀清洗。

2016-10-20—2016-10-23　使用BTA溶液缓蚀、B_{72}溶液封护。

2016-11-1　修复完成，装箱归还张家界市博物馆。

档案：23

文物名称：西汉铜鐎壶

收藏单位：张家界市博物馆

文物编号：003001

年代：西汉

质地：青铜

级别：一般

规格：长/口径136毫米，厚/高224毫米，重量849克

处理等级：中等

进入实验室日期：2016-8-31

离开实验室日期：2017-3-17

负责人：马菁毓

保护修复实施者：周丹

保护修复前

保护修复后

病害种类：1.表面硬结物；2.变形；3.矿化；4.残缺

病害活动评估

稳定病害：表面硬结物、变形、残缺

活动病害：矿化

可诱发病害：表面硬结物、矿化

以往保护情况：未保护

变形

残缺

保护修复日志：

2016-9-2　记录文物信息，整理文物，给文物拍照留档。

2016-9-12—2018-9-18　使用 2A 和牙刷清洗。

2016-10-19—2016-10-21　使用 BTA 溶液缓蚀、B_{72} 溶液封护。

2016-12-7—2016-12-16　粘接补全作色。

2017-3-17　修复完成，装箱归还张家界市博物馆。

档案：24

文物名称： 战国双箍铜剑

收藏单位： 张家界市博物馆

文物编号： 003132

年代： 战国

质地： 青铜

级别： 一般

规格： 长/口径 350 毫米，宽 44 毫米，厚/高 22 毫米，重量 225 克

处理等级： 中等

进入实验室日期： 2016-9-27

离开实验室日期： 2017-4-25

负责人： 马菁毓

保护修复实施者： 孙乐晨

保护修复前

保护修复后

病害种类：1. 表面硬结物；2. 矿化

病害活动评估

稳定病害：表面硬结物

活动病害：矿化

可诱发病害：表面硬结物、矿化

以往保护情况：未保护

残缺

矿化

保护修复日志：

2016-9-28　记录文物信息，整理文物，给文物拍照留档。

2016-9-12—2018-9-18　使用 2A 和牙刷清洗。

2016-10-20—2016-10-22　使用 BTA 溶液缓蚀、B_{72} 溶液封护。

2017-3-8—2017-3-16　粘接补全作色。

2017-4-25　修复完成，装箱归还张家界市博物馆。

档案：25

文物名称：战国空首铜剑

收藏单位：张家界市文物局

文物编号：②

年代：战国

质地：青铜

级别：

规格：长 / 口径大：311 毫米，小：80 毫米；宽大：43 毫米，小：35 毫米；厚 / 高大：8 毫米，小：6 毫米；重量 586 克

处理等级：中等

进入实验室日期：2016-9-27

离开实验室日期：2017-04-25

负责人：马菁毓

保护修复实施者：杨佳

保护修复前

保护修复后

病害种类：1.表面硬结物；2.残断；3.矿化；4.残缺

病害活动评估

稳定病害：表面硬结物、残缺、残断

活动病害：局部矿化

以往保护情况：未保护

矿化

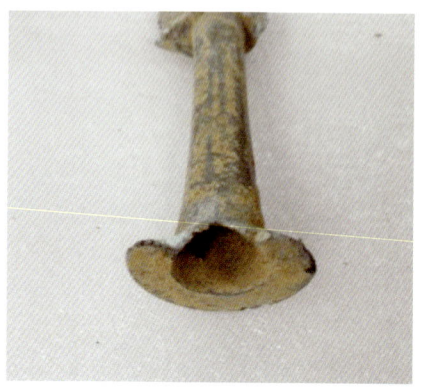

残缺

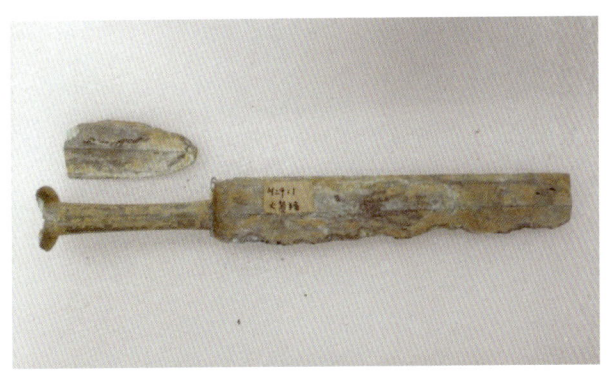

残断

表面硬结物

保护修复日志：

2016-9-28　记录文物信息，整理文物，给文物拍照留档。

2016-10-12—2018-10-18　使用 2A 和牙刷清洗。

2016-10-20—2016-10-26　使用 BTA 溶液缓蚀、B_{72} 溶液封护。

2017-3-8—2017-3-16　粘接补全作色。

2017-4-25　修复完成，装箱归还张家界市博物馆。

（二）慈利县博物馆馆藏文物修复档案

档案： 01

文物名称： 清鼎式铜香炉

收藏单位： 慈利县博物馆

文物编号：001560

年代：清

质地：青铜

级别：一般

以往保护情况：已保护

尺寸：长/口径 329 毫米，宽 305 毫米，厚/高 227 毫米，重量 4420 克

修复前

修复后

病害状况：残缺、断裂、不当的历史修复痕迹

残缺

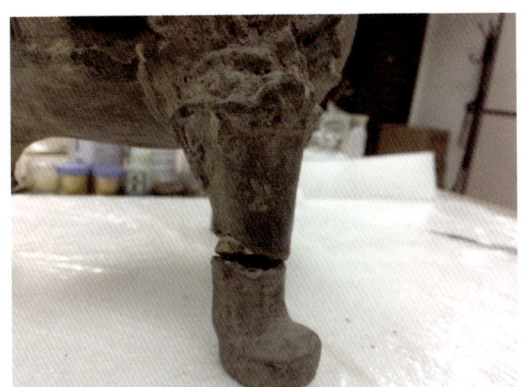

残缺断裂

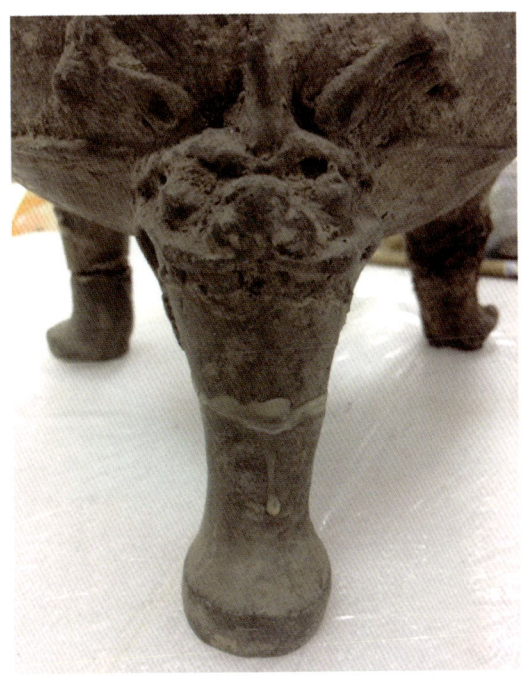

二次修复痕迹

保护修复日志：

2018-9-7　　记录文物信息，给文物拍照留档，进行保护修复处理程序。

2018-9-7—2018-10-3　　使用 2A、牙刷和超声波、洁牙机等方法清洗。

2018-10-4　　使用 BTA 溶液缓蚀。

2018-10-5　　使用 B_{72} 溶液封护。

2018-10-7—2018-11-6　　1. 残缺的部位进行焊接和粘接。

　　　　　　　　　　　　2. 残缺的部位补全纹饰并作色。

焊接

补配

做色

2018-11-12　　修复完成，装箱归还慈利县文物。

档案：02

文物名称： 明大凸铜锣

收藏单位： 慈利县博物馆

文物编号：001562

年代：明

质地：青铜

级别：一般

以往保护情况：已保护

尺寸：长/口径 390 毫米，宽 390 毫米，厚/高 51 毫米，重量 1554 克

病害状况：表面硬结物、残缺

修复前

修复后

残缺

表面硬结物

保护修复日志：

2018-3-16　记录文物信息，整理文物，给文物拍照留档。

2018-3-24　使用酒精、牙刷清洗。

2018-4-15　使用 BTA 溶液缓蚀

2018-4-16　使用 B_{72} 溶液封护。

2018-4-17　使用微晶蜡封护。

2018-4-18—2018-4-29　焊接和粘接。

2018-4-30—2018-5-4　补全作色。

2018-6-1　修复完成，装箱归还桑植县文物。

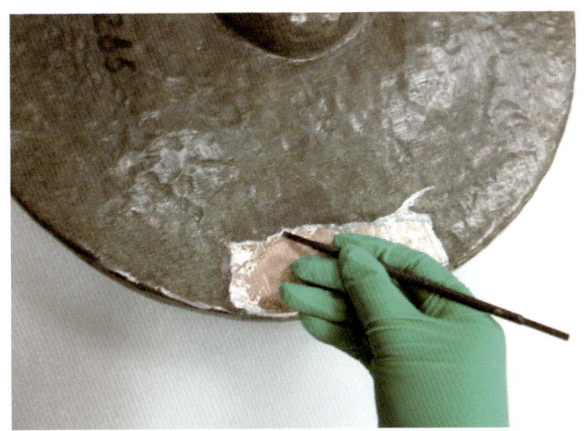

粘接中

粘接后

档案：03

文物名称：战国扁茎铜剑

收藏单位：慈利县博物馆

文物编号：005608

年代：战国

质地：青铜

级别：未定级

以往保护情况：已保护

尺寸：长/口径 405 毫米，宽 20 毫米，厚/高 9 毫米，重量 222 克

修复前

修复后

病害状况：断裂、表面硬结物

断裂

表面硬结物

保护修复日志：

2018-3-16　记录文物信息，整理文物，给文物拍照留档。

2018-4-24　使用80%的酒精、牙刷清洗。

2018-4-15　使用1.5%的BTA溶液缓蚀

2018-4-16　缓蚀后24小时使用3%的B_{72}溶液封护。

2018-4-17　用微晶蜡进行封护。

2018-4-18—2018-4-25　焊接

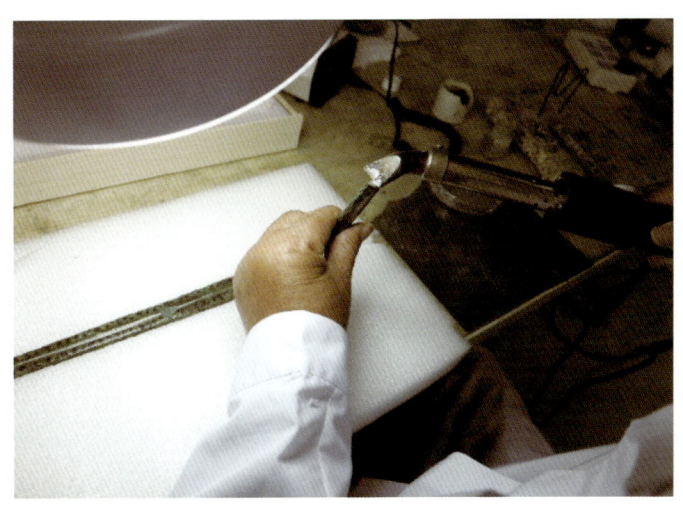

焊接

2018-4-26—2018-4-28　粘接补全

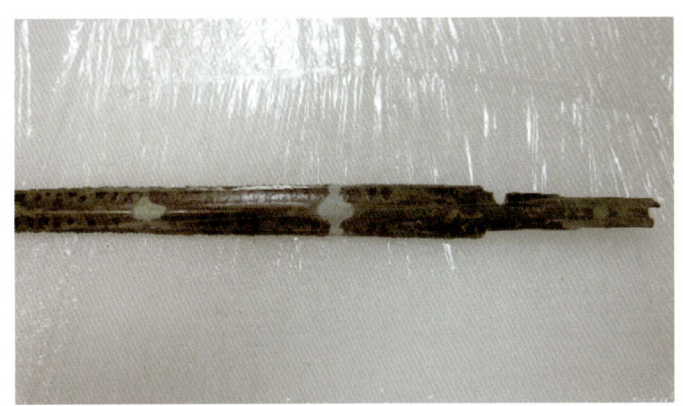

粘结补全

2018-4-30—2018-5-4　作色

2018-6-1　修复完成，装箱归还桑植县文物。

档案：04

文物名称：战国四山铜镜

收藏单位：慈利县博物馆

文物编号：005755

年代：战国

质地：青铜

级别：未定级

以往保护情况：已保护

尺寸：长 / 口径 135 毫米，厚 / 高 5 毫米，重量 138 克

修复前

修复后

病害状况：断裂、残缺

断裂

残缺

保护修复日志：

2018-6-2—2018-6-3　记录文物信息，整理文物，给文物拍照留档。

2018-9-29　使用 80% 的酒精、牙刷清洗。

2018-10-19　使用 1.5% 的 BTA 溶液缓蚀

2018-10-20　缓蚀后 24 小时使用 3% 的 B_{72} 溶液封护。

2018-10-21　用微晶蜡进行封护。

2018-12-8—2018-12-11　焊接和粘接。

| 粘结 | 粘结 |

2018-12-16　作色。

2018-12-26　修复完成，装箱归还桑植县文物。

档案：05

文物名称：战国双刺矛二穿戈铜戟

收藏单位：慈利县博物馆

文物编号：000003

年代：战国

质地：青铜

级别：一级

以往保护情况：已保护

尺寸：长/口径248毫米，宽212毫米，重量278克

修复前

修复后

病害状况：表面硬结物、点腐蚀等

沉积物

沉积物

点腐蚀

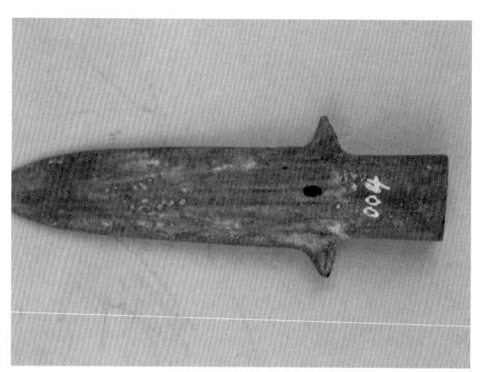

点腐蚀

保护修复日志：

2018-8-3—2018-8-10　记录文物信息，整理文物，给文物拍照留档。

2018-8-11—2018-8-18　使用 80% 的酒精、牙刷清洗。

2018-8-19　使用 1.5% 的 BTA 溶液缓蚀

2018-8-20　缓蚀后 24 小时使用 3% 的 B_{72} 溶液封护。

2018-8-21　用微晶蜡进行封护。

2018-12-13　修复完成，装箱归还桑植县文物。

档案：06

文物名称：战国二穿铜戈

收藏单位：慈利县博物馆

文物编号：000005

年代：战国

质地：青铜

级别：二级

以往保护情况：已保护

尺寸：长 / 口径 198 毫米，宽 104 毫米，厚 / 高 10 毫米，重量 203 克

修复前

修复后

病害状况：表面硬结物、残缺

硬结物

残缺

保护修复日志：

2018-8-3—2018-8-10　记录文物信息，整理文物，给文物拍照留档。

2018-8-11—2018-8-18　使用 80% 的酒精、牙刷清洗。

2018-8-19　使用 1.5% 的 BTA 溶液缓蚀

2018-8-20　缓蚀后 24 小时使用 3% 的 B_{72} 溶液封护。

2018-8-21　用微晶蜡进行封护。

2018-12-13　修复完成，装箱归还桑植县文物。

档案：07

文物名称：战国铜扁钟

收藏单位：慈利县博物馆

文物编号：0010

年代：战国

质地：青铜

级别：三级

以往保护情况：已保护

尺寸：长 / 口径 196 毫米，宽 150 毫米，厚 / 高 90 毫米

修复前

修复后

病害状况： 表面硬结物、残缺

硬结物

残缺

保护修复日志：

2018-6-1—2018-8-10　记录文物信息，整理文物，给文物拍照留档。

2018-8-25—2018-9-9　清除表面的硬结物。

2018-9-10—2018-9-14　使用1∶2的环氧树脂（AAA胶）混合玻璃微珠与矿物颜料对残缺部位进行补全。

2018-9-15—2018-10-20　使用砂纸对补全与焊接的部位进行打磨。

2018-10-21　使用矿物颜料进行作色。

2018-12-7　使用1.5%BTA溶液进行整体浸泡。

2018-12-8　焊接、补全。

2018-12-9—2018-12-11　使用无纺布蘸取微晶蜡对文物整体进行封护。

2018-12-27　修复完成，装箱归还慈利县文物。

档案：08

文物名称： 战国空首铜剑

收藏单位： 慈利县博物馆

文物编号： 000013

年代： 战国

质地： 青铜

级别： 二级

以往保护情况： 已保护

尺寸： 长/口径501毫米，宽52毫米，厚/高38毫米，重量752克

修复前

修复后

病害状况：表面硬结物、残缺、点腐蚀等

硬结物

点腐蚀

残缺

保护修复日志：

2018-6-1—2018-9-11　记录文物信息，整理文物，给文物拍照存档。

2018-9-15—2018-11-20　清除表面的硬结物。

2018-11-30　使用1.5%BTA溶液进行整体浸泡。

2018-12-1　缓蚀后是24小时使用1.5%～3%的B_{72}溶液封护。

2018-12-21　使用无纺布蘸取微晶蜡对文物整体进行封护。

2018-12-27　修复完成，装箱归还慈利县文物。

档案：09

文物名称： 战国三穿斑纹铜戈

收藏单位： 慈利县博物馆

文物编号： 000070

年代： 战国

质地： 青铜

级别： 二级

以往保护情况：已保护

尺寸：援长 14.2 毫米，内长 9 毫米，胡长 11.6 毫米

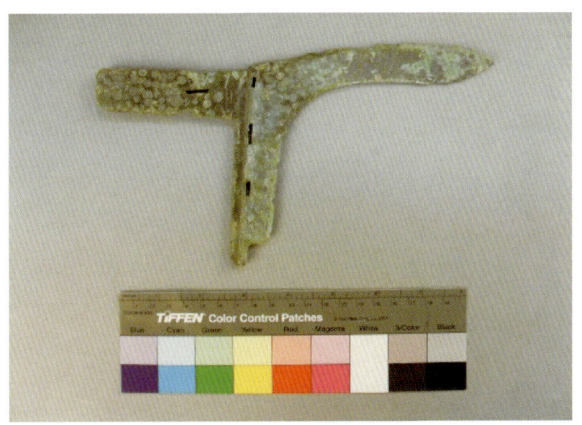

修复前

修复后

病害状况：表面硬结物、残缺

硬结物

保护修复日志：

2018-6-7—2018-6-8　记录文物信息，整理文物，给文物拍照留档。

2018-6-10—2018-6-13　清洗并用 1.5% 的双氧水检测粉状锈。

2018-6-14—2018-6-15　使用 1.5% 的 BTA 溶液缓蚀。

2018-6-15　缓蚀后是 24 小时使用 1.5%～3% 的 B_{72} 溶液封护。

2018-6-16　使用微晶蜡对铜质和表面比较光滑的器物进行封护。

2018-6-30　修复完成，装箱归还张家界市博物馆。

档案：10

文物名称：元素面铜镜

收藏单位：慈利县博物馆

文物编号：000070

年代：元

质地：青铜

级别：三级

以往保护情况：已保护

尺寸：长 / 口径 97 毫米，宽 97 毫米，厚 / 高 6 毫米，重量 190 克

修复前

修复后

病害状况：残缺、表面硬结物、通体矿化

硬结物

残缺、矿化

保护修复日志：

2018-6-1—2018-9-11　记录文物信息，整理文物，给文物拍照留档。

2018-9-13—2018-9-29　清除表面的硬结物。

2018-10-1—2018-10-19　使用 1.5%BTA 溶液进行整体浸泡。

2018-11-20　使用微晶蜡对铜质和表面比较光滑的器物进行封护。

2018-12-27　修复完成，装箱归还慈利县文物。

档案：11

文物名称： 元人物故事双鱼纹铜镜

收藏单位： 慈利县博物馆

文物编号： 000161

年代： 元

质地： 青铜

级别： 二级

以往保护情况： 已保护

尺寸： 长/口径 173 毫米，宽 173 毫米，厚/高 10 毫米，重量 696 克

修复前

修复后

病害状况：表面硬结物

硬结物

保护修复日志：

2018-9-1-2018-9-3　记录文物信息，整理文物，给文物拍照留档。

2018-9-4-2018-9-20　清除表面的硬结物。

2018-9-22　使用1.5%BTA溶液进行整体浸泡。

2018-10-21　使用微晶蜡对铜质和表面比较光滑的器物进行封护。

2018-12-26　修复完成，装箱归还慈利县文物。

档案：12

文物名称：宋菱形纹铜鼎

收藏单位：慈利县博物馆

文物编号：000199

年代：宋

质地：青铜

级别：一般

以往保护情况：已保护

尺寸：长/口径 125 毫米，宽 117 毫米，厚/高 67 毫米，重量 214 克

修复前

修复后

病害状况：表面硬结物、变形、残缺

硬结物

变形和残缺

保护修复日志：

2018-6-1—2018-9-3　记录文物信息，整理文物，给文物拍照留档。

2018-9-4—2018-9-20　清除表面的硬结物。

2018-9-22　使用 1.5%BTA 溶液进行整体浸泡。

2018-10-21　使用微晶蜡对铜质和表面比较光滑的器物进行封护。

2018-12-26　修复完成，装箱归还慈利县文物。

档案：13

文物名称：战国扁茎宽格铜铍

收藏单位：慈利县博物馆

文物编号：000860

年代：战国

质地：青铜

级别：一级

以往保护情况：已保护

尺寸：长/口径605毫米，宽45|52毫米，厚/高31毫米，重量781克

修复前

修复后

病害状况：表面硬结物

硬结物

保护修复日志：

2018-3-10—2018-3-15　记录文物信息，整理文物，给文物拍照留档。

2018-3-15—2018-3-17　使用酒精、牙刷进行清洗。

2018-9-22—2018-10-19　使用 1.5% 的 BTA 溶液缓蚀。

2018-10-20　缓蚀后 24 小时使用 1.5%～3% 的 B_{72} 溶液封护。

2018-10-21　使用微晶蜡对铜质和表面比较光滑的器物进行封护。

2018-12-26　修复完成，装箱归还桑植县文物。

档案：14

文物名称：战国弦纹铜鼎

收藏单位：慈利县博物馆

文物编号：1130

年代：战国

质地：青铜

级别：三级

以往保护情况：已保护

尺寸：长 / 直径 270 毫米，宽 182 毫米，厚 227 毫米，重量 4420 克

修复前

修复后

病害状况：表面硬结物、残缺、裂隙等

硬结物

硬结物

残缺

残缺

裂隙　　　　　　　　　　　　　　裂隙

保护修复日志：

2018-3-10—2018-3-15　记录文物信息，整理文物，给文物拍照留档。

2018-3-23　使用酒精、牙刷进行清洗。

清洗　　　　　　　　　　　　　　清洗

2018-3-29　使用 1.5% 的 BTA 溶液缓蚀

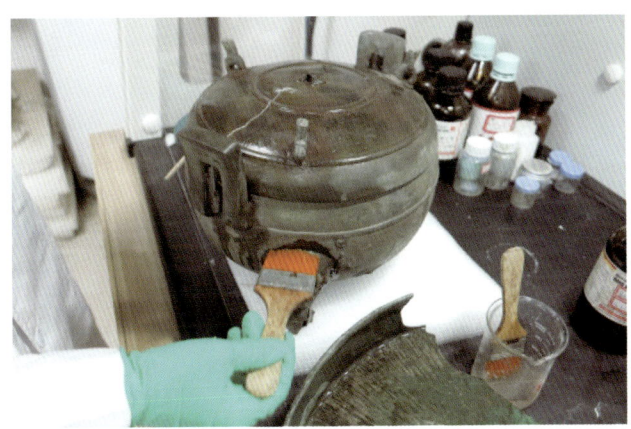

封护

2018-4-20　缓蚀后24小时使用1.5%～3%的B_{72}溶液封护。

2018-4-21　使用微晶蜡对铜质和表面比较光滑的器物进行封护。

封护

2018-5-7　焊接

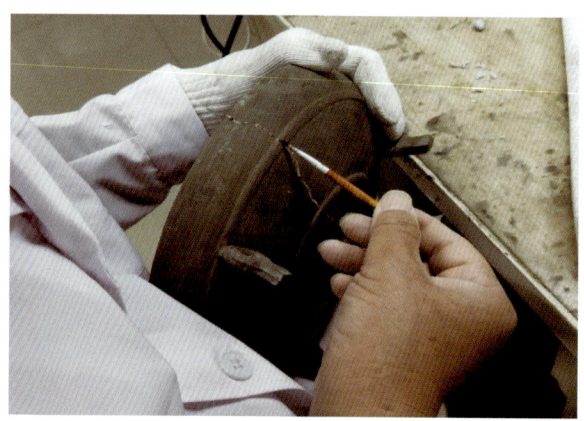

焊接

焊接

2018-5-16　作色

2018-12-26　修复完成，装箱归还桑植县文物。

档案：15

文物名称： 西汉草叶纹铜镜

收藏单位： 慈利县博物馆

文物编号： 001502

年代： 西汉

质地： 青铜

级别： 一般

以往保护情况： 已保护

尺寸： 直径104毫米，厚／高7毫米，重量96.37克

修复前

修复后

病害状况： 二次修复痕迹、表面硬结物、残缺

二次修复痕迹

残缺

保护修复日志：

2018-6-16—2018-6-17　记录文物信息，整理文物，给文物拍照留档。

2018-9-29　使用酒精、牙刷进行清洗。

2018-9-30—2018-10-8　使用 1.5% 的 BTA 溶液缓蚀

封护

2018-10-9　缓蚀后 24 小时使用 1.5%–3% 的 B_{72} 溶液封护。

2018-10-10　使用微晶蜡对铜质和表面比较光滑的器物进行封护。

2018-12-7　使用烙铁蘸锡结合镪水焊接。

2018-12-8　粘接、补全

粘结补全

2018-12-9–2018-12-16　使用矿物颜料对补全处进行做旧处理。

2018-12-26　修复完成，装箱归还慈利县文物。

档案：16

文物名称：战国双箍铜剑

收藏单位：慈利县博物馆

文物编号：003883

年代：战国

质地：青铜

级别：三级

以往保护情况：已保护

尺寸：长/口径 673 毫米，宽 51 毫米，厚/高 42 毫米，重量 782 克

修复前

修复后

病害状况： 表面硬结物、点腐蚀等

点腐蚀

表面硬结物

保护修复日志：

2018-4-18—2018-4-19　记录文物信息，整理文物，给文物拍照留档。

2018-5-5—2018-5-8　使用酒精、牙刷进行清洗。

2018-5-9—2018-5-10　使用1.5%的BTA溶液缓蚀

2018-5-11　缓蚀后24小时使用1.5%～3%的B_{72}溶液封护。

封护

2018-5-12　使用微晶蜡对铜质和表面比较光滑的器物进行封护。

2018-8-22—2018-9-3　使用烙铁蘸锡结合镪水焊接、打磨。

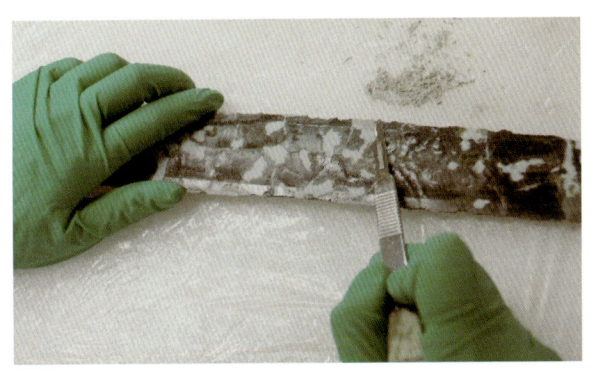

打磨

2018-9-3—2018-9-10　打磨、粘接、补全

2018-9-11—2018-10-16　使用矿物颜料对补全处进行做旧处理。

2018-12-26　修复完成，装箱归还桑植县文物。

档案：17

文物名称：战国单穿铜戈

收藏单位：慈利县博物馆

文物编号：003902

年代：战国

质地：青铜

级别：三级

以往保护情况：已保护

尺寸：长 / 口径 243 毫米，宽 128 毫米，厚 / 高 3 毫米，重量 53 克

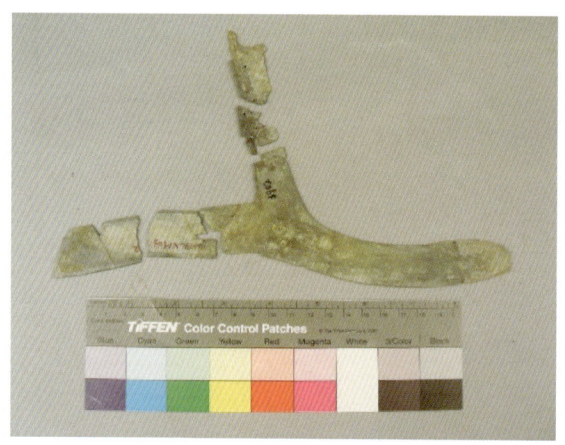

修复前

修复后

病害状况：残缺、断裂、矿化等

残缺

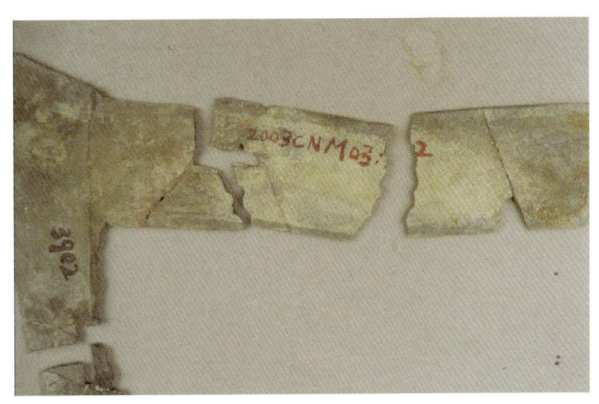

断裂

矿化

保护修复日志：

2018-4-18—2018-4-19　记录文物信息，整理文物，给文物拍照留档。

2018-5-5—2018-5-8　使用酒精、牙刷进行清洗。

2018-5-9—2018-5-10　使用 1.5% 的 BTA 溶液缓蚀

2018-5-11　缓蚀后 24 小时使用 1.5%～3% 的 B_{72} 溶液封护。

封护

2018-5-12　使用微晶蜡对铜质和表面比较光滑的器物进行封护。

2018-8-22—2018-9-3　使用烙铁蘸锡结合锢水焊接、打磨

2018-9-3—2018-9-10　打磨、粘接、补全

粘结

打磨

2018-9-11—2018-10-16　使用矿物颜料对补全处进行做旧处理。

2018-12-26　修复完成，装箱归还桑植县文物。

（三）桑植县博物馆馆藏文物修复档案

档案：01

文物名称：战国空首铜剑

收藏单位：桑植县博物馆

文物编号：000004

年代：战国

质地：青铜

级别：一般

以往保护情况：已保护

尺寸：长/口径56毫米，宽4毫米，重量695克

修复前

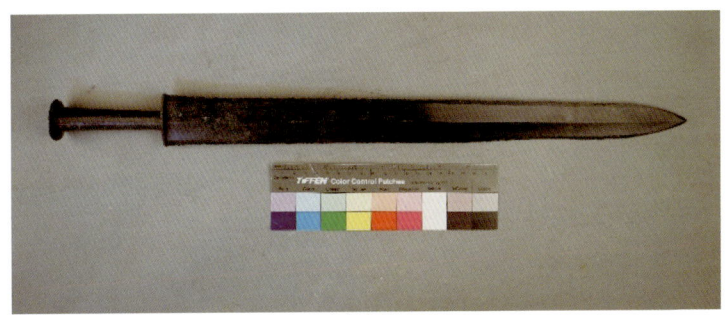

修复后

病害状况：残断、二次修复痕迹

二次修复痕迹

残断

保护修复日志：

2018-9-7—2018-9-11　记录文物信息，整理文物，给文物拍照留档

2018-9-29　使用2a、牙刷和超声波洁牙机清洗。

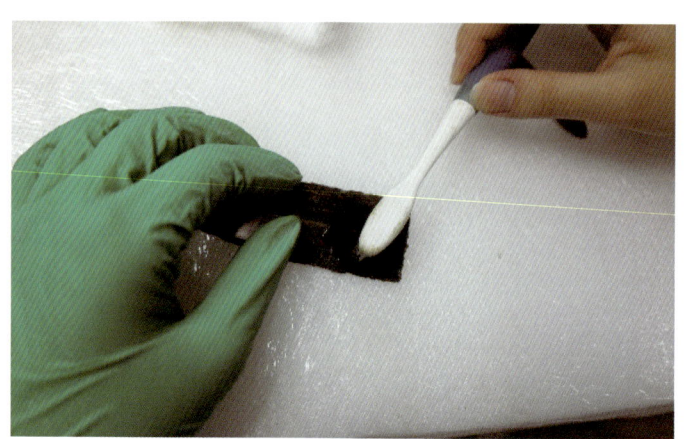

清洗

2018-9-30—2018-10-19　使用1.5%的BTA溶液缓蚀。

缓蚀

2018-10-20　缓蚀后 24 小时使用 3% 的 B_{72} 溶液封护。

封护

2018-10-21　封护后用微晶蜡进行封护。

2018-10-22—2018-12-7　焊接后，用打磨机打磨多余锡，使用环氧树脂补全焊接处，环氧树脂内可加入少量与器物接近的矿物颜料。

焊接

2018-12-8　使焊接处补全。

补全

2018-12-11—2018-12-16　使用不同砂纸打磨，使器物与原器物的曲线一致，并用矿物颜料对补全进行做旧处理。

做旧

2018-12-26　修复完成，装箱归还桑植县文物。

档案：02

文物名称：新莽"黄布大千"币

收藏单位：桑植县博物馆

文物编号：000030

年代：新莽

质地：青铜

级别：未定级

以往保护情况：已保护

尺寸：长／口径5.4毫米，宽2.2毫米，重量85克

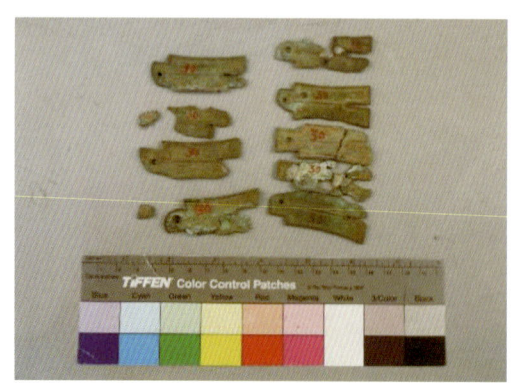

修复前

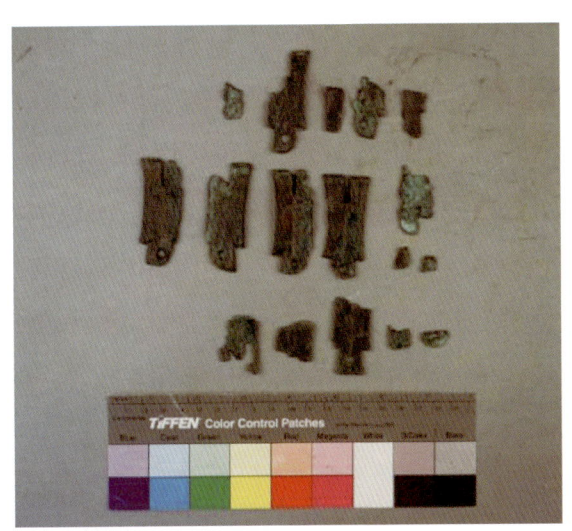

修复后

病害状况：沉积物、二次修复痕迹

二次修复痕迹

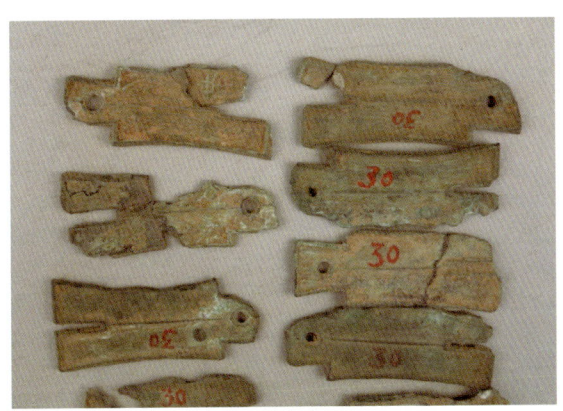

表面沉积物

保护修复日志：

2018-9-7—2018-9-11　记录文物信息，整理文物，给文物拍照留档

2018-9-27　使用 2a、牙刷和超声波洁牙机清洗。

清洗

2018-9-30—2018-10-19　使用 1.5% 的 BTA 溶液缓蚀。

封护

2018-10-20　缓蚀后 24 小时使用 3% 的 B_{72} 溶液封护。

2018-10-21　封护后用微晶蜡进行封护。

2018-10-28　使用环氧树脂粘接。

2018-12-8　使用不同砂纸打磨，使器物与原器物的曲线一致，并用矿物颜料对补全进行做旧处理。

2018-12-26　修复完成，装箱归还桑植县文物。

档案：03

文物名称：清"宣德"款铜香炉

收藏单位：桑植县博物馆

文物编号：000036

年代：清

质地：青铜

级别：三级

以往保护情况：已保护

尺寸：长／口径 10.5 毫米，厚／高 8 毫米，重量 545 克

修复前

修复后

病害状况：点腐蚀、表面沉积物

点腐蚀

表面沉积物

保护修复日志：

2018-9-7—2018-9-11　记录文物信息，整理文物，给文物拍照留档

2018-10-8　使用 2a、牙刷和超声波洁牙机清洗。

清洗

2018-10-19　使用 1.5% 的 BTA 溶液缓蚀。

缓蚀

2018-10-20　缓蚀后24小时使用3%的B_{72}溶液封护。

2018-10-21　封护后用微晶蜡进行封护。

2018-10-28　使用环氧树脂粘接。

2018-12-26　修复完成，装箱归还桑植县文物。

档案：04

文物名称：汉单鱼纹铜洗

收藏单位：桑植县博物馆

文物编号：000037

年代：汉

质地：青铜

级别：三级

以往保护情况：已保护

尺寸：长/口径30.5毫米，宽25.5毫米，厚/高14.5毫米，重量1345克

修复前

修复后

病害状况：残断、表面硬结物、变形。

保护修复日志：

2018-9-7—2018-9-11　记录文物信息，整理文物，给文物拍照留档

2018-9-23　使用 2a、牙刷和超声波洁牙机清洗。

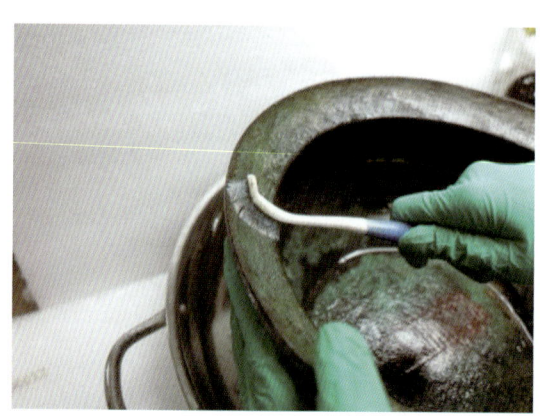

清洗

2018-10-22　使用 1.5% 的 BTA 溶液缓蚀。

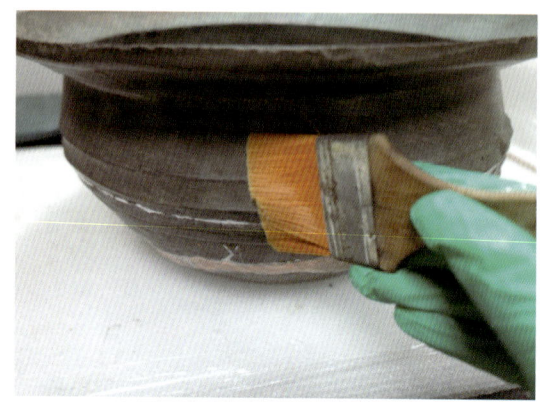

缓蚀

2018-10-23　缓蚀后24小时使用3%的B_{72}溶液封护。

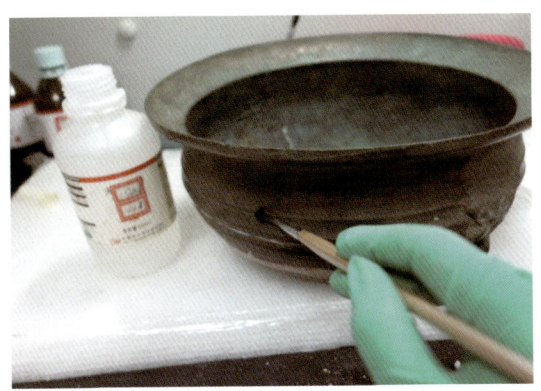

封护

2018-10-24　封护后用微晶蜡进行封护。

2018-10-28　焊接。

焊接

2018-12-16　使用矿物颜料对补全处进行做旧处理。

做旧

2018-12-26 修复完成，装箱归还桑植县文物。

档案：05

文物名称：民国"宣德"款铜香炉

收藏单位：桑植县博物馆

文物编号：000038

年代：民国

质地：青铜

级别：

以往保护情况：已保护

尺寸：长／口径 9.5 毫米，厚／高 7 毫米，重量 400 克

修复前

修复后

病害状况：表面硬结物

点腐蚀

表面沉积物

保护修复日志：

2018-9-7—2018-9-11　记录文物信息，整理文物，给文物拍照留档

2018-10-8　使用 2a、牙刷和超声波洁牙机清洗。

2018-10-18　使用 1.5% 的 BTA 溶液缓蚀。

2018-10-20　缓蚀后 24 小时使用 3% 的 B_{72} 溶液封护。

2018-10-21　封护后用微晶蜡进行封护。

2018-12-26　修复完成，装箱归还桑植县文物。

档案：06

文物名称：清"宣德"款龙纹铜香炉

收藏单位：桑植县博物馆

文物编号：000039

年代：清

质地：青铜

级别：三级

以往保护情况：已保护

尺寸：长／口径 15.5 毫米，厚／高 10.5 毫米，重量 1160 克

修复前

修复后

病害状况： 表面硬结物

表面沉积物（一）

表面沉积物（二）

保护修复日志：

2018-9-7—2018-9-11　记录文物信息，整理文物，给文物拍照留档

2018-9-16　使用2a、牙刷和超声波洁牙机清洗。

清洗

2018-10-18　使用 1.5% 的 BTA 溶液缓蚀。

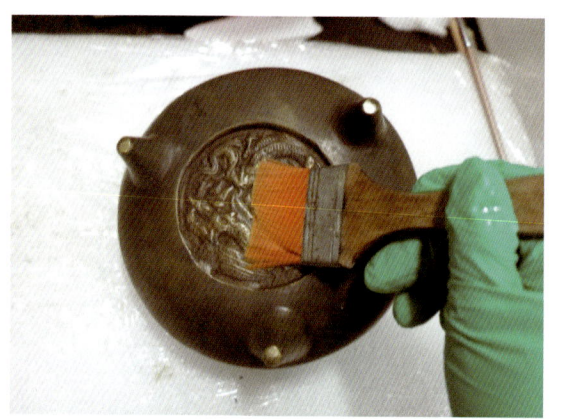

缓蚀

2018-10-22　缓蚀后 24 小时使用 3% 的 B_{72} 溶液封护。

封护

2018-10-23　封护后用微晶蜡进行封护。

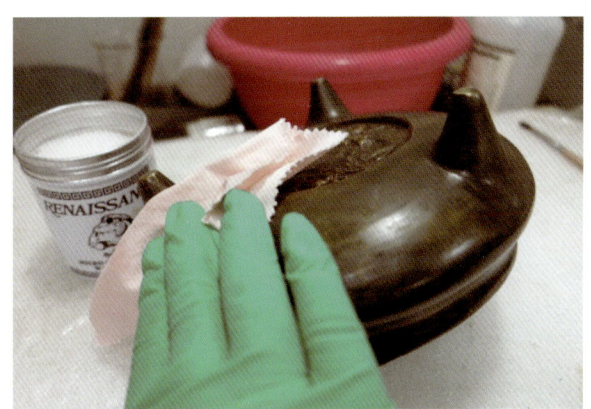

封护

2018-12-26　修复完成，装箱归还桑植县文物。

档案：07

文物名称：汉龙柄铜鐎斗

收藏单位：桑植县博物馆

文物编号：000040

年代：汉

质地：青铜

级别：三级

以往保护情况：已保护

尺寸：长/口径183毫米，宽130毫米，厚/高135毫米，重量905克

修复前

修复后

病害状况：表面硬结物、变形、二次修复痕迹

表面硬结物

二次修复痕迹

变形

保护修复日志：

2018-9-7—2018-9-11　记录文物信息，整理文物，给文物拍照留档

2018-9-21　使用 2a、牙刷和超声波洁牙机清洗。

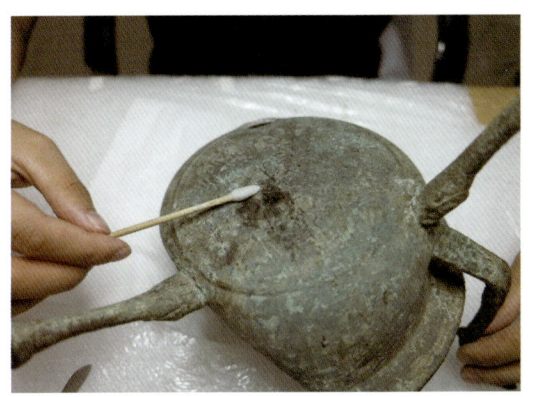

清洗

2018-9-24　使用热风枪加热再使用 C 形钳进行矫形。

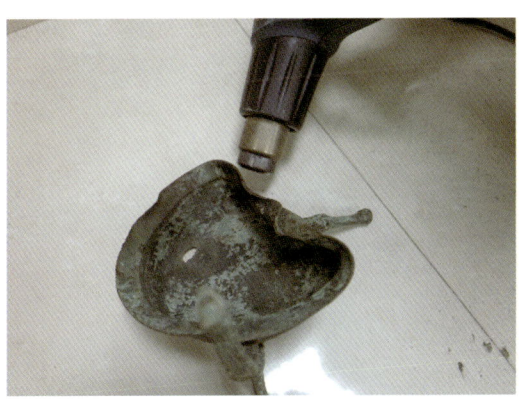

矫形

2018-9-25　焊接

焊接后打磨

2018-10-8　使焊接处补全。

2018-10-23　缓蚀

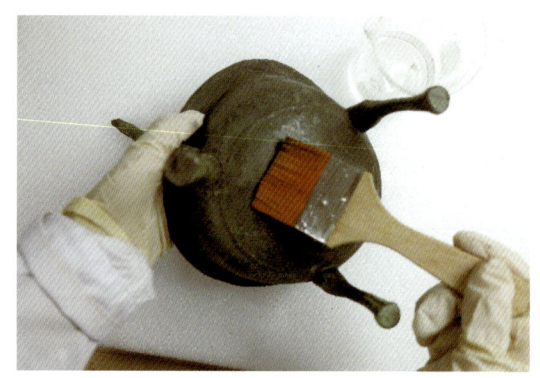

缓蚀

2018-10-24　使用微晶蜡对铜质和表面比较光滑的器物进行封护。

2018-11-3　使用矿物颜料对补全处进行做旧处理。

做旧

2018-12-26 修复完成，装箱归还桑植县文物。

档案：08

文物名称：战国扁茎铜短剑

收藏单位：桑植县博物馆

文物编号：000041

年代：战国

质地：青铜

级别：一般

以往保护情况：已保护

尺寸：长／口径19.5毫米，宽3毫米，重量110克

修复前

修复后

病害状况：残断、二次修复痕迹

不当修复残断

点腐蚀孔洞

保护修复日志：

2018-9-7—2018-9-11　记录文物信息，整理文物，给文物拍照留档

2018-9-29　使用 2a、牙刷和超声波洁牙机清洗。

2018-9-30—2018-10-22　使用 1.5% 的 BTA 溶液缓蚀。

缓蚀

2018-10-21　缓蚀后 24 小时使用 3% 的 B_{72} 溶液封护。

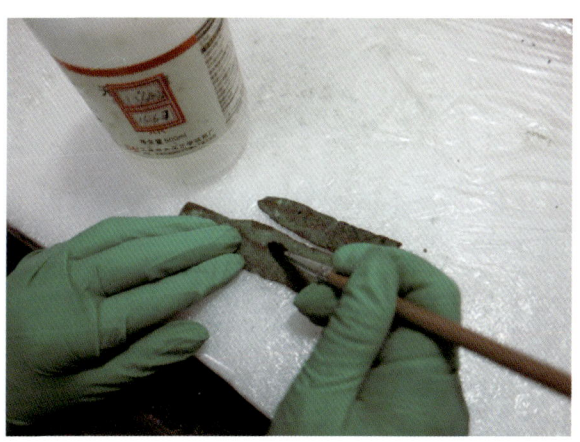

封护

2018-10-22　封护后用微晶蜡进行封护。

封护

2018-10-23—2018-11-15　焊接。

2018-11-28　使焊接处补全。

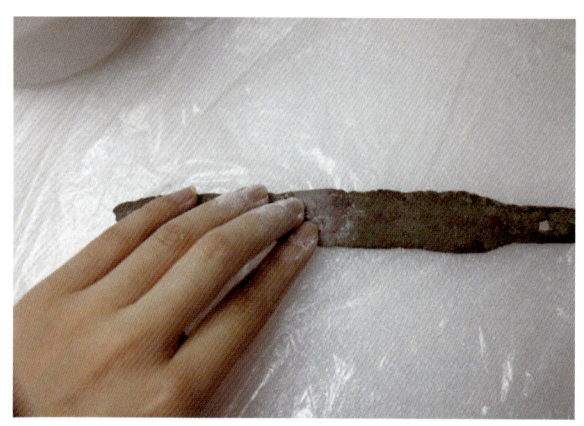

补全

2018-11-30—2018-12-16　做旧处理。

做旧

2018-12-26　修复完成，装箱归还桑植县文物。

档案：09

文物名称：汉錞于铜虎钮

收藏单位：桑植县博物馆

文物编号：000044

年代：汉

质地：青铜

级别：

以往保护情况： 已保护

尺寸： 长/口径 14 毫米，厚/高 6 毫米，重量 280 克

修复前

修复后

病害状况： 表面硬结物、残缺

残缺

表面硬结物

保护修复日志：

2018-9-7—2018-9-11　记录文物信息，整理文物，给文物拍照留档。

2018-9-21　使用 2a、牙刷和超声波洁牙机清洗。

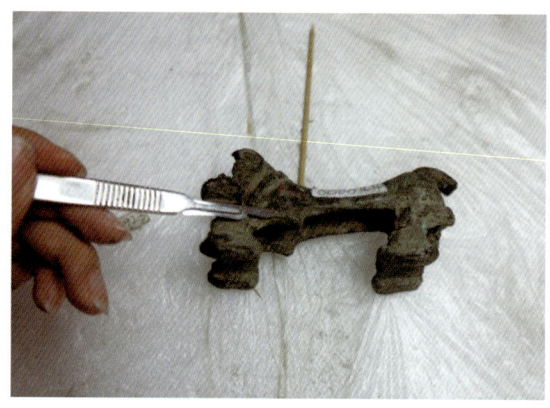

清洗

2018-10-23　使用 1.5% 的 BTA 溶液缓蚀。

缓蚀

2018-10-24　缓蚀后 24 小时使用 3% 的 B_{72} 溶液封护。

缓蚀

2018-10-25　封护后用微晶蜡进行封护。

封护

2018-12-26　修复完成，装箱归还桑植县文物。

档案：10

文物名称：战国双翼形铜镞

收藏单位：桑植县博物馆

文物编号：000055

年代：战国

质地：青铜

级别：

以往保护情况：已保护

尺寸：长/口径 4 毫米，宽 1 毫米，重量 5 克

病害状况：表面硬结物、残缺

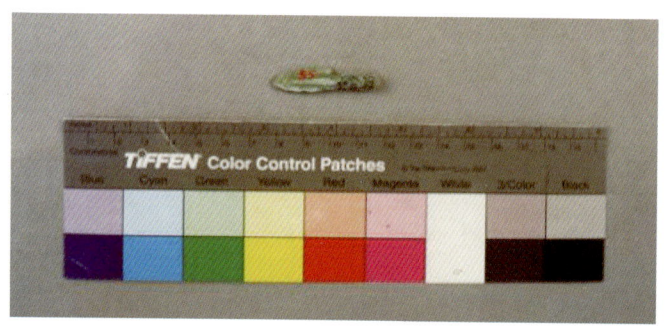

修复前

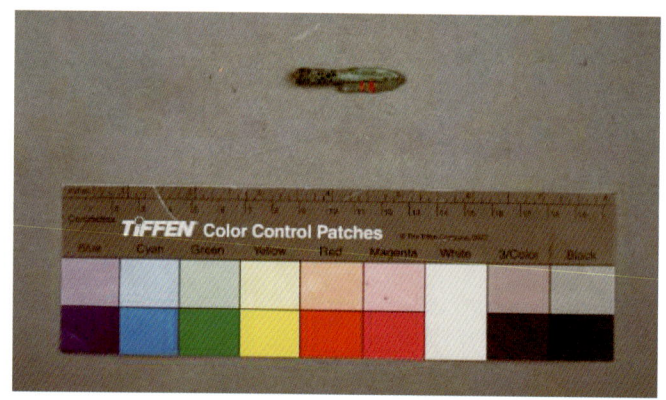

修复后

保护修复日志：

2018-9-7—2018-9-11　记录文物信息，整理文物，给文物拍照留档。

2018-9-21　使用 2a、牙刷和超声波洁牙机清洗。

2018-10-23　使用 1.5% 的 BTA 溶液缓蚀。

2018-10-24　缓蚀后 24 小时使用 3% 的 B_{72} 溶液封护。

2018-10-25　封护后用微晶蜡进行封护。

2018-12-26　修复完成，装箱归还桑植县文物

档案：11

文物名称：战国椭圆銎三角纹铜钺

收藏单位：桑植县博物馆

文物编号：000056

年代：战国

质地：青铜

级别：三级

以往保护情况：已保护

尺寸：长/口径 8 毫米，宽 4.3 毫米，重量 160 克

病害状况：表面硬结物、残缺

修复前

修复后

保护修复日志：

2018-9-7—2018-9-11　记录文物信息，整理文物，给文物拍照留档。

2018-9-15　使用 2a、牙刷和超声波洁牙机清洗。

2018-10-19　使用 1.5% 的 BTA 溶液缓蚀。

2018-10-22　缓蚀后 24 小时使用 3% 的 B_{72} 溶液封护。

2018-10-23　封护后用微晶蜡进行封护。

2018-12-26　修复完成，装箱归还桑植县文物。

档案：12

文物名称：战国铜带钩

收藏单位：桑植县博物馆

文物编号：000078

年代：战国

质地：青铜

级别：三级

以往保护情况：已保护

尺寸：长／口径 6 毫米，宽 1.3 毫米，重量 2 克

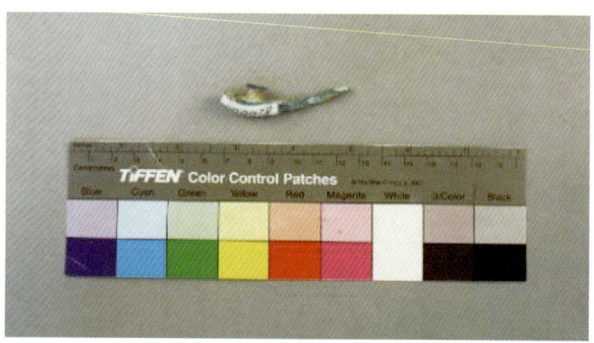

修复前

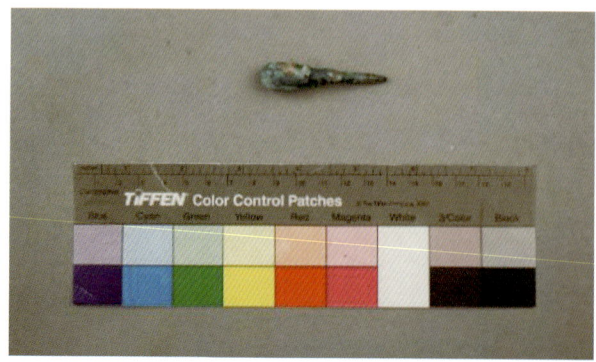

修复后

病害状况：表面硬结物、矿化

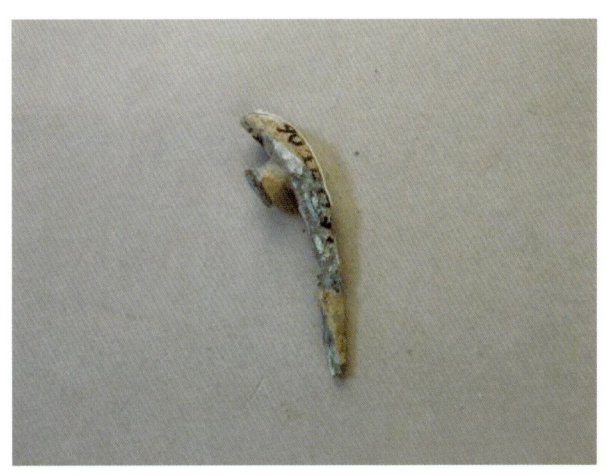

表面硬结物

保护修复日志：

2018-9-7—2018-9-11　记录文物信息，整理文物，给文物拍照留档。

2018-9-15　使用 2a、牙刷和超声波洁牙机清洗。

2018-10-19　使用 1.5% 的 BTA 溶液缓蚀。

2018-10-22　缓蚀后 24 小时使用 3% 的 B_{72} 溶液封护。

2018-10-23　封护后用微晶蜡进行封护。

2018-12-26　修复完成，装箱归还桑植县文物。

档案：13

文物名称：战国铜璜型器

收藏单位：桑植县博物馆

文物编号：000099

年代：战国

质地：青铜

级别：

以往保护情况：已保护

尺寸：长/口径 6.5 毫米，宽 2.5 毫米，重量 2 克

病害状况：硬结物、矿化

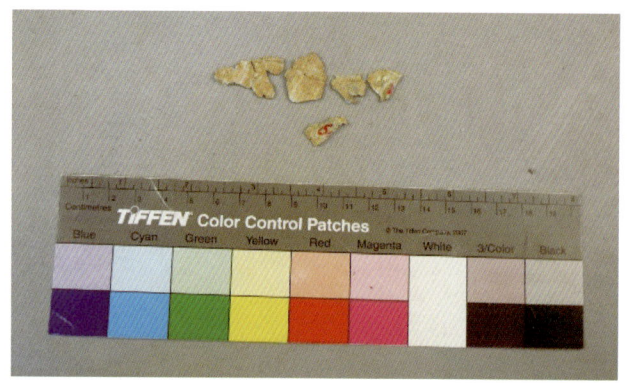

修复前

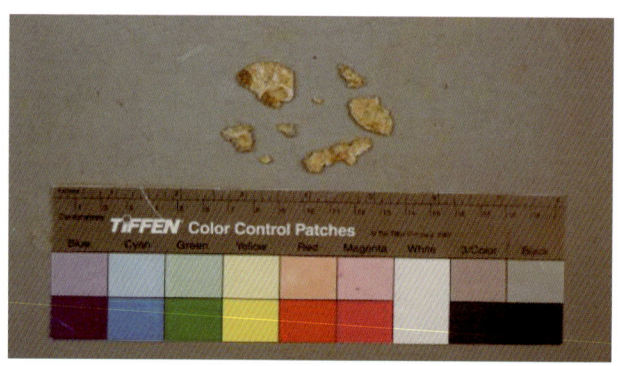

修复后

保护修复日志：

2018-9-7—2018-9-11　记录文物信息，整理文物，给文物拍照留档。

2018-10-8　使用 2a、牙刷和超声波洁牙机清洗。

2018-10-15　使用 1.5% 的 B_{72} 溶液加固。

2018-10-22　缓蚀后 24 小时使用 3% 的 B_{72} 溶液封护。

2018-10-23　封护后用微晶蜡进行封护。

2018-12-26　修复完成，装箱归还桑植县文物。

档案：14

文物名称： 西汉双耳铜壶釜

收藏单位： 张家界市博物馆

文物编号： 000150

年代： 西汉

质地：青铜

级别：未定级

以往保护情况：已保护

尺寸：长 / 口径 130 毫米，腹径 150 毫米，厚 / 高 125 毫米，重量 2705 克

修复前

修复后

病害状况：硬结物、矿化、残缺

通体矿化

残缺

表面硬结物

保护修复日志：

2018-9-7—2018-9-11　记录文物信息，整理文物，给文物拍照留档。

2018-10-12　使用环氧树脂进行加固、补全。

加固

加固

2018-10-15　使用酒精、牙刷清洗。

清洗

2018-10-23　缓蚀。

2018-10-24　缓蚀是24小时使用1.5%～3%的B_{72}溶液封护。

2018-10-25　使用微晶蜡对铜质和表面比较光滑的器物进行封护。

2018-11-29　使用矿物颜料对补全处进行做旧处理。

做旧

2018-12-26　修复完成，装箱归还桑植县文物。

第五章 信息管理系统

一、项目建设意义

随着中国文化遗产研究院文物保护修复工程项目数量的与日俱增及工作要求技术标准的提高，保护修复工作在考虑业务软件有效管理方面的需求也越发强烈。

此次项目依据青铜器文物修复管理的需求，建立的"青铜类"文保修复管理系统，在以下几个方面均有所突破：

（一）文物信息的数字化管理

文物信息统一化、标准化的录入，将有利于长期、大量数据的积累与保存。对修复文物信息的查询和检索，也将更加方面快捷。

（二）修复过程记录管理

修复过程记录分为几部分体现：所有修复项目中，修复人员登录系统后，可以查看当前的修复任务，针对修复任务，实现任务的接受。

在关键节点设立审核机制，适应审批工作流程。

项目完成后，设立验收环节，由工作人员上传验收申请，系统自动生成相关报告，并由管理人员最终核验项目情况。

（三）数据库建设

针对大量修复过程中产生的图片、文档、附件、视频、音频等资源；基本信息的存储资源建立数据库。方便项目中或项目后必要信息的检索与调用。

二、需求分析

（一）总体需求分析

在文物保护与修复信息记录过程中，目前仍然存在着信息化、数字化程度较低，对于相关领域的新技术、新手段应用程度不够，缺乏系统的数字化文物保护修复信息记录流程。仍需沿用旧有的手动抄写誊录的信息记录与传递模式，这种模式不仅效率较低，而且大大增加了文物保护工作人员的工作强度，不利于其将自身主要精力投入到对文物本体的修复与保护过程中。从文物保护与修复出发，本项目实施过程中亟须建立一套数字化的先进的文保修复管理系统，进一步提升文物保护与修复的信息化程度，提高我院在文物修复与管理方面的信息化水平，充分利用现有成熟先进的数据库技术、系统平台开发技术等，为文物保护与修复提供系统化的解决方案。

（二）功能与模块需求分析

系统需满足本项目对于提升文物保护工作的迫切要求，需要建立完善的科学的文物保护修复应用系统，简化文物保护修复的工作程序，集中管理保护修复信息，保持数据一致性，实现文物保护修复工作流程管理数字化。由此，经共同讨论探究提出以下功能需求：

1. 文物保护修复应用系统需根据文物保护修复部门工作需要进行定制开发，系统功能满足日常业务流程，所有输入、查询、展示界面、数据项内容、流程皆可根据实际需求进行定制。

2. 系统应具备必要的兼容性和可扩展性，能够满足未来业务流程增加或变更的需要，能够和我馆其他系统根据需要进行整合，包括已建成的和未来计划新建的信息化系统或数据库。

3. 系统需支持多种方式的检索功能，如简单检索、高级检索等，支持全数据库检索或单一模块检索，任何一种检索方式都能够检索到满意的答案，而且应自动记录检索历史，如有需要重复检索，可直接进行选择。

4. 数据库需采用分模块的存储管理方式，文物保护修复信息既能够整体录入和统一检索，也需支持分模块录入和查询，用户可以按照不同模块进行分别管理、搜索和输出。

数据库需包含但不限于以下几个模块

（1）文物信息模块，记录文物基本信息，包括名称、编号、收藏单位、来源、年底、尺寸等信息；

（2）启动模块，记录文物保护处理的相关信息，包括文物处理等级、进入实验室的日期、负责人等，以及处理前文物照片；

（3）文物保护状况模块，记录文物保存状况，包括文物保存环境、病害状况，病害图等；

（4）修复过程记录模块，记录文物保护修复的材料、工艺、步骤及操作条件等信息。

5. 文物修复过程中会拍摄上传多张照片，工作人员可将原始图片根据内容、性质分为不同的图片组，例如文物照片组、病害图组等，按照工作需要存储于不同的数据库模块中，支持图片分组显示及检索功能。

6. 系统需提供文物保护工作流程管理功能，既根据工作流程步骤设计文物保护修复工作的时间轴，已填写完毕的工作模块应通过可视化的形式进行标记，使工作人员可以清楚查看到已完成和未完成的工作步骤以及接下来的工作内容等信息，同时系统可对接下来的工作任务进行提醒。

7. 系统应为文物保护修复档案填写过程中常用的输入内容建立百科知识库，例如为文物修复中的处理方法建立方法库，为所使用的化学药品建立药品库等。文物保护工作人员在进行数据输入或查询是能够通过下拉菜单的方式进行选择，特殊内容也支持手动输入，即可以提高输入速度又可以保证输入数据的准确性、规范性。

8. 系统支持多种表单形式的输出，支持按模块输出该部分的内容报表，而在文物修复工作完成后，能够根据国家规定和我馆需求生成完整的文物保护修复档案。

9. 文物保护修复应用系统需要基于Web网络搭建，拥有权限的工作人员能够在任意地点通过计算机访问文物保护修复信息，进行信息的录入和查询，系统会将其所录入的信息全部汇总到数据库中，满足异地办公以及线上修复工作的需要。

10. 系统需具有完善的权限设置，管理员为每一位需要使用本系统的工作人员分配不同的操作权限，使其只能进入有权访问的职能部门操作指定的功能模块。

通过建设文物保护修复应用系统，解决文物保护修复档案工作的电子化，实现我馆文物保护修复工作管理的科学化智能化，简化工作流程，提高文物保护的工作效率，对我馆文物保护修复工作的发展有深远影响。

（三）系统非功能性需求

1. 性能需求

（1）访问速度

在系统正常的工作中，各类业务查询统计时间最长不应超过3秒。在数据上传、下载、查询等长事务操作方面，系统应有清晰的进程提示。

（2）稳定性

在系统正常的工作中，不应出现妨碍工作顺利进行的系统错误或意外中止的情况。

（3）资源利用

在进行海量数据的查询、统计、分析的过程中，允许CPU和内存的占用率提升及网络带宽占有量的加大，但在操作结束后，应该及时释放所占用的资源。

（4）网络负载

系统应能够承受大于等于200的并发数量，并根据发展需求具备提升能力。

2. 安全性需求

（1）物理安全风险分析

物理安全风险可能导致系统平台或系统内数据资源的损毁，主要表现在如下几个方面：

1）意外事故（如自然灾害、火灾）造成的系统破坏。

2）电源故障造成的设备损坏或数据丢失。（设备故障造成业务停止或数据丢失）

3）设备失窃造成数据丢失或信息泄漏。

4）电磁辐射可能造成数据信息被窃取或偷阅。

（2）网络安全风险分析

随着攻击技术的不断发展，网络攻击对系统所构成的安全威胁也越来越大。如网络非法入侵、网络传输过程泄密、内网非法外联等等。攻击者利用系统或网络服务的漏洞，导致数据窃取失密、服务性能下降，甚至网络不可用等严重安全问题。

（3）主机系统安全风险

服务器系统是承载网络平台的基础环境，由于其需要长期不间断运行的特点，整套系统的稳定性和可靠性要求极高，除了本身易遭攻击破坏外，还容易通过它迅速传播网络安全风险。如病毒攻击、系统自身的安全漏洞等。因此需要根据系统的特点制定安全防护方案。

（4）访问安全风险分析

如假冒身份入侵、非授权的访问行为等。服务器系统的安全风险将直接影响到整个网络的安全。

（5）数据安全风险分析

所有信息最终都是以数据文件的方式存储在系统中。因此，信息的安全保密性，很大程度上取决于其存储、使用的保护措施上。对于数据信息的安全威胁，除应用系统对其存取控制外，主要还在于其存储的安全保护。数据面临的安全威胁主要表现在两个方面：

一是异常情况，如自然灾害、存储介质损坏、攻击行为等都有可能导致数据被破坏，如果没有必要的备份措施，将使重要数据完全遗失，这直接影响到相关工作的开展，对系统的危害是相当大的。

二是数据存储的安全性。对于重要数据信息，特别是涉密信息或工作敏感信息，如果在存储过程中缺少必要的保障措施，任何人都可以直接从存储介质中读取对应信息，这显然与信息的安全保密性要求相违背，可能直接导致泄密事件的发生。

（6）安全管理风险分析

安全管理是系统整体安全中较为重要的部分。如果责权不明、安全管理制度不健全及缺乏可操作性等都可能引起管理安全的风险。

3. 可靠性需求

系统的搭建需要其本身结构设计具有强大的可靠性，能够在功能和性能上满足用户使用要求和使用习惯，具备严谨的业务流程设计以及良好的用户体验设计。除此之外系统平台运营离不开网络系统的支撑，系统每时每刻都在采集大量的数据并进行处理。因此平台本身以及网络硬件系统支持的设计也需要具有高度的可靠性。媒体平台包括网站、智能手机应用等本身可通过软件测试和内部测试等多方面进行专业化的可靠性检验，而网络设备的可靠性需要考虑的因素相对较多，主要需要从数据安全可靠地角度考虑，例如数据自动备份、快速回复、双机热备、具有容错功能的服务器及网络设备搭建、出错后的迅速恢复和应急措施、严密的系统监控等可靠性设计角度出发，从而满足项目的可靠性需求。

4. 可支持性需求

可支持性需求主要是指系统平台在运行过程中的可维护性、可扩展性、可配置性等方面。由于文保修复管理系统是一个可扩展、可复制的系统，因此建成后需要持续的升级扩展。这就需要系统的建设不仅在架构设计角度上考虑日后的可维护性，还要针对后期扩展需求进行可扩展结构及接口设计。整个系统需要在发展过程中可以不断地迭代升级，从而具备满足项目的可支持性需求。

三、系统开发总体方案

（一）总体设计原则

为实现文保修复管理系统项目的各项目标，在具体设计中，一定要根据一些基本原则进行设计，这将保证项目目标的可靠实现，本项目的设计遵循以下原则：

1. 标准性和规范性原则

文保修复管理系统项目将遵循国家有关法律法规、行业管理条例与标准规范，从大局着眼，对项目建设进行总体规划，制定有效地实施计划。遵循统一的标准，并在技术、规范上保持系统整体的一致性。以及与项目建设相关的项目管理、质量控制、需求变更管理等方面的标准规范进行设计，并在网络功能拓扑、系统集成、软件技术体系、系统应用架构、数据交换等方面遵循相关的国际、国家和业界的标准规范，还将在应用软件开发中遵循统一的命名、编码、用户界面、接口、控件方面的规范。

在对系统进行设计时需采用各种标准化设备接口和技术方案，建立统一、标准的数据处理和业务应用系统，以满足文博行业业务纵向开展、资源信息横向扩展、宏观管理等应用要求，并将通过标准的应用框架和数据交换技术，来保证系统的集成性、可移植性、可伸缩性。系统将基于WebService、工作流等技术路线进行软件设计和开发，并采用基于XML语言的统一接口标准来实现信息交换，以有效完成业务系统的应用整合。

2. 系统开放性

文保修复管理系统未来还将提供多种服务，要求结构设计必须符合开放系统的标准。系统平台的开放性，包括设备的网络互连性和可互换性；软件平台的开放性，包括操作系统、图形用户界面、网络通信协议等符合统一标准；文保修复管理系统开放性要求的目的在于应用软件功能的易升级性和可扩展性，满足我院项目今后的重复使用。

3. 先进性和成熟性

文保修复管理系统平台建设采用符合国际标准的、先进成熟的软件支撑平台，在整个系统的生命周期内，系统能够不断完善、扩充、更新，使功能愈来愈丰富，性能愈来愈完善，使用愈来愈方便。

4. 高可靠性、高可用性、高可维护性

文保修复管理系统建成后将包含大量的数据信息，并且系统平台的其稳定性、可靠性决定着应用的可靠运行，因此，首先要考虑选用稳定可靠的产品和技术，本身要具有优秀的 RAS 特性（可靠性、可用性、可扩展性：Reliability，Availability and Serviceability）和必要的冗余容错能力。

5. 安全性

文保修复管理系统系统的安全性体现在环境的安全、设备的安全、操作人员的安全、系统策略的安全、信息的安全和防破坏性等几个方面，要保证使用的所有设备均符合相关产品标准规定的安全性能要求，系统要考虑整体结构的安全，能否达到防范、监控、审计、扫描、防病毒、安全策略等各方面的要求。

6. 可扩展性

文物修复与信息记录是一项长期而复杂的工作，而且随着技术和互联网行业形势的快速发展，用户对于文保修复管理系统平台的需求和期望也将不断提高，所以文保修复管理系统不仅要求满足现阶段的业务需求，而且能够满足将来业务的增长需求。当今后系统规模扩大、节点增多时，系统能通过适当升级和扩展来适应要求，不会产生显著的网络阻塞、效率下降的情况；系统的应用增加、数据增多，其处理能力、吞吐能力和存储能力必须能够与之适应，不会导致系统性能下降，更不能发生丢失数据的现象。

7. 经济实用原则

结合我院的实际情况和"不搞重复性建设，避免资源浪费"的原则，充分利用我院已有信息化建设基础，通过在项目建设中的不断优化，提高系统的实用性和经济性。并能确保平台系统性能优良、价格合理、节省投资。平台系统设计将面向实际、注重实效，充分合理利用原有设备和信息资源。通过分析现有业务流程、业务逻辑的内在联系，总结业务应用的特点，并利用适当的技术手段进行系统架构、应用逻辑的设计，使系统功能符合实际应用需求。同时，系统将充分考虑用户使用习惯，提供友好的操作界面、人性化的信息导航与展现方式，全面提升系统的经济性和实用性。

文保修复管理系统功能模块设计如下表所示：

序号	功能模块	功能点	功能描述
1	文物信息模块	信息录入模块	对修复的文物进行基本信息的在线录入和相关附件文件的上传。
		信息浏览模块	对修复的文物信息进行检索、查询、预览。
		信息编辑模块	对修复的文物信息进行修改、删除等。
		分类管理	对文物进行分类。
2	启动模块	历史记录管理	实现对修复文物的历史信息的录入、查询、编辑等。
		修复人员管理	修复人员的基本信息、基本技能录入、查询、编辑等。
		文物进场管理	文物入场信息的录入、编辑、查询等。
		保护状况	文物当前的保护状况信息的录入、查询、编辑，以及保护环境、病害状况和相关的资料文件的上传发布等。
3	修复过程记录模块	时间标签管理	文物修复过程关键事件的创建、编辑、修改、删除等。
		日志管理	文物修复过程中的日志记录和对应的附件上传
		审核管理	针对修复过程的关键节点进行审核。
		任务管理模块	修复过程中的每一项任务的安排、计划和执行情况进行动态管理。
		修复材料管理	对文物修复过程中的材料信息进行录入、编辑、查询等。
		修复步骤管理	规范修复过程的时间轴进行修复记录的标识别和预定任务的对比等。
		修复规范标准管理	文物信息修复的标准、规范录入、上传、编辑、预览等。
4	管理员模块	管理员账号管理	可以增加、删除、修改管理员账户信息。
		管理员信息管理	可以查看、录入、编辑管理员基本信息。
		功能权限设置	可以设置每一管理员的功能权限。
5	数据库建设	关系型数据库建设	建设关系型数据库表，实现基本信息的存储数据库建设。
		非关系型数据库建设	建设非关系型数据库表，实现基本信息的存储数据库建设。
		资源存储数据库建设	针对图片、文档、附件、视频、音频等文件实现资源存储服务建设。
6	表单输出模块	报告生成模块	将文物修复信息按照标准规范等形成报告文档
		报告预览模块	可以查看生成的修复报告
		报告输出模块	将修复报告进行文档输出、打印等操作。

四、系统需求开发功能

（一）首页

在首页可以查看项目简介的基本信息。

功能图：

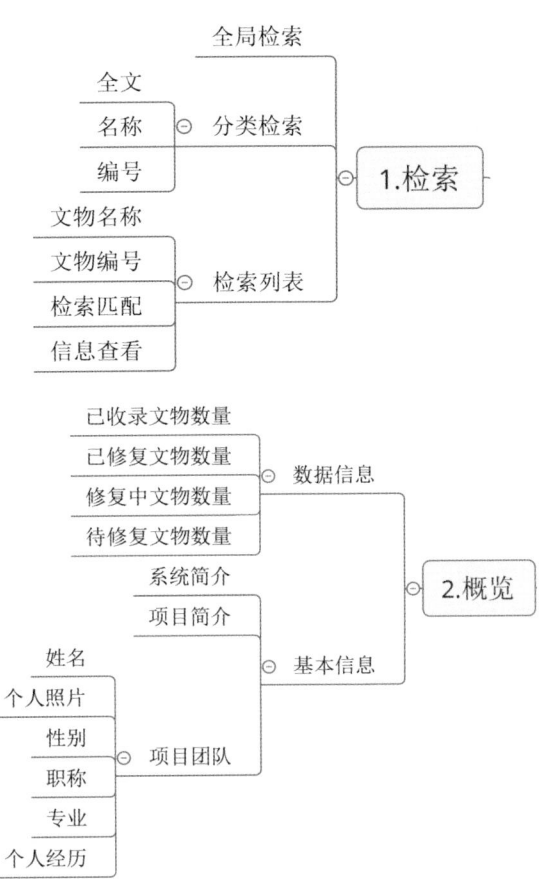

1. 项目简介

主要介绍项目需求分析，项目建设的意义等信息。项目简介可以在配置管理——信息编辑中更改内容。

2. 系统简介

主要介绍系统功能，系统建设的意义等。系统简介可以在配置管理——信息编辑中更改内容。

3. 项目团队

可以查看当前的团队信息，可以查看姓名、性别、昵称、专业等信息。可以在配置管理——修复团队中进行编辑，可以修改、新增、删除等。

4. 检索

全文检索，方便查看各类信息，检索内容包括：文物、病害、检测分析、档案管理等，只需输入单一信息源便可查看完整内容。

项目简介功能系统效果图

系统简介功能系统效果图

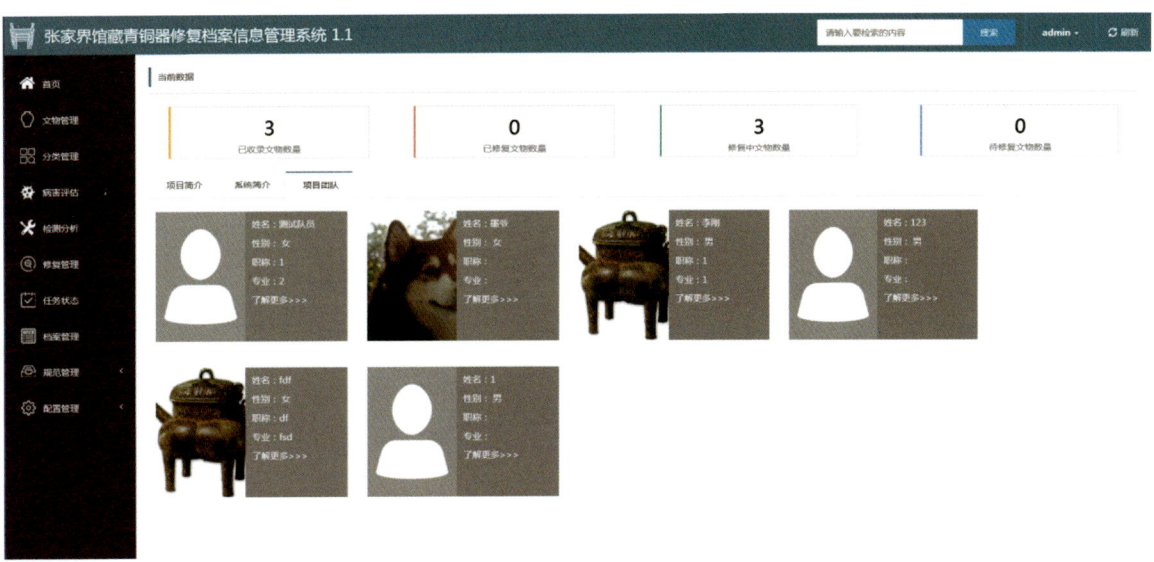

项目团队功能系统效果图

（二）文物管理

文物管理界面可以查看文物列表，显示当前文物的编号、名称、文物来源、收藏单位、创建日期、更新日期等内容。

功能图：

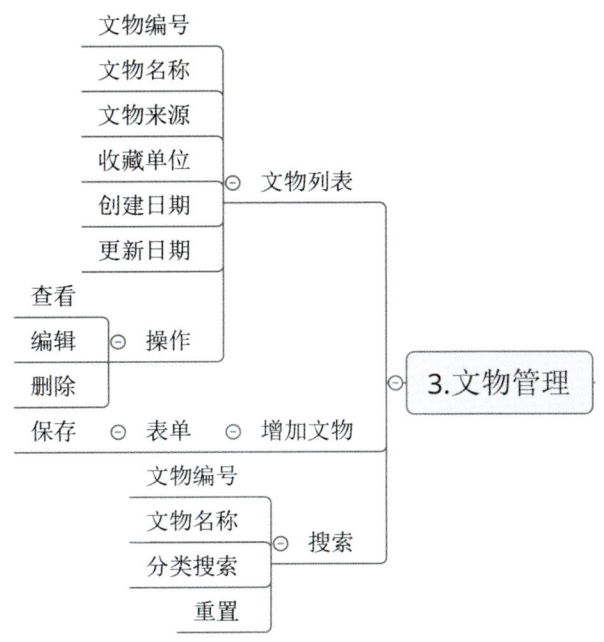

1. 查看功能

可以查看文物具体信息。查看文物的编号、名称、文物来源、收藏单位、年代、分类、文物的长宽高以及重量等信息。

2. 点击编辑

可以更改文物信息。可以更改文物的编号、名称、文物来源、收藏单位、年代、分类、文物的长宽高以及重量等信息。

删除、新增文物信息：输入文物的编号、名称、文物来源、收藏单位、年代、分类、文物的长宽高以及重量等信息保存即可增加文物信息。

3. 查询

输入编号，可以直接查找。也可以选择分类信息查找。

4. 分类管理

可以查看文物分类，文物分类可以编辑、管理文物、删除分类。

5. 新增分类

可以增加相应的分类。输入分类名称和分类简介，点击保存即可完成分类的新增。

文物管理功能系统效果图

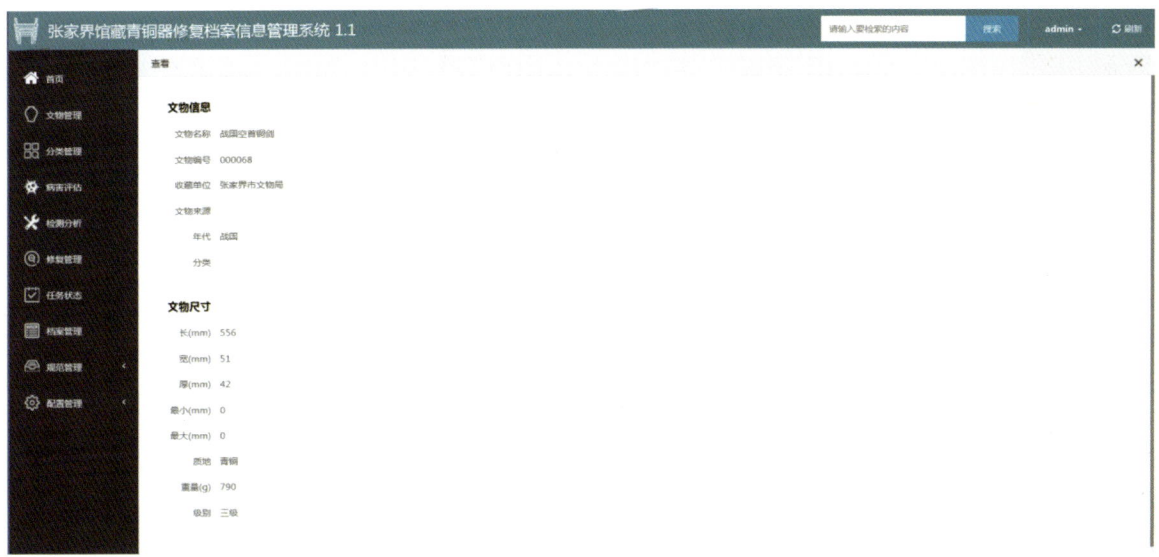

查看文物信息功能系统效果图

编辑文物信息功能系统效果图

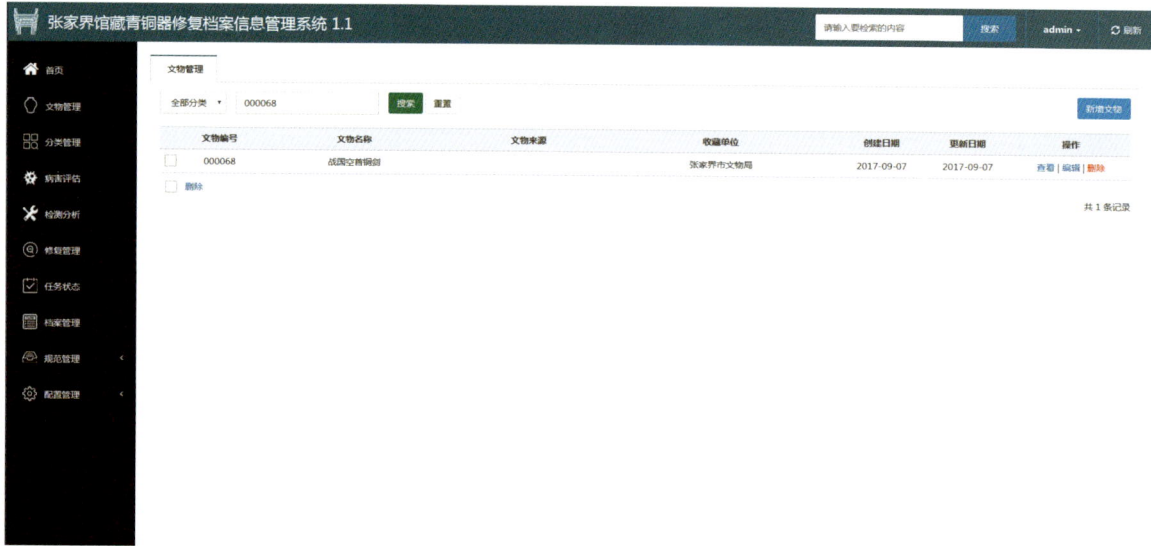

文物信息检索功能系统效果图

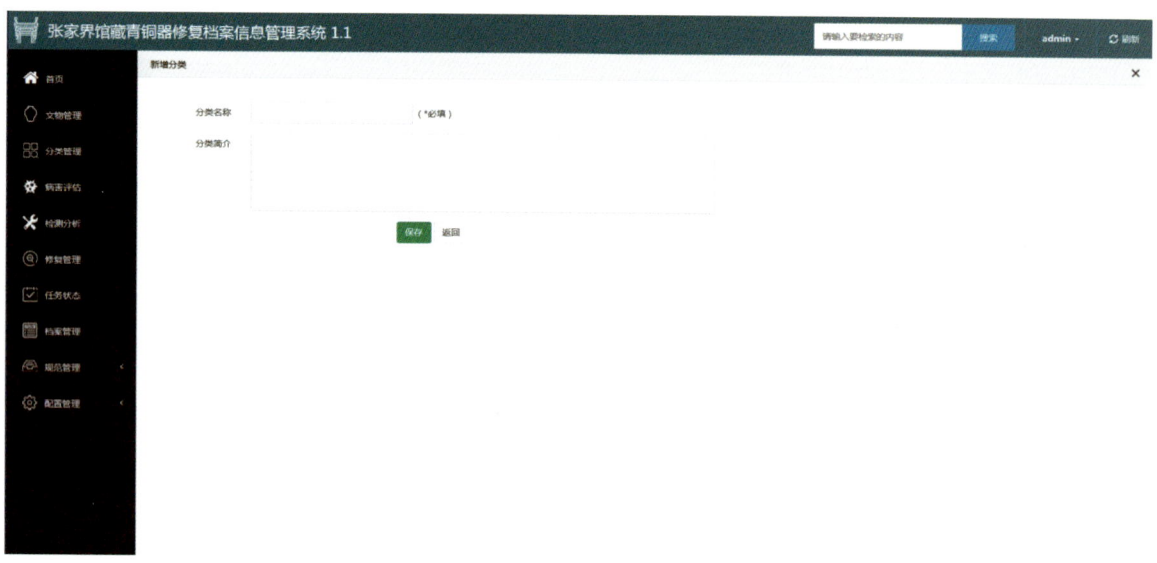

文物分类管理（新增）功能系统效果图

（三）病害评估

功能图：

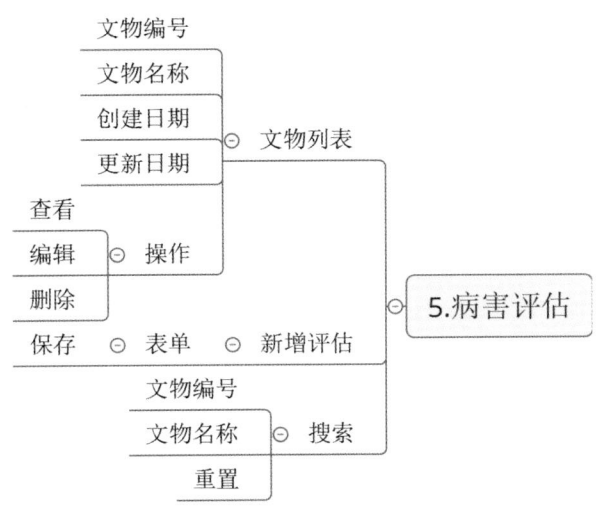

1. 病害评估

可以查看文物列表。可以查看文物编号、文物名称、创建日期和更新日期等信息。

2. 查看

即可查看文物病害情况。可以查看文物编号、名称、处理等级、进入实验室时间、负责人、保护实施者、病害状况等信息，可以查看保护处理前照片。

3. 编辑病害情况

文物编号和名称是确定的，可以更改处理等级、进入实验室日期、负责人、保护修复实施者、处理前照片、文物保护环境、病害评估、病害情况调查评估等信息。

4. 新增和删除病害

选择文物之后，输入处理等级、进入实验室日期、负责人、保护修复实施者、处理前照片、文物保护环境、病害评估、病害情况调查评估等信息即可完成评估的新增。

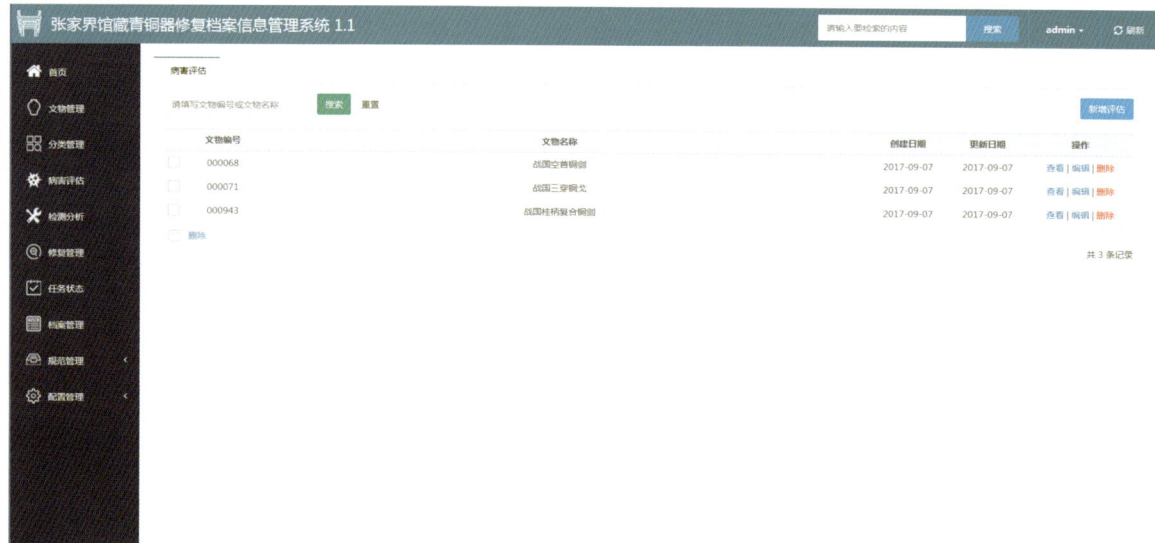

病害评估首页功能系统效果图

查看病害详细信息功能系统效果图

编辑病害功能系统效果图

（四）检测分析

功能图：

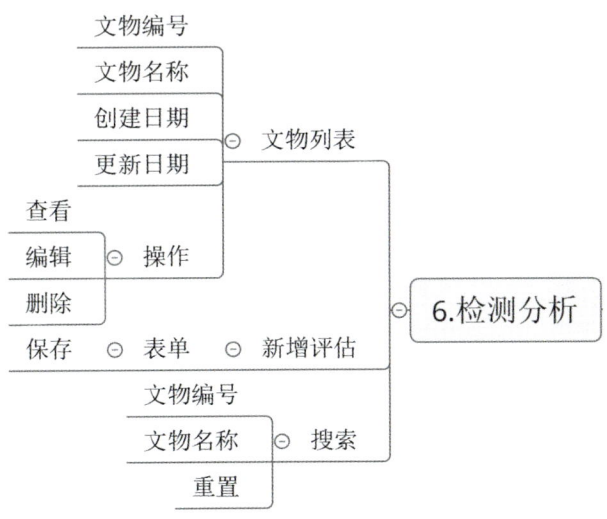

1. 检测分析首页

可以查看文物列表。在列表界面可以查案报告编号、名称、文物名称、创建日期、更新日期等信息。可以查看、编辑和删除。

2. 查看功能

可以查看检测分析报告。可以查看报告名称、编号、报告描述、文物编号、名称、取样描述等信息。

3. 编辑功能

可以对检测分析报告进行编辑。可以更改报告名称、编号、报告描述、文物编号、名称、取样描述等信息。

4. 新增和删除功能

可以新增和删除检测分析报告。输入报告名称、编号、报告描述、选择文物之后，编号、名称会自动补全，输入取样描述等信息即可完成新增。

检测分析功能首页系统效果图

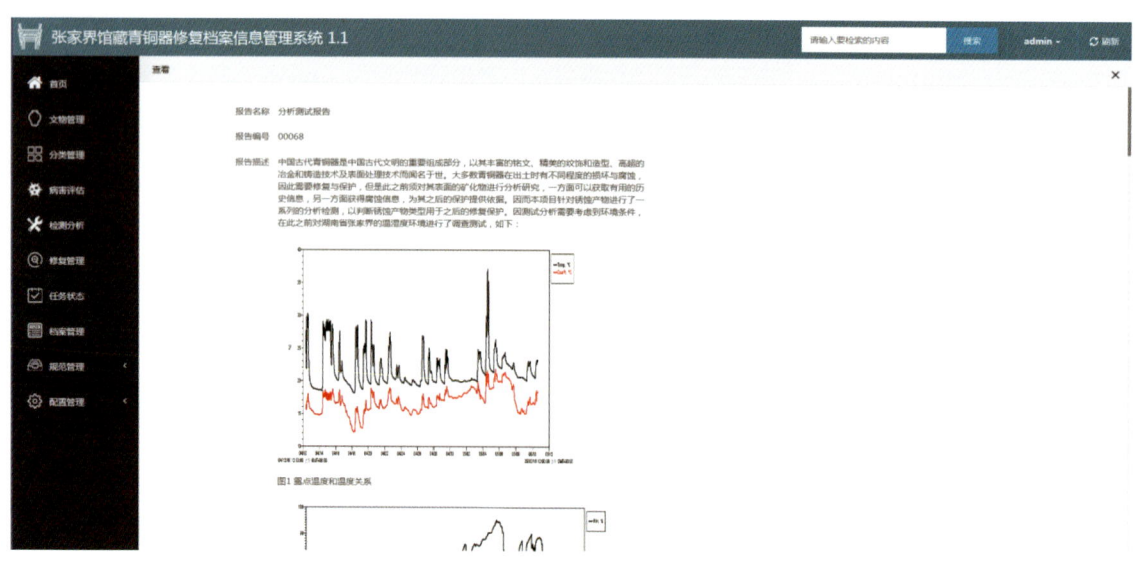

报告查看功能系统效果图

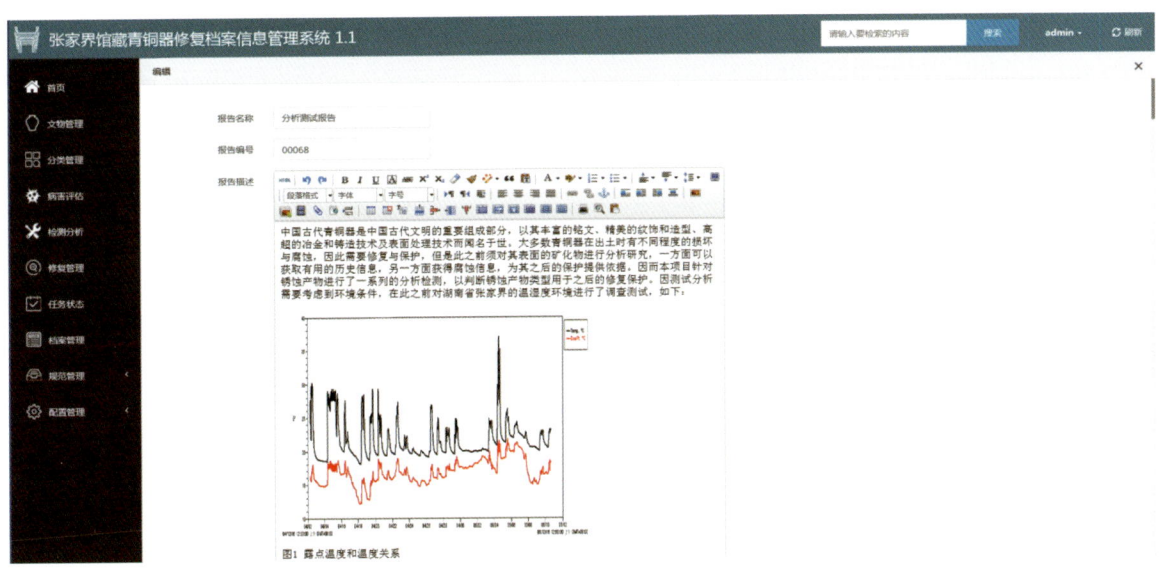

编辑报告功能系统效果图

（五）修复管理

1. 修复管理首页

可以查看文物列表。列表可以查看到文物编号、文物名称、创建日期和更新日期，可以查看、编辑和删除。

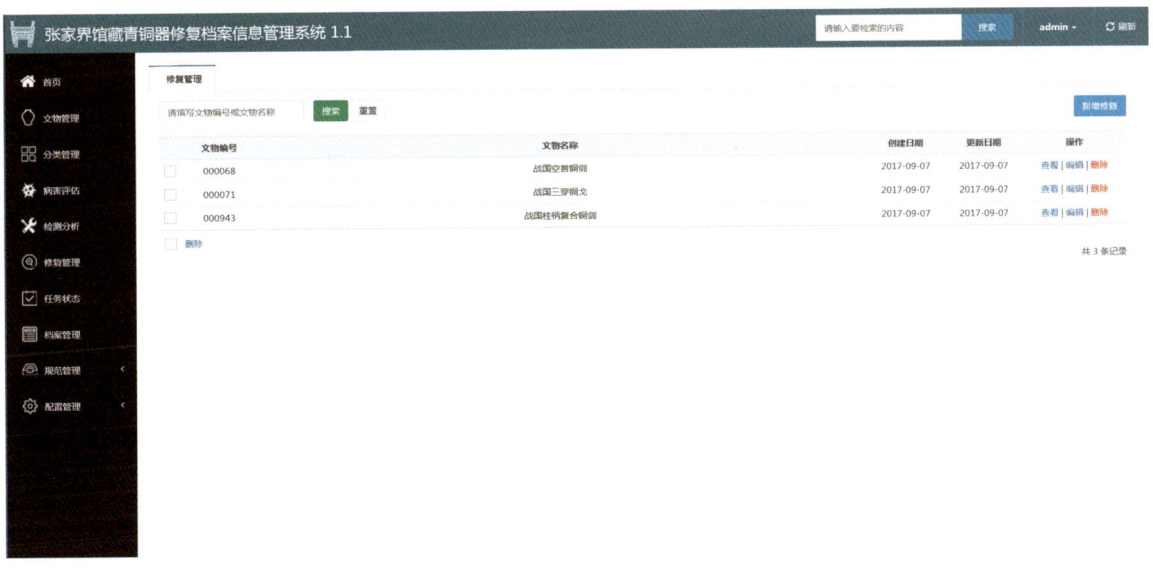

修复管理首页系统效果图

2. 查看

可以查看修复详情。可以查看文物编号、文物名称、修复步骤、预防性保护、保存建议等信息。

3. 编辑

对修复步骤进行编辑。可以添加步骤和删除步骤。

4. 新增、删除修复步骤

点击添加、删除步骤即可添加、删除相应的步骤，步骤内容在规范管理——修复规范中可以更改，也可以在添加的步骤中直接修改。

修复查看功能系统效果图

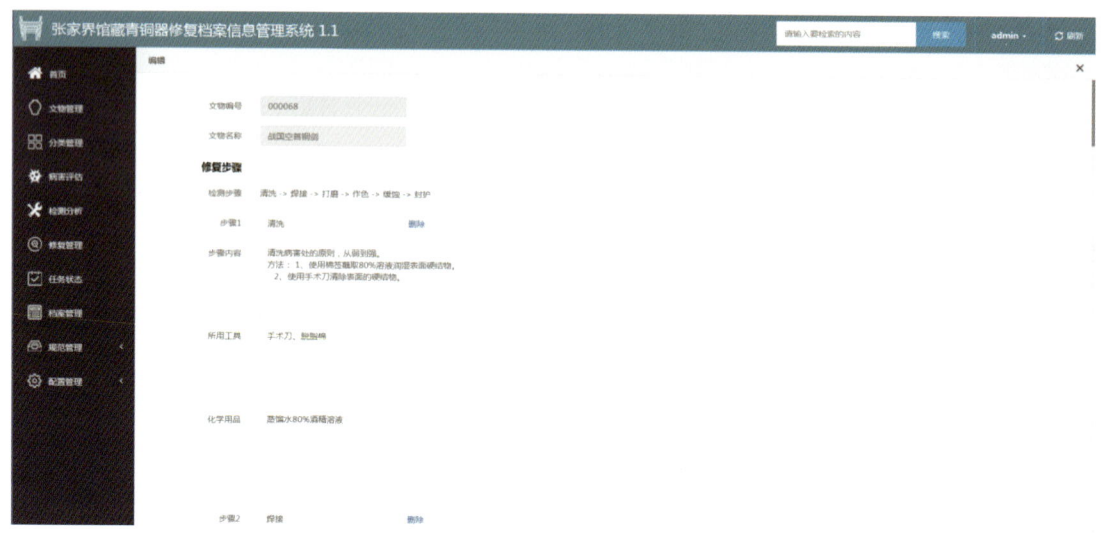

编辑功能系统效果图

（六）任务管理

功能图：

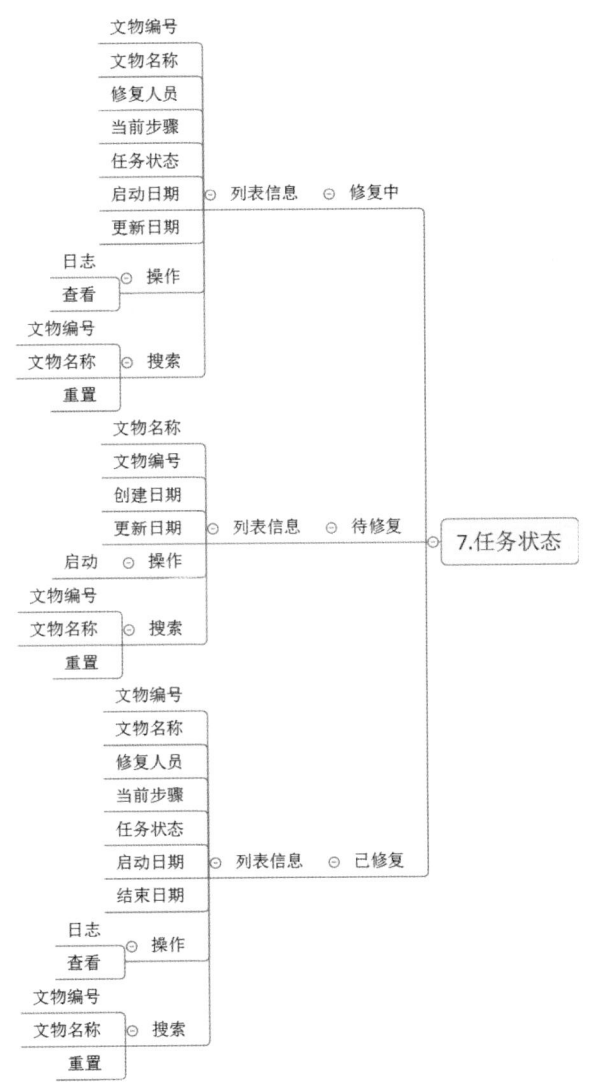

1. 任务状态首页

可以查看修复中，待修复，已修复的文物列表。列表中可以查看文物编号、文物名称、修复人员、当前步骤、任务状态、启动日期、更新日期等信息，可以查看日志，查看文物修复状态。

2. 修复日志

可以查看修复日志。可以添加修复日志，直接在修复日志中添加相应的内容即可完成。

3. 详情页

查看当前步骤，在查看中也可以添加、删除步骤，可以更改负责人员、预防性保护、保存建议、离开实验室时间、修复状态、处理前后对比照片、工作照等信息。

修复任务首页系统效果图

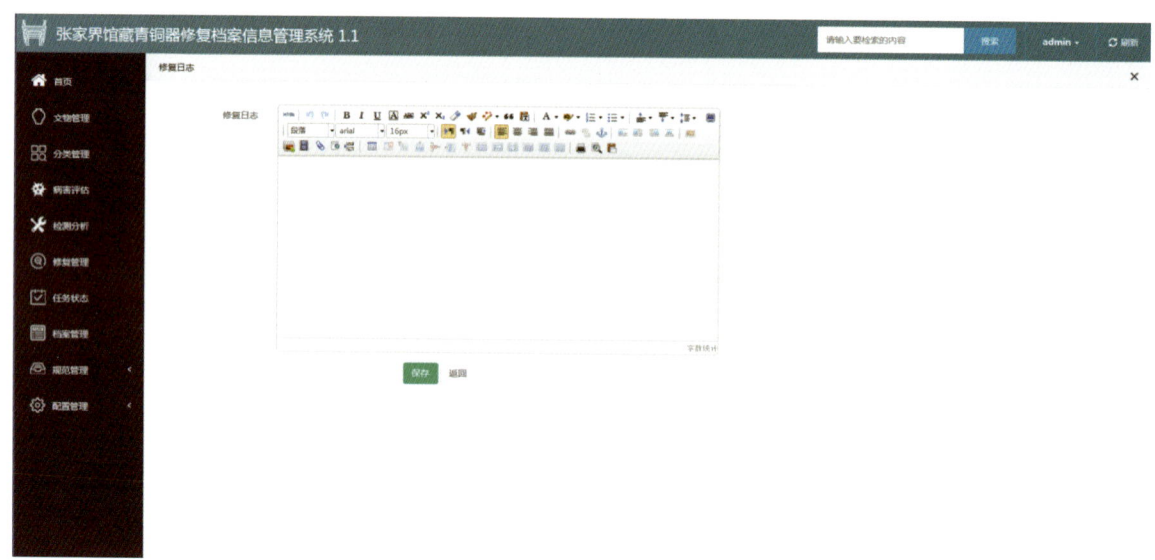

修复日志功能系统效果图

修复步骤新增功能系统效果图

（七）档案管理

功能图：

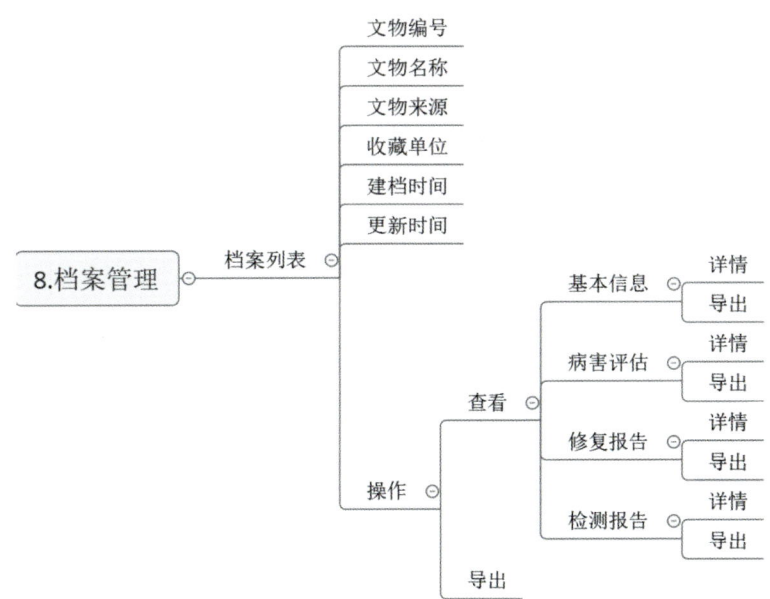

1. 档案管理首页

可以查看文物档案。档案列表中可以查看文物编号、文物名称、文物来源、收藏单位、建档日期、更新日期等信息，可以查看和导出文物档案。

2. 详情查看

可以查看基本信息，病害评估，修复报告，和检测报告。点击相应信息展开信息详情。

3. 导出报告

可以单独导出，也可以在列表页面导出全部。单独导出只导出基本信息，病害评估，修复报告，和检测报告的一部分。在列表页面导出的为全部信息。

档案管理首页系统效果图

档案管理编辑查看功能系统效果图

档案管理导出功能系统效果图

（八）规范管理

功能图：

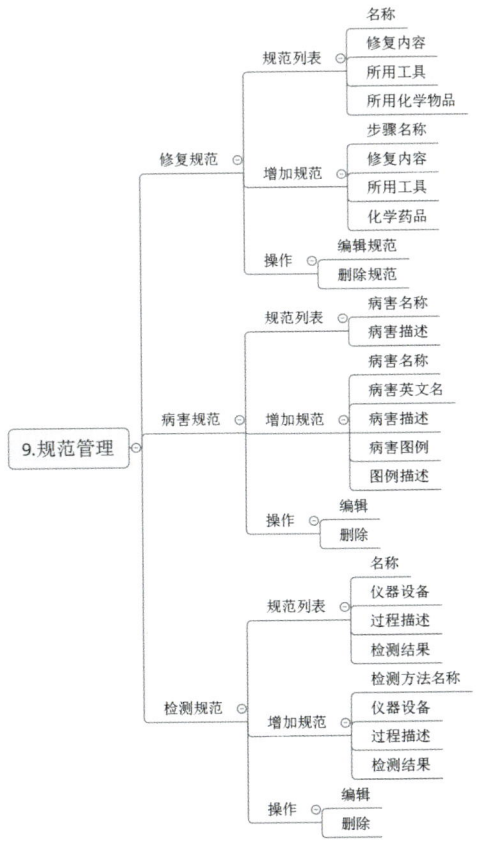

1. 修复规范

（1）修复规范首页

可以查看修复规范列表。可以查看修复名称、修复内容、所用工具、所用化学用品等信息，可以编辑和删除、新增规范。

（2）编辑功能

可以更改修复名称、修复内容、所用工具、所用化学用品等信息即可完成。

（3）新增、删除

输入修复名称、修复内容、所用工具、所用化学用品等信息即可完成添加。

2. 病害规范

（1）病害规范首页

可以查看病害规范列表。病害规范列表中可以查看病害名称、病害描述信息，可以编辑、删除、新增规范。

（2）编辑病害功能

可以更改病害名称、病害英文名、病害描述、图例、图例描述等信息。点击保存即可更改。

（3）新增、删除

添加病害名称、病害英文名、病害描述、图例、图例描述等信息。点击保存即可完成新增。

3. 监测规范

（1）检测规范首页

可以查看检测规范列表。检测规范列表中可以查看名称、仪器设备、过程描述、检测结果等信息。可以编辑和删除检测规范。

（2）编辑功能

可以更改名称、仪器设备、过程描述、检测结果等信息，点击保存即可完成更改。

（3）新增、删除

点击新增规范，添加名称、仪器设备、过程描述、检测结果等信息，点击保存即可完成新增。

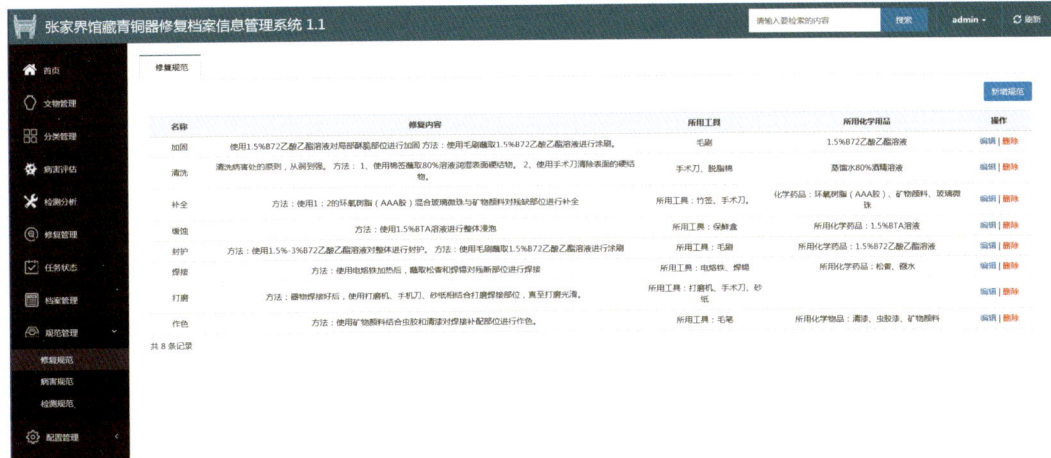

修复规范功能系统效果图

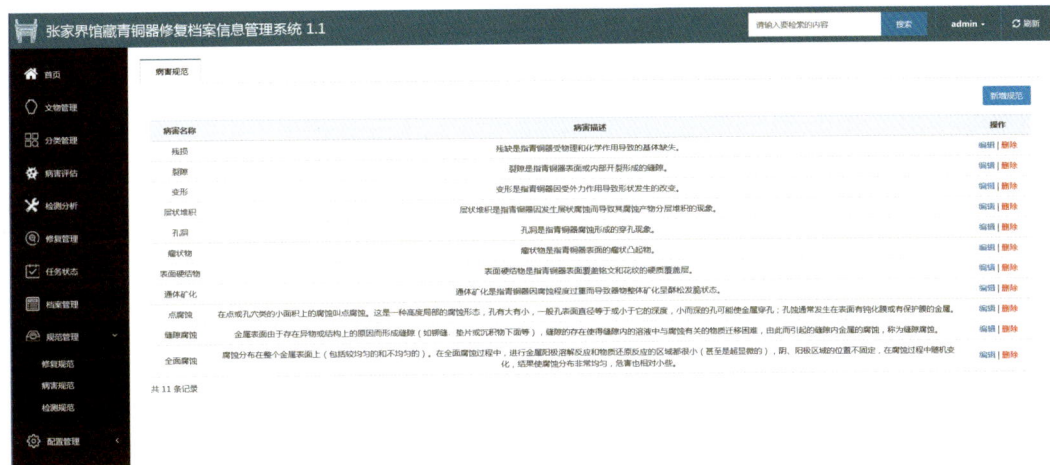

病害规范功能系统效果图

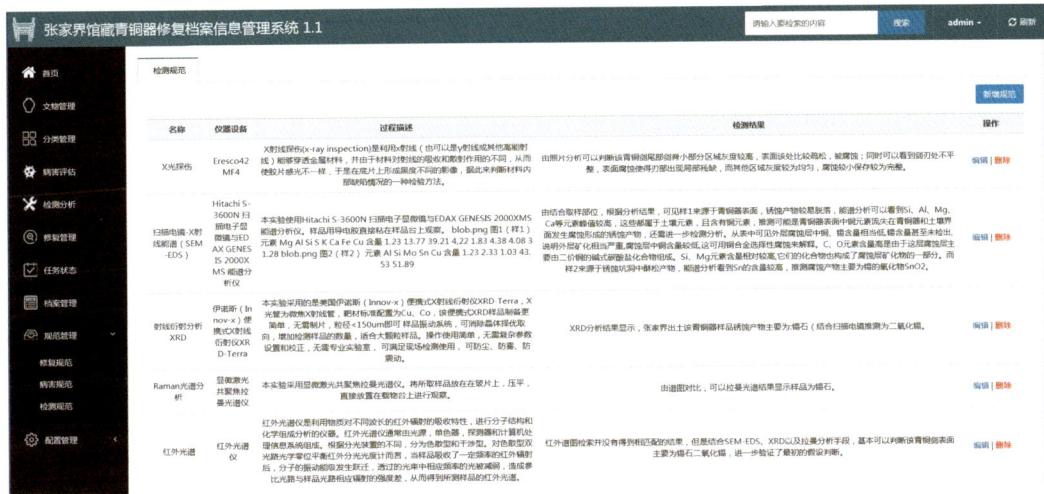

监测规范功能系统效果图

五、系统通用开发功能

（一）配置管理

功能图：

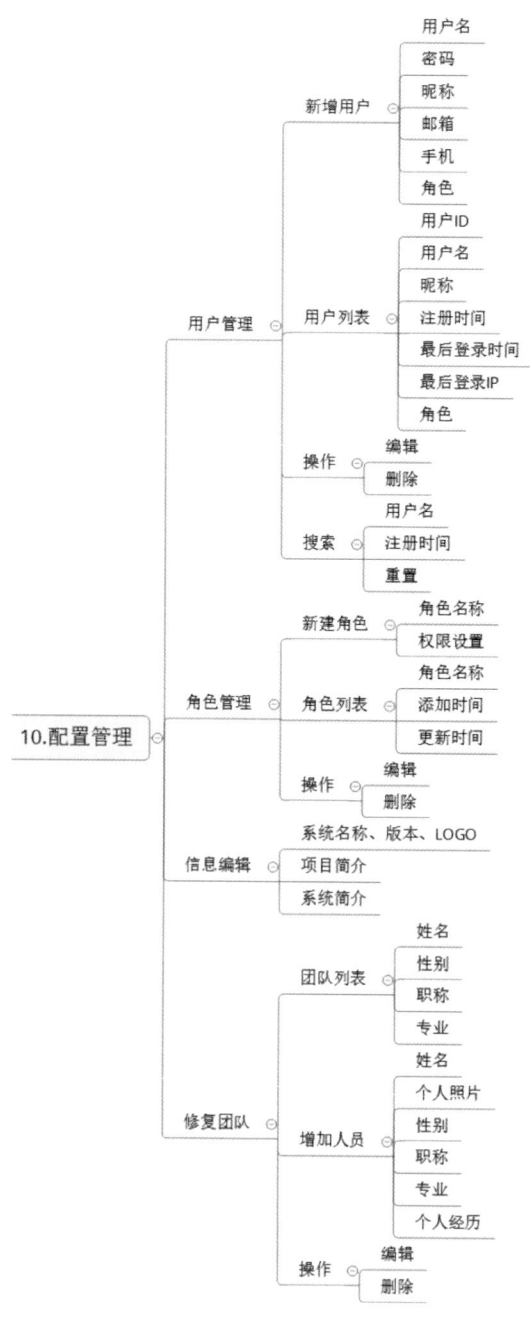

1. 用户管理

（1）用户管理

可以查看管理员列表。在管理员列表可以查看用户ID、用户名、昵称、注册时间、最后登录时间、最后登录IP、角色等信息。可以编辑和删除用户。

（2）编辑

对管理员信息进行编辑。点击编辑，可以更改密码、昵称、邮箱、手机、角色等信息，点击保存即可完成更改。

（3）新增、删除管理员信息

点击新增，输入用户名、密码、昵称、邮箱、手机、角色等信息，点击保存即可完成新增。

2. 角色管理

（1）角色管理

可以查看角色列表。列表中可以查看角色名称、添加时间、更新时间，可以编辑和删除。

（2）权限编辑

可以对角色权限进行编辑。可以更改角色名称，在下方的权限设置中，选择对该角色开放的权限，可以选择一项或者几项。点击保存即可完成编辑。

（3）新增、删除

点击编辑，输入角色名称，在下方的权限设置中，选择对该角色开放的权限，可以选择一项或者几项。点击保存即可完成新增。

3. 信息编辑

可以对系统信息进行编辑。可以更改系统名称、系统版本、logo、项目简介和系统简介。其中系统名称和版本为左上方显示，项目简介和系统简介为首页显示。

4. 修复团队

（1）修复团队

可以查看修复团队列表。可以查看姓名、性别、职称、专业等信息，可以编辑和删除。

（2）编辑

可以对团队进行编辑。可以更改姓名、个人照片、性别、职称、专业以及个人经历等信息。点击保存即可完成编辑。

（3）新增、删除团队成员

点击新增团队成员，输入姓名、个人照片、性别、职称、专业以及个人经历等信息即可完成团队成员的新增。修复团队信息在首页显示。

（二）个人中心

1. 刷新

刷新当前列表。完成某一项内容的更改，保存之后，如果不显示，点击刷新即可刷新当前列表。

2. 刷新缓存

当系统运行缓慢时，可以保存当前的操作之后，点击刷新缓存。点击刷新缓存之后，回到主页面。

3. 修改密码

输入原密码，新密码，确认新密码，点击保存即可完成密码的修改。

六、系统可持续性及后续拓展

经过一年的开发工作，张家界馆藏青铜器修复档案信息管理系统已具备落地条件，并将现阶段青铜器修复档案陆续录入到系统中，方便档案的贮存及检索工作。从系统开发之初，合作双方就着系统的下阶段应用和未来的发展方向也做了充分的考虑。

一阶段完整开发出文物修复系统所必要的功能，并初步做到本地化办公和异地办公的协同发展。

而依据异地办公的实际情况来看，项目在进行中的随时记录、随时查询、随时上报的能力还有所欠缺。所以在系统后续的升级完善中，可就此点进行着重开发。

（一）移动端开发

在实际办公的过程中，关于文物的记录工作，更多的是先进行拍照，统一回到办公地点后再进行整理和归类。并且在查询和异常上报上，均很难达到及时有效。

文物修复系统若在移动端有所建树，无论是移动web端还是工作类App的开发，将必要的工作流程汇总在手机端，工作人员通过移动端便可进行现场环境、文物、病害等情况的记录，并通过手机端便可随时传给领导及研究员，让后方的研究人员第一时间就能掌握到一线信息。极大地提高了工作效率，并也为领导第一时间下达下一步工作重点给现场工作人员提供了高效的途径。

（二）数据模型的设计建立

一阶段的文物修复系统，在文档报告的编辑、留存、查询等均达成了目标，但是如若考虑在实验过程中的高效性，如果系统能做到在线的分析与运算，将必要且能成规律的方程式、验算公式以数据模型的形态建立在系统中，将极大地提高实验数据报告的生成效率，也为从系统层级上升到工具层级提供坚实的保障。

附 录

张家界市博物馆馆藏待修复青铜文物

一、张家界市博物馆馆藏青铜文物

明双耳铜瓶（明）

总登记号：000169

分类号：0001　　件数：1

尺寸重量：口径 5 厘米、4 厘米，底径 7 厘米、2 厘米，通高 20 厘米、5 厘米，重 1175 克

完残情况：完整　　鉴定级别：三级

病害类型：点腐蚀

征集时间、来源或流传经过：发掘（2003 年 7 月 28 日）

明双耳铜瓶（明）

总登记号：000170

分类号：0002　　件数：1

尺寸重量：口径 5 厘米、1 厘米，底径 7 厘米、2 厘米，通高 20 厘米、5 厘米，重 1140 克

完残情况：完整

鉴定级别：三级

病害类型：通体矿化

征集时间、来源或流传经过：发掘（2003 年 7 月 28 日）

明铜罐（明）

总登记号：000171

分类号：0003　　件数：1

尺寸重量：口径 8 厘米、5 厘米，底径 8 厘米、8 厘米，通高 14 厘米、8 厘米，重

1120 克

完残情况：完整　　鉴定级别：二级

病害类型：硬结物

征集时间、来源或流传经过：发掘（2003 年 7 月 28 日）

明铜狮钮薰炉盖（明）

总登记号：000173

分类号：0005　　件数：1

尺寸重量：底径 13 厘米、5 厘米，通高 11 厘米，重 650 克

完残情况：局部缺　　鉴定级别：三级

病害类型：通体矿化、残缺、变形

征集时间、来源或流传经过：发掘（2003 年 7 月 28 日）

明铜人物台形装饰器（明）

总登记号：000174

分类号：0006　　件数：1

尺寸重量：口径 8 厘米，底径 8 厘米、5 厘米，通高 9 厘米、5 厘米，重 395 克

完残情况：局部残　　鉴定级别：

病害类型：点腐蚀、硬结物

征集时间、来源或流传经过：发掘（2003 年 7 月 28 日）

明青铜锣（明）

总登记号：000175

分类号：0007　　件数：1

尺寸重量：直径 19 厘米、5 厘米，高 2 厘米、3

厘米，重 235 克

完残情况：完整　　鉴定级别：三级

病害类型：点腐蚀

征集时间、来源或流传经过：发掘（2003 年 7 月 28 日）

钲（明）

总登记号：000176

分类号：0008　　件数：1

尺寸重量：

完残情况：残　　鉴定级别：

病害类型：通体矿化、变形

征集时间、来源或流传经过：发掘

明青铜盆（明）

总登记号：000177

分类号：0009　　件数：1

尺寸重量：口径 25 厘米，底径 17 厘米，高 5 厘米，重 470 克

完残情况：基本完整　　鉴定级别：三级

病害类型：通体矿化、裂隙

征集时间、来源或流传经过：发掘（2003 年 7 月 28 日）

明铜圆钮跋形器（明）

总登记号：000178

分类号：0010　　件数：1

尺寸重量：口径 15 厘米、4 厘米，底径 15 厘米、4 厘米，通高 4 厘米、5 厘米，重 610 克

完残情况：基本完整　　鉴定级别：三级

病害类型：通体矿化、变形

征集时间、来源或流传经过：发掘（2003 年 7 月 28 日）

汉虎妞錞于（汉）

总登记号：000185

分类号：0011　　件数：1

尺寸重量：顶最长 28 厘米，通高 51 厘米，重 7255 克

完残情况：稍残　　鉴定级别：二级

病害类型：裂隙、硬结物

征集时间、来源或流传经过：采集

战国双箍青铜剑（战国）

总登记号：000201

分类号：0012　　件数：1

尺寸重量：长 43 厘米、8 厘米，宽 4 厘米、5 厘米，重 380 克

完残情况：稍残　　鉴定级别：三级

病害类型：硬结物、沉积物

征集时间、来源或流传经过：发掘（1993 年 3 月 15 日）

战国狭长胡鸟纹戈（战国）

总登记号：000202

分类号：0013　　件数：1

尺寸重量：最长 22 厘米、5 厘米，最宽 10 厘米，重 190 克

完残情况：基本完整　　鉴定级别：三级

病害类型：残缺、裂隙、硬结物、沉积物

征集时间、来源或流传经过：发掘（1993 年 3 月 15 日）

战国卷云纹青铜剑（战国）

总登记号：000203

分类号：0014　　件数：1

尺寸重量：长 44 厘米、5 厘米，

宽 5 厘米，脊长 35 厘米，脊厚 1 厘米，重 665 克

完残情况：基本完整　　鉴定级别：三级

病害类型：变形、沉积物

征集时间、来源或流传经过：发掘（1993 年 2 月 4 日）

汉青铜剑（汉）

总登记号：000205

分类号：0016　　件数：1

尺寸重量：通长 68 厘米，格空 4 厘米、8 厘米，脊厚 0 厘米、8 厘米，重 800 克

完残情况：局部缺　　鉴定级别：三级

病害类型：通体矿化、残缺

征集时间、来源或流传经过：发掘（1994 年 6 月 19 日）

汉窄格青铜剑（汉）

总登记号：000206

分类号：0017　　件数：1

尺寸重量：脊长 49 厘米、2 厘米，

格空 4 厘米、2 厘米，首直径 3 厘米、2 厘米，重 440 克

完残情况：基本完整　　鉴定级别：三级

病害类型：裂隙、变形、硬结物

征集时间、来源或流传经过：发掘（1994 年 6 月 19 日）

战国方格双箍青铜剑（战国）

总登记号：000207

分类号：0018　　件数：1

尺寸重量：长47厘米、宽5厘米，重610克

完残情况：稍残　　鉴定级别：三级

病害类型：通体矿化、裂隙

征集时间、来源或流传经过：发掘（1993年2月4日）

汉鎏金铜带钩（汉）

总登记号：000208

分类号：0019　　件数：1

尺寸重量：长15厘米、4厘米，宽1厘米、1厘米，厚0厘米、4厘米，重30克

完残情况：局部残　　鉴定级别：

病害类型：通体矿化、裂隙、变形、沉积物

征集时间、来源或流传经过：发掘（1993年4月1日）

铜戈

总登记号：00209

分类号：0020　　件数：1

尺寸重量：

完残情况：残　　鉴定级别：

病害类型：通体矿化、沉积物

征集时间、来源或流传经过：

铜矛

总登记号：00210

分类号：0021　　件数：1

尺寸重量：

完残情况：残　　鉴定级别：

病害类型：硬结物

征集时间、来源或流传经过：1993年发掘

青铜剑

总登记号：00211

分类号：0022　　件数：1

尺寸重量：

完残情况：残　　鉴定级别：

病害类型：点腐蚀、残缺、硬结物

征集时间、来源或流传经过：

青铜剑

总登记号：00212

分类号：0023　　件数：1

尺寸重量：

完残情况：残　　鉴定级别：

病害类型：裂隙、变形

征集时间、来源或流传经过：

铜矛

总登记号：00214

分类号：0024　　件数：1

尺寸重量：

完残情况：残　　鉴定级别：

病害类型：变形、沉积物

征集时间、来源或流传经过：

战国双箍青铜剑（战国）

总登记号：000215

分类号：0025　　件数：1

尺寸重量：长65厘米，宽5厘米，重890克

完残情况：基本完整　　鉴定级别：二级

病害类型：硬结物

征集时间、来源或流传经过：发掘（1994年6月3日）

战国方格双箍剑（战国）

总登记号：000216

分类号：0026　　件数：1

尺寸重量：长63厘米，宽5厘米，重780克

完残情况：局部残　　鉴定级别：三级

病害类型：残缺、裂隙

征集时间、来源或流传经过：发掘（1994年6月19日）

汉八乳变形鸟纹规矩镜（汉）

总登记号：000217

分类号：0027　　件数：1

尺寸重量：直径12厘米、5厘米，厚0厘米、7厘米，重310克

完残情况：完整　　鉴定级别：二级

病害类型：残缺、沉积物

征集时间、来源或流传经过：发掘（1993年3月15日）

战国铜矛（战国）

总登记号：000218

分类号：0028　　件数：1

尺寸重量：全长16厘米、9厘米，骹直径2厘米、1厘米，重100克

完残情况：完整　　鉴定级别：三级

病害类型：残缺、变形

征集时间、来源或流传经过：发掘（1993年4月2日）

战国铜矛（战国）

总登记号：000219

分类号：0029　　件数：1

尺寸重量：全长 18 厘米，骹宽 2 厘米、6 厘米，重 110 克

完残情况：基本完整　　鉴定级别：三级

病害类型：通体矿化、裂隙

征集时间、来源或流传经过：发掘（1993 年 3 月 15 日）

战国狭长援长胡戈（战国）

总登记号：000220

分类号：0030　　件数：1

尺寸重量：长 13 厘米，宽 19 厘米，重 80 克

完残情况：稍残　　鉴定级别：

病害类型：点腐蚀

征集时间、来源或流传经过：

战国无脊卷云纹方内戈（战国）

总登记号：000221

分类号：0031　　件数：1

尺寸重量：长 10 厘米、5 厘米，宽 22 厘米，重 185 克

完残情况：稍残　　鉴定级别：二级

病害类型：残缺、变形、沉积物

征集时间、来源或流传经过：

青铜镜（汉）

总登记号：000222

分类号：　　　件数：1

尺寸重量：直径13厘米，厚0厘米、6厘米，重320克

完残情况：完整　　鉴定级别：

病害类型：残缺、变形

征集时间、来源或流传经过：

箭镞杆

总登记号：000226

分类号：0033　　件数：1

尺寸重量：

完残情况：残　　鉴定级别：

病害类型：通体矿化

征集时间、来源或流传经过：

战国青铜剑（战国）

总登记号：000229

分类号：0034　　件数：1

尺寸重量：全长48厘米，格宽4厘米、6厘米，首直径3厘米、6厘米，重705克

完残情况：基本完整　　鉴定级别：二级

病害类型：变形

征集时间、来源或流传经过：

战国狭援长胡戈（战国）

总登记号：000230

分类号：0035　　件数：1

尺寸重量：长 18 厘米、5 厘米，宽 21 厘米、8 厘米，重 210 克

完残情况：基本完整　　鉴定级别：二级

病害类型：变形

征集时间、来源或流传经过：发掘（2004 年 3 月 12 日）

战国兽形纹方内戈（战国）

总登记号：000231

分类号：　　件数：1

尺寸重量：长 25 厘米，援宽 2 厘米，重 199 厘米、62 克

完残情况：戈援断成两截　　鉴定级别：二级

病害类型：裂隙

征集时间、来源或流传经过：发掘

战国方茎无格青铜剑（战国）

总登记号：000242

分类号：0038　　件数：1

尺寸重量：全长 35 厘米、7 厘米，茎宽 2 厘米、4 厘米，剑髓宽 3 厘米、6 厘米，茎厚 0 厘米、5 厘米，重 225 克

完残情况：基本完整　　鉴定级别：三级

病害类型：通体矿化、残缺

征集时间、来源或流传经过：发掘（2001 年 3 月 30 日）

汉方格双箍青铜剑（汉）

总登记号：000243

分类号：0039　　件数：1

尺寸重量：长 49 厘米、5 厘米，宽 5 厘米、5 厘米，重 780 克

完残情况：局部缺　　鉴定级别：三级

病害类型：裂隙、沉积物

征集时间、来源或流传经过：发掘（2001 年 3 月 26 日）

战国青铜斧（战国）

总登记号：000246

分类号：　　件数：1

尺寸重量：长 4 厘米、6 厘米，最宽 3 厘米，重 40 厘米、9 克

完残情况：有缺口　　鉴定级别：三级

病害类型：通体矿化、变形

征集时间、来源或流传经过：发掘

战国铜鼎（战国）

总登记号：000247

分类号：　　件数：1

尺寸重量：口径 17 厘米，通高 21 厘米，重 1310 克

完残情况：完整　　鉴定级别：三级

病害类型：裂隙

征集时间、来源或流传经过：发掘

青铜剑（战国）

总登记号：000248

分类号：0042　　件数：1

尺寸重量：

完残情况：　　鉴定级别：

病害类型：残缺、沉积物

征集时间、来源或流传经过：2006 年野猫沟

青铜剑（战国）

总登记号：000249

分类号：0043　　件数：1

尺寸重量：

完残情况：　　鉴定级别：

病害类型：裂隙

征集时间、来源或流传经过：2006 年野猫沟

青铜戈（战国）

总登记号：000250

分类号：0044　　件数：1

尺寸重量：

完残情况：　　鉴定级别：

病害类型：点腐蚀

征集时间、来源或流传经过：2006 年野猫沟

战国狭长援胡戈（战国）

总登记号：000251

分类号：　　件数：1

尺寸重量：长 22 厘米、5 厘米，戈援宽 3 厘米，重 274 厘米、46 克

完残情况：完整　　鉴定级别：

病害类型：通体矿化、残缺、裂隙、沉积物

征集时间、来源或流传经过：

青铜戈（战国）

总登记号：000251

分类号：0045　　件数：1

尺寸重量：

完残情况：　　鉴定级别：

病害类型：通体矿化、硬结物

征集时间、来源或流传经过：2006年野猫沟

铜矛（战国）

总登记号：000258

分类号：0047　　件数：1

尺寸重量：

完残情况：　　鉴定级别：

病害类型：残缺、变形

征集时间、来源或流传经过：

铜戈（战国）

总登记号：000259

分类号：0048　　件数：1

尺寸重量：

完残情况：　　鉴定级别：

病害类型：通体矿化、裂隙

征集时间、来源或流传经过：

铜戈

总登记号：000260

分类号：0049　　件数：1

尺寸重量：

完残情况：　　鉴定级别：

病害类型：点腐蚀、硬结物

征集时间、来源或流传经过：

铜杯

总登记号：000261

分类号：0050　　件数：1

尺寸重量：

完残情况：　　鉴定级别：

病害类型：通体矿化、裂隙、硬结物

征集时间、来源或流传经过：

铜鼎（战国）

总登记号：000262

分类号：0051　　件数：1

尺寸重量：

完残情况：　　鉴定级别：

病害类型：残缺、变形

征集时间、来源或流传经过：

带钩（战国）

总登记号：000263

分类号：0052　　件数：1

尺寸重量：

完残情况：　　鉴定级别：

病害类型：裂隙

征集时间、来源或流传经过：

戈（战国）

总登记号：000264

分类号：0053　　件数：1

尺寸重量：

完残情况：　　鉴定级别：

病害类型：通体矿化、残缺、沉积物

征集时间、来源或流传经过：

二、桑植县博物馆馆藏青铜文物

战国空首铜剑（战国）

总登记号：000004　　件数：1 件

尺寸重量：通长 56 厘米，宽 4 厘米，695 克

完残情况：完　　鉴定级别：三级

病害类型：点腐蚀、裂隙、硬结物

征集时间、来源或流传经过：发掘

战国扁茎铜剑（战国）

总登记号：000011　　件数：1 件

尺寸重量：剑长 33 厘米，宽 3 厘米，柄长 6 厘米，155 克

完残情况：完　　鉴定级别：

病害类型：通体矿化、残缺、变形、沉积物

征集时间、来源或流传经过：发掘

新莽"大布黄千"币（新莽）

总登记号：000030　　件数：9 枚

尺寸重量：长 5.4 厘米，肩宽 2.2 厘米，85 克

完残情况：残　　鉴定级别：

病害类型：残缺

征集时间、来源或流传经过：征集

清"宣德"款铜香炉（清）

总登记号：000036　　件数：1 件

尺寸重量：通高 8 厘米，口径 10.5 厘米，545 克

完残情况：完　　鉴定级别：三级

病害类型：通体矿化、硬结物

征集时间、来源或流传经过：征集

汉单鱼纹铜洗（汉）

总登记号：000037　　件数：1 件

尺寸重量：口径 30.5 厘米，底径 14 厘米，高 14.5 厘米，腹径 25.5 厘米，1345 克

完残情况：残　　鉴定级别：三级

病害类型：通体矿化、沉积物

征集时间、来源或流传经过：征集

民国"宣德"款铜香炉（民国）

总登记号：000038　　件数：1 件

尺寸重量：口径 9.5 厘米，通耳高 7 厘米，400 克

完残情况：完　　鉴定级别：

病害类型：残缺、硬结物

征集时间、来源或流传经过：征集

清"宣德"款双龙纹铜香炉（清）

总登记号：000039　　件数：1件

尺寸重量：口径 15.5 厘米，通高 10.5 厘米，1160 克

完残情况：完　　鉴定级别：三级

病害类型：通体矿化、沉积物

征集时间、来源或流传经过：征集

汉龙柄铜鐎斗（汉）

总登记号：000040　　件数：1件

尺寸重量：口径 18.3 厘米 ×13 厘米，高 13.5 厘米，905 克

完残情况：残　　鉴定级别：三级

病害类型：点腐蚀、硬结物

征集时间、来源或流传经过：征集

战国扁茎铜短剑（战国）

总登记号：000041　　件数：1件

尺寸重量：长 19.5 厘米，宽 3 厘米，110 克

完残情况：残　　鉴定级别：

病害类型：残缺、硬结物

征集时间、来源或流传经过：征集

汉錞于铜虎钮（汉）

总登记号：000044　　件数：1件

尺寸重量：残长 14 厘米，残高 6 厘米，280 克

完残情况：残　　鉴定级别：

病害类型：通体矿化

征集时间、来源或流传经过：捐赠

战国双翼形铜镞（战国）

总登记号：000055　　件数：1 件

尺寸重量：镞长 4 厘米，翼宽 1 厘米，5 克

完残情况：完　　鉴定级别：

病害类型：点腐蚀

征集时间、来源或流传经过：采集

战国椭圆銎三角纹铜钺（战国）

总登记号：000056　　件数：1 件

尺寸重量：长 8 厘米，阑宽 4.3 厘米，160 克

完残情况：完　　鉴定级别：三级

病害类型：点腐蚀、硬结物

征集时间、来源或流传经过：征集

战国铜带钩（战国）

总登记号：000078　　件数：1 件

尺寸重量：长 6 厘米，宽 1.3 厘米，15 克

完残情况：完　　鉴定级别：

病害类型：通体矿化、残缺、裂隙、硬结物

征集时间、来源或流传经过：发掘

战国铜璜形器（战国）

总登记号：000099　　件数：1 件

尺寸重量：残长 6.5 厘米，残宽 2.5 厘米，2 克

完残情况：残　　鉴定级别：

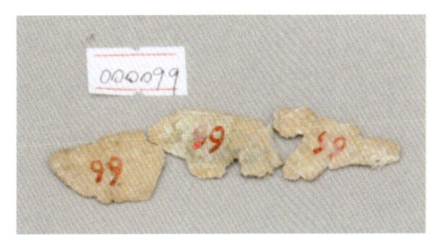

病害类型：点腐蚀、残缺、硬结物

征集时间、来源或流传经过：发掘

西汉双耳壶铜釜（西汉）

总登记号：000150　　件数：1 件

尺寸重量：口径 13 厘米，腹径 15 厘米，高 12.5 厘米，2705 克

完残情况：残　　鉴定级别：

病害类型：通体矿化、裂隙、沉积物

征集时间、来源或流传经过：发掘

明日光铜镜（明）

总登记号：000858　　件数：1 件

尺寸重量：口径 9.8 厘米，厚 0.4 厘米，125 克

完残情况：完　　鉴定级别：三级

病害类型：裂隙

征集时间、来源或流传经过：征集

宋鸟纹铜镜（北宋）

总登记号：000923　　件数：1 件

尺寸重量：直径 7 厘米，40 克

完残情况：完　　鉴定级别：三级

病害类型：点腐蚀、通体矿化、硬结物

征集时间、来源或流传经过：征集

宋冥钱圆孔定形定位圆形镂空铜器（北宋）

总登记号：000924　　件数：1 件

尺寸重量：口径 2.2 厘米，底径 2.6 厘米，高 1 厘米，10 克

完残情况：完　　鉴定级别：二级

病害类型：残缺、沉积物

征集时间、来源或流传经过：征集

明"百子千孙"铜镜（明）

总登记号：000926　　件数：1件

尺寸重量：面径10厘米，245克

完残情况：完　　鉴定级别：

病害类型：点腐蚀、残缺、硬结物

征集时间、来源或流传经过：其他

汉友乐小钟十二斤值钱"千三百"双鸟纹铜壶（汉）

总登记号：001000　　件数：1件

尺寸重量：通高29.3厘米，口径12.4厘米，底径17.5厘米，2530克

完残情况：残　　鉴定级别：二级

病害类型：点腐蚀、裂隙、硬结物

征集时间、来源或流传经过：征集

汉双鱼纹铜洗（汉）

总登记号：001001　　件数：1件

尺寸重量：通高20厘米，口径44.5厘米，底径28厘米，最大腹径44厘米，6000克

完残情况：完　　鉴定级别：一级

病害类型：通体矿化、变形、硬结物、沉积物

征集时间、来源或流传经过：征集

汉双鱼纹铜盆（汉）

总登记号：001002　　件数：1件

尺寸重量：通高9厘米，口径38厘米，底径27厘米，腹径33厘米，3605克

完残情况：残　　鉴定级别：二级

病害类型：通体矿化、残缺、裂隙

征集时间、来源或流传经过：征集

清四"喜"字铜镜（清）

总登记号：001015　　件数：1 件

尺寸重量：面径 10.5 厘米，205 克

完残情况：完　　鉴定级别：

病害类型：通体矿化、沉积物

征集时间、来源或流传经过：征集

三、慈利县博物馆馆藏青铜文物

战国二穿铜戈（战国）

总登记号：5

分类号：205　　件数：1

完残情况：器形完整，刃部有 2 个小缺口。

鉴定级别：二级

病害类型：点腐蚀、通体矿化、裂隙、硬结物

征集时间、来源或流传经过：1978 年 1 月 22 日县财税局废旧物资仓库拣选

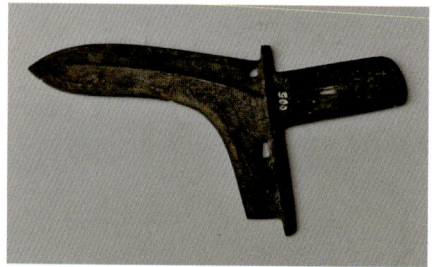

战国环钮八边形甬铜征（战国）

总登记号：9

分类号：3185　　件数：1

完残情况：口沿有 3.5 厘米的缺口残失。

鉴定级别：三级

病害类型：残缺

征集时间、来源或流传经过：1978 年 4 月 15 日高桥乡供销社拣选

附 录 张家界市博物馆馆藏待修复青铜文物

战国铜甬钟（战国）

总登记号：10

分类号：1535　　件数：1

完残情况：甬残失，午部形成椭圆形 3.5 厘米的孔。

鉴定级别：三级

病害类型：硬结物、沉积物

征集时间、来源或流传经过：1978 年 4 月 15 日高桥乡供销社拣选

战国椭圆骹铜矛（战国）

总登记号：16

分类号：175　　件数：1

完残情况：前锋残失。

鉴定级别：三级

病害类型：通体矿化

征集时间、来源或流传经过：1978 年 11 月 12 日县财税局废旧物资仓库拣选

元铜权（元代）

总登记号：26

分类号：520　　件数：1

完残情况：残

鉴定级别：未定级出土文物

病害类型：通体矿化、残缺

征集时间、来源或流传经过：1978 年 11 月 25 日熊家庄供销社收购门市部拣选

明凸弦纹铜镜（明代）

总登记号：63

分类号：95　　件数：1

完残情况：残

鉴定级别：未定级出土文物

病害类型：裂隙、硬结物

征集时间、来源或流传经过：1979年9月10日江垭征集

元素面铜镜（元代）

总登记号：70

分类号：190　　件数：1

完残情况：

鉴定级别：三级

病害类型：点腐蚀

征集时间、来源或流传经过：1979年9月10日文物专干高中晓\江垭文化站辅导员曹淑仙江垭设点收购

元人物故事双鱼纹铜镜（元代）

总登记号：161

分类号：695　　件数：1

完残情况：

鉴定级别：二级

病害类型：通体矿化、残缺

征集时间、来源或流传经过：1981年2月1日杨柳铺乡平风大队出土张立木征集

宋菱形纹铜鼎片（宋代）

总登记号：199

分类号：215　　件数：1

完残情况：残

鉴定级别：未定级出土文物

病害类型：点腐蚀、通体矿化

征集时间、来源或流传经过：1983年6月25日高中晓在省日杂仓库拣选

清"四喜"铜镜（清代）

总登记号：425

分类号：25　　件数：1

完残情况：残

鉴定级别：未定级出土文物

病害类型：残缺、裂隙

征集时间、来源或流传经过：1984年9月15日景龙桥出土后省日杂仓库收

清铜观音（清代）

总登记号：520

分类号：132　　件数：1

完残情况：

鉴定级别：未定级出土文物

病害类型：残缺

征集时间、来源或流传经过：1984年10月25日高桥乡文化站征集

宋弦纹铜锅（宋代）

总登记号：528

分类号：6480　　件数：1

完残情况：口缺失一大块，底残失收藏前修补。

鉴定级别：三级

病害类型：点腐蚀、残缺、裂隙、沉积物

征集时间、来源或流传经过：1984年11月10日文物专干高中晓在喻家嘴乡出土征集

汉单鱼纹铜洗底（汉代）

总登记号：548

分类号：150　　件数：1

完残情况：残

鉴定级别：未定级出土文物

病害类型：通体矿化、变形、硬结物

征集时间、来源或流传经过：1985年5月11日索溪沙坪征集

汉弦纹铜壶（汉代）

总登记号：549

分类号：2930　　件数：1

完残情况：圈足有多处穿穿洞，盖失。

鉴定级别：二级

病害类型：通体矿化、残缺、沉积物

征集时间、来源或流传经过：1985年5月11日索溪峪沙坪出土文化馆征集

战国双箍铜剑（战国）

总登记号：776

分类号：755　　件数：1

完残情况：残

鉴定级别：未定级出土文物

病害类型：通体矿化

征集时间、来源或流传经过：1985年7月25日阳和宋迪植捐赠

清"春游芳草地"铜牌（清代）

总登记号：777

分类号：25　　件数：1

完残情况：

鉴定级别：三级

病害类型：点腐蚀、裂隙、硬结物

征集时间、来源或流传经过：1985年8月13日岩泊渡征集

战国三穿青铜戈（战国）

总登记号：1112

分类号：160　　件数：1

完残情况：器形基本完整，内断裂，锈蚀严重，有剥落现象。

鉴定级别：三级

病害类型：点腐蚀、通体矿化

征集时间、来源或流传经过：1987年5月1日石板村叶家凸柴焕波、高中晓 M 发掘 M21：2

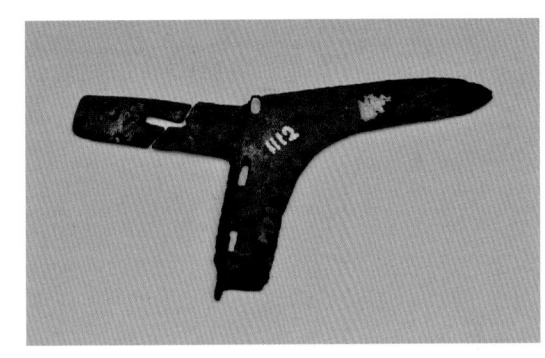

战国空首青铜剑（战国）

总登记号：1113

分类号：320　　件数：1

完残情况：器形基本完整，格外断裂，首缺失一块，刃有缺口。

鉴定级别：三级

病害类型：残缺

征集时间、来源或流传经过：1987年5月1日石板村叶家凸柴焕波、高中晓 M 发掘 M22：1

战国空首青铜剑（战国）

总登记号：1119

分类号：725　　件数：1

完残情况：稍残，茎断裂为二，腊前锷处断裂，刃有缺口。

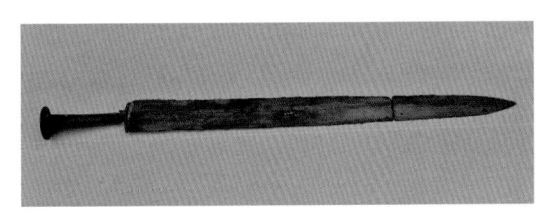

鉴定级别：三级

病害类型：通体矿化、硬结物

征集时间、来源或流传经过：1987年5月1日石板村叶家凸柴焕波、高中晓M发掘M24：9

战国空首青铜剑（战国）

总登记号：1120

分类号：420　　件数：1

完残情况：稍残，茎残断，局部残失，刃有密集的大小不一的缺口。

鉴定级别：三级

病害类型：点腐蚀、裂隙

征集时间、来源或流传经过：1987年5月1日石板村叶家凸柴焕波、高中晓M发掘M27：1

战国青铜矛（战国）

总登记号：1121

分类号：40　　件数：1

完残情况：残

鉴定级别：未定级出土文物

病害类型：点腐蚀、通体矿化、硬结物、沉积物

征集时间、来源或流传经过：1987年5月1日石板村叶家凸柴焕波、高中晓M发掘M27：2

战国铜剑（战国）

总登记号：1122

分类号：33　　件数：1

完残情况：

鉴定级别：参考

病害类型：沉积物

征集时间、来源或流传经过：1987年5月1日石板村叶家凸柴焕波、高中晓 M 发掘 M27：3

战国三穿铜戈（战国）

总登记号：1123

分类号：134　　件数：1

完残情况：残

鉴定级别：未定级出土文物

病害类型：沉积物

征集时间、来源或流传经过：1987年5月1日石板村叶家凸柴焕波、高中晓 M 发掘 M27：3

战国空首铜剑（战国）

总登记号：1124

分类号：500　　件数：1

完残情况：

鉴定级别：三级

病害类型：通体矿化、残缺、硬结物

征集时间、来源或流传经过：1987年5月1日石板村叶家凸柴焕波、高中晓 M 发掘 M35：1

战国椭圆铜矛（战国）

总登记号：1125

分类号：30　　件数：1

完残情况：残

鉴定级别：未定级出土文物

病害类型：点腐蚀、通体矿化、残缺

征集时间、来源或流传经过：1987年5月1日石板村叶家凸柴焕波、高中晓 M 发

掘 M35：13

战国铜戟残片（战国）

总登记号：1126

分类号：56　　件数：1

完残情况：残

鉴定级别：未定级出土文物

病害类型：裂隙

征集时间、来源或流传经过：1987 年 5 月 1 日石板村叶家凸柴焕波、高中晓 M 发掘 M35：2

战国椭圆銎铜钺（战国）

总登记号：1127

分类号：70　　件数：1

完残情况：

鉴定级别：三级

病害类型：点腐蚀、裂隙

征集时间、来源或流传经过：1987 年 5 月 1 日石板村叶家凸柴焕波、高中晓 M 发掘 M36：

战国弦纹铜鼎（战国）

总登记号：1130

分类号：4440　　件数：1

完残情况：足残失，盖有裂痕。

鉴定级别：三级

病害类型：变形

征集时间、来源或流传经过：1987 年 5 月 1 日石板村叶家凸柴焕波、高中晓 M 发掘 M36：30

附　录　张家界市博物馆馆藏待修复青铜文物

战国弦纹铜鼎（战国）

总登记号：1131

分类号：3925　　件数：1

完残情况：3 足残失，盖有三个穿孔。

鉴定级别：三级

病害类型：点腐蚀、通体矿化、变形

征集时间、来源或流传经过：1987 年 5 月 1 日石板村叶家凸柴焕波、高中晓 M 发掘 M36：31

战国双箍铜剑柄（战国）

总登记号：1136

分类号：143　　件数：1

完残情况：残

鉴定级别：未定级出土文物

病害类型：通体矿化

征集时间、来源或流传经过：1987 年 5 月 1 日石板村叶家凸柴焕波、高中晓发掘

战国双箍铜剑（战国）

总登记号：1147

分类号：470　　件数：1

完残情况：

鉴定级别：二级

病害类型：裂隙

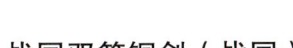

征集时间、来源或流传经过：1987 年 5 月 1 日石板村叶家凸柴焕波、高中晓发掘 M21：1

战国三穿铜戈（战国）

总登记号：1151

分类号：255　　件数：1

331

完残情况：

鉴定级别：二级

病害类型：点腐蚀、通体矿化

征集时间、来源或流传经过：1987年5月1日石板村叶家凸柴焕波、高中晓发掘 M23：4

战国二穿铜戈（战国）

总登记号：1152

分类号：185　　件数：1

完残情况：

鉴定级别：二级

病害类型：通体矿化、残缺、裂隙

征集时间、来源或流传经过：1987 年 5 月 1 日石板村叶家凸柴焕波、高中晓发掘 M23：6

战国双箍铜剑（战国）

总登记号：1153

分类号：480　　件数：1

完残情况：通体锈蚀，器形完整，刃部有很多细小缺口。

鉴定级别：二级

病害类型：点腐蚀、残缺、裂隙、沉积物

征集时间、来源或流传经过：1987 年 5 月 1 日石板村叶家凸柴焕波、高中晓发掘 M26：1

战国单钮铜矛（战国）

总登记号：1154

分类号：240　　件数：1

完残情况：器形完整，通体锈蚀，锋刃有细小缺口。

鉴定级别：二级

病害类型：通体矿化、残缺、裂隙、硬结物

征集时间、来源或流传经过：1987年5月1日石板村叶家凸柴焕波、高中晓发掘M30：1

战国云纹铜镜（战国）

总登记号：1155

分类号：70　　件数：1

完残情况：

鉴定级别：二级

病害类型：点腐蚀、硬结物

征集时间、来源或流传经过：1987年5月1日石板村叶家凸柴焕波、高中晓发掘M33：24

战国双钮铜矛（战国）

总登记号：1160

分类号：250　　件数：1

完残情况：叶身有断裂痕，且有几个锈蚀小孔。

鉴定级别：二级

病害类型：通体矿化、残缺、沉积物

征集时间、来源或流传经过：1987年5月1日石板村叶家凸柴焕波、高中晓发掘M36：2

战国空首铜剑（战国）

总登记号：1175

分类号：520　　件数：1

完残情况：器形完整，身中部断裂，首残失一半，刃有较少的缺口。

鉴定级别：三级

病害类型：残缺

征集时间、来源或流传经过：1987年6月12日零阳镇出土赵子邵征集

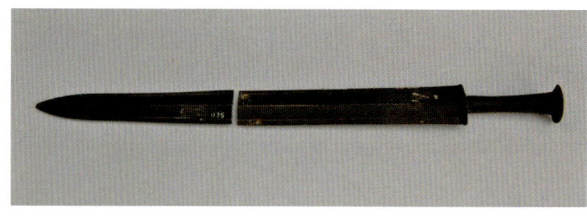

民国木柄铜剑（民国）

总登记号：1190

分类号：640　　件数：1

完残情况：

鉴定级别：三级

病害类型：通体矿化

征集时间、来源或流传经过：1987年6月20日阳和乡文化站朱允凤征集

战国缺柄铜剑（战国）

总登记号：1199

分类号：485　　件数：1

完残情况：残

鉴定级别：未定级出土文物

病害类型：残缺、硬结物

征集时间、来源或流传经过：1987年6月22日岩泊渡李会初征集

战国四龙纹铜镜（战国）

总登记号：1201

分类号：120　　件数：1

完残情况：边残失一块长3.7厘米。

鉴定级别：三级

病害类型：通体矿化、残缺、裂隙、硬结物、沉积物

征集时间、来源或流传经过：1987年6月23日城关镇零溪村二组出土赵子韶征集

战国铜剑锋部（战国）

总登记号：1241

分类号：236　　件数：1

完残情况：残

鉴定级别：未定级出土文物

病害类型：点腐蚀、残缺

征集时间、来源或流传经过：1987年6月25日城关镇赵子绍、曹淑仙征集

春秋扁茎铜剑（春秋）

总登记号：1247

分类号：250　　件数：1

完残情况：

鉴定级别：二级

病害类型：通体矿化、残缺、硬结物、沉积物

征集时间、来源或流传经过：1987年6月25日零阳镇零溪村出土高中晓征集

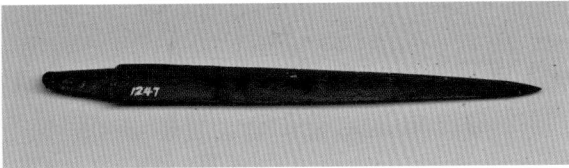

战国单钮铜矛（战国）

总登记号：1251

分类号：115　　件数：1

完残情况：残

鉴定级别：未定级出土文物

病号类型：

征集时间、来源或流传经过：1987年6月25日零阳镇赵子邵征集

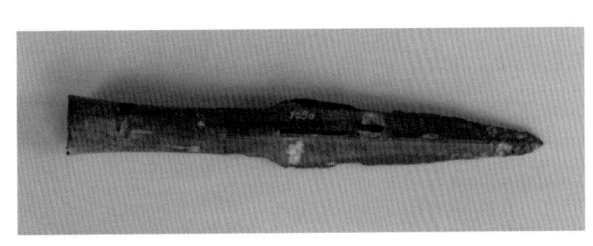

战国双箍铜剑（战国）

总登记号：1253

分类号：970　　件数：1

完残情况：器形稍残，器身断裂为三段，剑首残，刃部有缺口。

鉴定级别：三级

病害类型：点腐蚀、残缺、裂隙、沉积物

征集时间、来源或流传经过：1987年6月25日南山坪杨飞征集

清花卉纹铜扁簪（清末）

总登记号：1440

分类号：8　　件数：1

完残情况：残

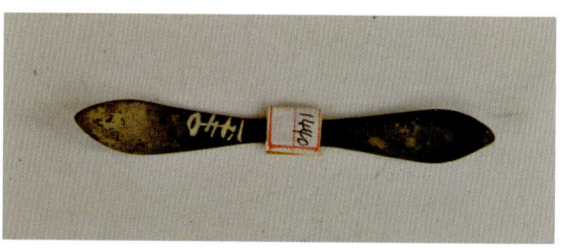

鉴定级别：未定级出土文物

病害类型：点腐蚀、通体矿化、裂隙

征集时间、来源或流传经过：1987年7月3日财税局拣选

清带一铃铜手镯（清末）

总登记号：1452

分类号：11　　件数：1

完残情况：残

鉴定级别：未定级出土文物

病害类型：变形

征集时间、来源或流传经过：1987年7月3日财税局拣选

清叶形铜簪（清末）

总登记号：1478

分类号：5　　件数：1

完残情况：残

鉴定级别：未定级出土文物

病害类型：通体矿化、变形

征集时间、来源或流传经过：1987年7月3日财税局拣选

西汉草叶纹铜镜（西汉）

总登记号：1502

分类号：95　　件数：1

完残情况：残

鉴定级别：未定级出土文物

病害类型：点腐蚀、硬结物

征集时间、来源或流传经过：1987年7月3日环城仁和村朱云城征集

宋双凤纹铜镜（宋代）

总登记号：1506

分类号：165　　件数：1

完残情况：钮残失。

鉴定级别：三级

病害类型：点腐蚀、残缺、裂隙、沉积物

征集时间、来源或流传经过：1987年7月3日零溪乡拣花村出土张树平、郑成华征集

战国复合铜剑锋部（战国）

总登记号：1527

分类号：107　　件数：1

完残情况：残

鉴定级别：未定级出土文物

病害类型：点腐蚀、裂隙、沉积物

征集时间、来源或流传经过：1987年7月4日城关零溪三组张菊香送征集

宋葵形"湖州"铜镜（宋代）

总登记号：1536

分类号：125　　件数：1

完残情况：残

鉴定级别：未定级出土文物

病害类型：通体矿化、残缺、硬结物

征集时间、来源或流传经过：1987年7月4日零溪乡出土李作海征集

宋花草纹铜镜（宋代）

总登记号：1537

分类号：140　　件数：1

完残情况：残

鉴定级别：未定级出土文物

病害类型：裂隙、硬结物、沉积物

征集时间、来源或流传经过：1987年7月4日零溪乡出土魏明初征集

战国扁茎铜短剑（战国）

总登记号：1539

分类号：35　　件数：1

完残情况：残

鉴定级别：未定级出土文物

病害类型：点腐蚀

征集时间、来源或流传经过：1987年7月4日苗市镇斗量村出土彭华征集

宋铭文铜镜（宋代）

总登记号：1558

分类号：40　　件数：1

完残情况：残

鉴定级别：未定级出土文物

病害类型：通体矿化、裂隙、硬结物

征集时间、来源或流传经过：1987年8月16日簧市瓦窑岗出土刘汉云征集

宋带镜架铜镜（宋代）

总登记号：1559

分类号：300　　件数：1

完残情况：器形稍残，大卷云残断，部分残失，锈蚀严重。

鉴定级别：三级

病害类型：点腐蚀

征集时间、来源或流传经过：1987年8月17日零阳镇仁和卓明强捐赠

清鼎式铜香炉（清代）

总登记号：1560

分类号：443　　件数：1

完残情况：残

鉴定级别：未定级出土文物

病害类型：残缺、硬结物、沉积物

征集时间、来源或流传经过：1987年8月17日柳林征集

明铜锣（明代）

总登记号：1561

分类号：2590　　件数：1

完残情况：残

鉴定级别：未定级出土文物

病害类型：点腐蚀、通体矿化、裂隙

征集时间、来源或流传经过：1987 年 8 月 17 日柳林征集

明大凸铜锣（明代）

总登记号：1562

分类号：3885　　件数：1

完残情况：器形稍残，平有较大的破洞，有裂纹，还有一个小破孔。

鉴定级别：三级

病害类型：点腐蚀、裂隙、硬结物

征集时间、来源或流传经过：1987 年 8 月 17 日柳林征集

明代铜凸锣（明代）

总登记号：1565

分类号：425　　件数：1

完残情况：器形基本完整，边有一缺口。

鉴定级别：三级

病害类型：通体矿化、残缺、变形

征集时间、来源或流传经过：1987 年 8 月 17 日柳林征集

明铜钹（明代）

总登记号：1566

分类号：445　　件数：1

完残情况：器形完整，其中一片有破裂一道较长的口。

鉴定级别：三级

病害类型：通体矿化、裂隙

征集时间、来源或流传经过：1987 年 8 月 17 日柳林征集

战国双箍铜剑（战国）

总登记号：1568

分类号：740　　件数：1

完残情况：残

鉴定级别：未定级出土文物

病害类型：通体矿化、残缺、硬结物

征集时间、来源或流传经过：1987 年 8 月 5 日城关镇修零阳大道出土征集

战国扁茎铜剑上半部（战国）

总登记号：1569

分类号：141　　件数：1

完残情况：残

鉴定级别：未定级出土文物

病害类型：通体矿化、硬结物、沉积物

征集时间、来源或流传经过：1987 年 8 月 5 日殷家岗修路出土

明铜凸锣（明代）

总登记号：1570

分类号：1560　　件数：1

完残情况：残

鉴定级别：未定级出土文物

病害类型：点腐蚀、变形

征集时间、来源或流传经过：1987 年 8 月 17 日柳林征集

战国四穿铜戈（战国）

总登记号：1581

分类号：176　　件数：1

完残情况：器形完整，长缓断裂，刃有许多缺口。

鉴定级别：三级

病害类型：通体矿化、残缺、硬结物、沉积物

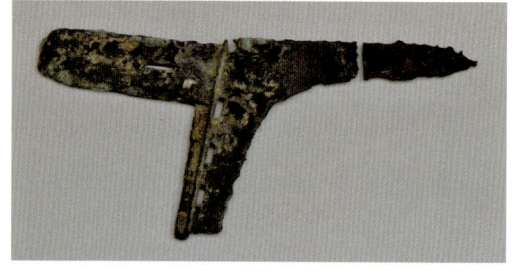

征集时间、来源或流传经过：1988 年 3 月 2 日城关镇零溪村出土刘先铣征集

战国三菱形铜镞（战国）

总登记号：1603

分类号：8　　件数：1

完残情况：残

鉴定级别：未定级出土文物

病害类型：点腐蚀、残缺、裂隙

征集时间、来源或流传经过：1988 年 9 月 20 日火烧铺发掘出土（胡依莽）

战国三菱形铜镞（战国）

总登记号：1604

分类号：7　　件数：1

完残情况：残

鉴定级别：未定级出土文物

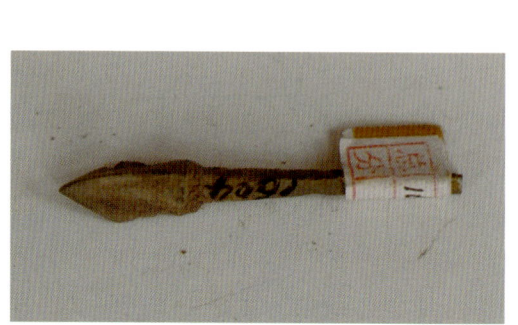

病害类型：硬结物

征集时间、来源或流传经过：1988年9月20日火烧铺发掘出土（胡依莽）

明铜钹（明代）

总登记号：2057

分类号：20　　件数：1

完残情况：残

鉴定级别：未定级出土文物

病害类型：点腐蚀、通体矿化、残缺、裂隙、硬结物

征集时间、来源或流传经过：1989年7月19日民调局征集移交

明铜钹（明代）

总登记号：2058

分类号：65　　件数：1

完残情况：残

鉴定级别：未定级出土文物

病害类型：残缺

征集时间、来源或流传经过：1989年7月19日民调局征集移交

明铜凸锣（明代）

总登记号：2060

分类号：1140　　件数：1

完残情况：残

鉴定级别：未定级出土文物

病害类型：点腐蚀、通体矿化

征集时间、来源或流传经过：1989年7月19

日民调局征集移交

战国铜钺（战国）

总登记号：2077

分类号：205　　件数：1

完残情况：

鉴定级别：二级

病害类型：通体矿化、残缺、变形

征集时间、来源或流传经过：1990年3月10日溪口出土赵柯受征集

明"五子登科"铜镜（明代）

总登记号：2087

分类号：495　　件数：1

完残情况：

鉴定级别：三级

病害类型：点腐蚀、残缺、裂隙、硬结物

征集时间、来源或流传经过：1990年6月5日零阳乡双垭村三组汪再安征集

战国扁茎绿色铜剑（战国）

总登记号：2180

分类号：640　　件数：1

完残情况：稍残，残为三段，身中间断裂处不能拼接，刃有小缺口。

鉴定级别：三级

病害类型：通体矿化、沉积物

征集时间、来源或流传经过：1991年1月18日火车站后面出土唐国兵征集

战国双箍铜剑（战国）

总登记号：2182

分类号：645　　件数：1

完残情况：器形基本完整，断裂为二，刃首有许多小缺口。

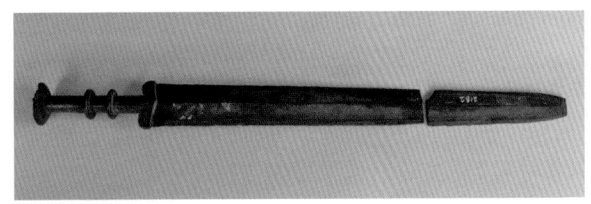

鉴定级别：三级

病害类型：点腐蚀、通体矿化

征集时间、来源或流传经过：1991年2月9日青山村红新组出土唐国兵征集

宋菱花形带柄云纹铜镜（宋代）

总登记号：2183

分类号：185　　件数：1

完残情况：

鉴定级别：三级

病害类型：通体矿化、裂隙、变形、沉积物

征集时间、来源或流传经过：1991年4月9日县文管所在县物资局征集

宋菱花形"如禫之明"铜镜（宋代）

总登记号：2196

分类号：650　　件数：1

完残情况：

鉴定级别：三级

病害类型：残缺、裂隙、硬结物

征集时间、来源或流传经过：1991年6月13日荷花路老民政局出土吴贤龙征集

宋"神清气爽"长方形铜镜（宋代）

总登记号：2198

分类号：245　　件数：1

完残情况：

鉴定级别：三级

病害类型：点腐蚀、通体矿化、裂隙、沉积物

征集时间、来源或流传经过：1991年6月13日荷花路老民政局出土吴贤龙征集

明代铜勺（明代）

总登记号：2212

分类号：9　　件数：1

完残情况：残

鉴定级别：未定级出土文物

病害类型：残缺、裂隙、硬结物

征集时间、来源或流传经过：1991年6月15日房地产出土

宋"长命富贵"方形铜镜（宋代）

总登记号：2219

分类号：75　　件数：1

完残情况：残

鉴定级别：未定级出土文物

病害类型：通体矿化、残缺、裂隙、沉积物

征集时间、来源或流传经过：1991年6月17日柳林砖厂出土征集

附 录 张家界市博物馆馆藏待修复青铜文物

战国铜扁钟（战国）

总登记号：2238

分类号：1270　　件数：1

完残情况：器形残，族干残失，一面鼓部、征部各有一洞，舞部有一裂纹。

鉴定级别：三级

病害类型：残缺、裂隙、硬结物

征集时间、来源或流传经过：1991年7月13日高桥乡岩荫组叶家老屋出土卢告祥征集

战国青铜矛（战国）

总登记号：2290

分类号：40　　件数：1

完残情况：

鉴定级别：三级

病害类型：通体矿化、裂隙、硬结物

征集时间、来源或流传经过：1991年8月棉麻仓库吴贤龙发掘M

战国椭圆銎铜钺（战国）

总登记号：2291

分类号：　　件数：1

完残情况：

鉴定级别：三级

病害类型：点腐蚀

征集时间、来源或流传经过：1991年8月棉麻仓库吴贤龙发掘M

战国空首铜剑（战国）

总登记号：2293

分类号：765　　件数：1

完残情况：器形完整，刃部有几处细小缺口。

鉴定级别：二级

病害类型：残缺、裂隙、沉积物

征集时间、来源或流传经过：1991年8月石板棉麻仓库吴贤龙发掘M

战国三穿铜戈（战国）

总登记号：2303

分类号：40　　件数：1

完残情况：器形稍残，首残失，刃有很多小缺口。

鉴定级别：三级

病害类型：点腐蚀

征集时间、来源或流传经过：1991年9月棉麻仓库吴贤龙发掘M4：6

战国三穿铜戈（战国）

总登记号：2304

分类号：9　　件数：1

完残情况：残

鉴定级别：未定级出土文物

病害类型：通体矿化

征集时间、来源或流传经过：1991年9月棉麻仓库吴贤龙发掘M4：7

附　录　张家界市博物馆馆藏待修复青铜文物

宋素面铜镜（宋代）

总登记号：2308

分类号：110　　件数：1

完残情况：残

鉴定级别：未定级出土文物

病害类型：残缺、裂隙

征集时间、来源或流传经过：1991年10月28日县生资公司基建工地出土谢迪海征集

战国双箍铜剑（战国）

总登记号：2317

分类号：610　　件数：1

完残情况：器形稍残，剑首残失，锋钝，刃有很多小缺口。

鉴定级别：三级

病害类型：通体矿化、裂隙

征集时间、来源或流传经过：1991年11月1日青山村红新组出土唐国兵征集

明弦纹扁柄铜熨斗（明代）

总登记号：2318

分类号：965　　件数：1

完残情况：器形基本完整，口沿有一较大缺口，有一裂纹。

鉴定级别：三级

病害类型：点腐蚀、通体矿化

征集时间、来源或流传经过：1991年11月6日生资公司南巡服装城出土征集

战国扁茎铜短剑（战国）

总登记号：2342

分类号：95　　件数：1

完残情况：残

鉴定级别：未定级出土文物

病害类型：通体矿化、裂隙

征集时间、来源或流传经过：1991年12月13日双安戴家岗出土征集

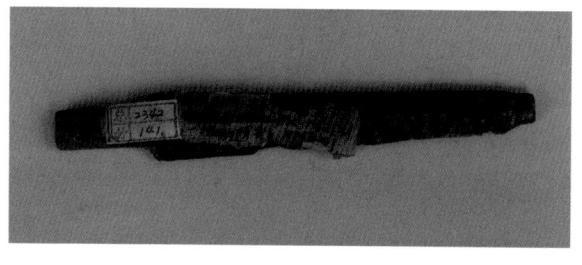

战国多钮铜矛（汉代）

总登记号：3206

分类号：150　　件数：1

完残情况：器形基本完整，刃锋有缺口，末尾残失。

鉴定级别：三级

病害类型：残缺、沉积物

征集时间、来源或流传经过：1992年11月26日县良种场3组出土王章才征集

战国单钮铜矛（战国）

总登记号：3208

分类号：115　　件数：1

完残情况：器形完整，通体锈蚀，刃部有很多细小缺口。

鉴定级别：二级

病害类型：通体矿化、残缺

征集时间、来源或流传经过：1993年2月10日江垭中学出土吴贤龙征集

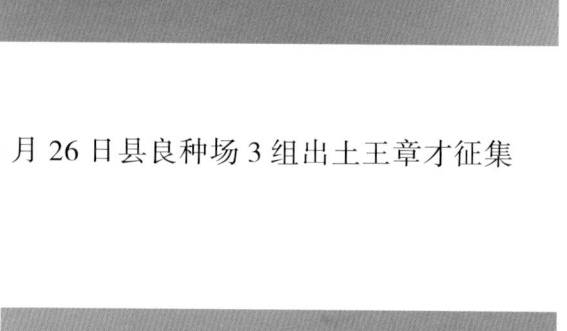

战国双箍铜剑（战国）

总登记号：3209

分类号：755　　件数：1

完残情况：器形稍残，首残失，刃有很多小缺口。

鉴定级别：三级

病害类型：通体矿化、裂隙、硬结物

征集时间、来源或流传经过：1993年2月10日江垭中学出土吴贤龙征集

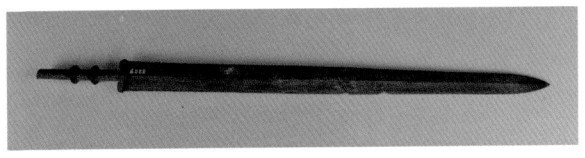

战国青铜矛（战国）

总登记号：3678

分类号：121　　件数：1

完残情况：

鉴定级别：三级

病害类型：点腐蚀、裂隙

征集时间、来源或流传经过：1995年5月16日高桥二组出土宋大喜征集

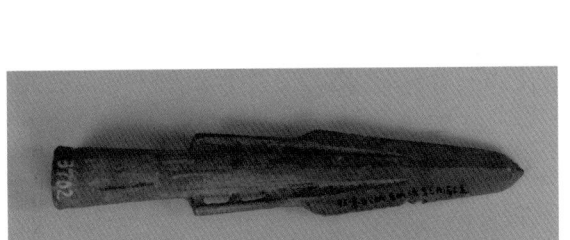

战国四钮铜矛（战国）

总登记号：3702

分类号：170　　件数：1

完残情况：器形完整，通体锈蚀，刃部两侧有2个较大的缺口。

鉴定级别：二级

病害类型：裂隙、硬结物

征集时间、来源或流传经过：1995年7月4日房地产开发公司白宫城工地出土李志刚征集

战国扁茎铜短剑（战国）

总登记号：3704

分类号：290　　件数：1

完残情况：器形稍残，剑身从中间断裂，刃有一个缺口。

鉴定级别：三级

病害类型：通体矿化、残缺、裂隙、硬结物、沉积物

征集时间、来源或流传经过：1996年10月5日江垭大坝温克赛征集

战国单钮铜矛（战国）

总登记号：3707

分类号：80　　件数：1

完残情况：器形基本完整，叶有2处残缺，刃有小缺口。

鉴定级别：三级

病害类型：通体矿化、残缺、裂隙、沉积物

征集时间、来源或流传经过：1998年3月26日朱辉楚捐献

战国双箍云纹格铜剑（战国）

总登记号：3708

分类号：585　　件数：1

完残情况：器形稍残，首残失，刃全残。

鉴定级别：三级

病害类型：通体矿化、硬结物

征集时间、来源或流传经过：1998年8月26日黑峪湾水泥厂取土工地出土征集

战国凸轮纹铜戈镦（战国）

总登记号：3709

分类号：100　　件数：1

完残情况：残

鉴定级别：未定级出土文物

病害类型：点腐蚀、硬结物、沉积物

征集时间、来源或流传经过：1998年9月14日刘先铣屋后出土采集

战国扁茎铜短剑（战国）

总登记号：3712

分类号：265　　件数：1

完残情况：器形稍残，前锋断裂，茎尾残失，刃有小缺口。

鉴定级别：三级

病害类型：通体矿化、残缺、裂隙

征集时间、来源或流传经过：2000 年 4 月 12 日零溪两岔溪周国平征集

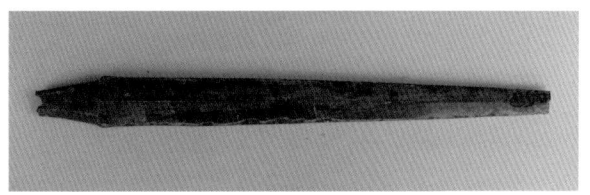

宋花头铜簪（宋代）

总登记号：3713

分类号：10　　件数：1

完残情况：残

鉴定级别：未定级出土文物

病害类型：通体矿化

征集时间、来源或流传经过：2001 年 5 月 12 日村民在零溪村水库凸农业生产中挖出后县文管所征集

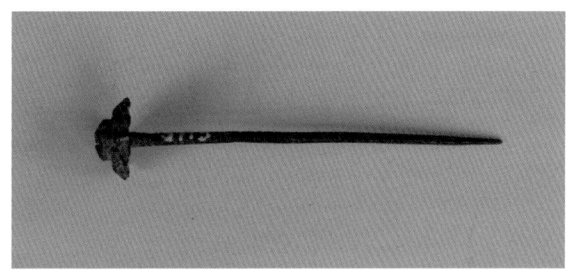

宋花头铜簪（宋代）

总登记号：3714

分类号：8　　件数：1

完残情况：残

鉴定级别：未定级出土文物

病害类型：通体矿化、裂隙

征集时间、来源或流传经过：2001 年 5 月 12 日村民在零溪村水库凸农业生产中挖出后县文管所征集

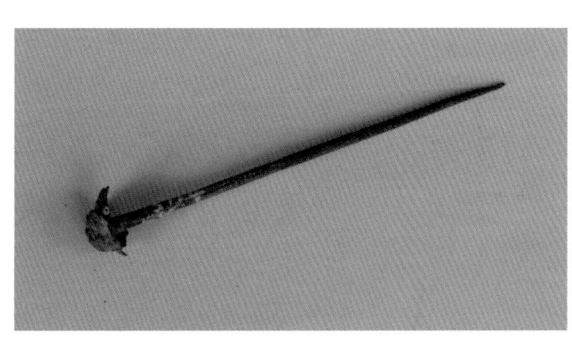

宋花头铜簪（宋代）

总登记号：3716

分类号：10　　件数：1

完残情况：残

鉴定级别：未定级出土文物

病害类型：裂隙、硬结物

征集时间、来源或流传经过：2001年5月12日村民在零溪村水库凸农业生产中挖出后县文管所征集

战国三菱形铜镞（战国）

总登记号：3717

分类号：15　　件数：1

完残情况：残

鉴定级别：未定级出土文物

病害类型：通体矿化、沉积物

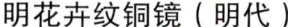

征集时间、来源或流传经过：2001年5月12日村民在零溪村水库凸农业生产中挖出后县文管所征集

明花卉纹铜镜（明代）

总登记号：3718

分类号：70　　件数：1

完残情况：残

鉴定级别：未定级出土文物

病害类型：点腐蚀

征集时间、来源或流传经过：2003年10月11日江垭镇关桥村修桥出土杜惧云、杜和清等征集

战国铜砝玛（战国）

总登记号：3720

分类号：3　　件数：1

完残情况：残

鉴定级别：未定级出土文物

病害类型：裂隙

征集时间、来源或流传经过：2004年3月21日零溪村二组三股凸出土M16：16

战国扁茎铜短剑（战国）

总登记号：3724

分类号：195　　件数：1

完残情况：

鉴定级别：三级

病害类型：通体矿化、残缺、沉积物

征集时间、来源或流传经过：2004年10月11日零溪砖厂取土场出土王绍生征集

战国双箍铜剑（战国）

总登记号：3725

分类号：195　　件数：1

完残情况：残

鉴定级别：未定级出土文物

病害类型：沉积物

征集时间、来源或流传经过：2004年10月11日零溪砖厂取土场出土王绍生征集

战国三穿铜戈（战国）

总登记号：3726

分类号：225　　件数：1

完残情况：

鉴定级别：三级

病害类型：残缺

征集时间、来源或流传经过：2004年10月11日零溪砖厂取土场出土王绍生征集

战国双钮云纹铜矛（战国）

总登记号：3767

分类号：160　　件数：1

完残情况：器形完整，锋钝，刃有几个小缺口，通体稍锈蚀。

鉴定级别：二级

病害类型：点腐蚀、残缺

征集时间、来源或流传经过：2005年3月23日慈利县溪口镇征集

战国山峰纹铜镜片（战国）

总登记号：3769

分类号：35　　件数：1

完残情况：残

鉴定级别：未定级出土文物

病害类型：通体矿化、硬结物

征集时间、来源或流传经过：1988年4月1日财税局拣选

战国单钮铜矛（战国）

总登记号：3873

分类号：110　　件数：1

完残情况：交口破损修复，刃部有多处小缺口。

鉴定级别：二级

病害类型：点腐蚀、残缺、裂隙

征集时间、来源或流传经过：2003年6月27日慈利县零溪村易家凸发掘M84：7

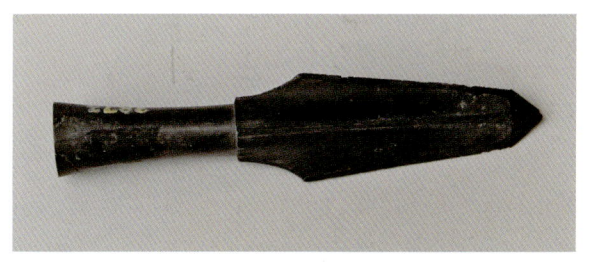

战国两穿铜戈（战国）

总登记号：3874

分类号：135　　件数：1

完残情况：器形完整，内断裂为二，锈蚀严重。

鉴定级别：三级

病害类型：点腐蚀、通体矿化、残缺、裂隙、硬结物

征集时间、来源或流传经过：2003年8月10日省考古所在慈利县石板村樟树凸发掘M49：2

战国六钮铜矛（战国）

总登记号：3875

分类号：70　　件数：1

完残情况：器形基本完整，锋稍残。

鉴定级别：三级

病害类型：点腐蚀、通体矿化、残缺、沉积物

征集时间、来源或流传经过：2003年8月10日省考古所在慈利县石板村樟树凸发掘M49：3

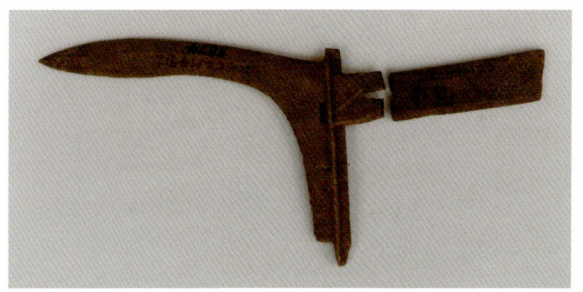

战国双钮铜矛（战国）

总登记号：3876

分类号：65　　件数：1

完残情况：稍残，锋残，刃缺口较大而长，一耳残失，銎口边残。

鉴定级别：三级

病害类型：点腐蚀、通体矿化、残缺、裂隙

征集时间、来源或流传经过：2003年5月6日省考古所在慈利县石板村易家凸发掘 M97：2

战国重圈矩纹宽格扁茎铜短剑（战国）

总登记号：3881

分类号：185　　件数：1

完残情况：器形完整，刃有很多细小缺口。

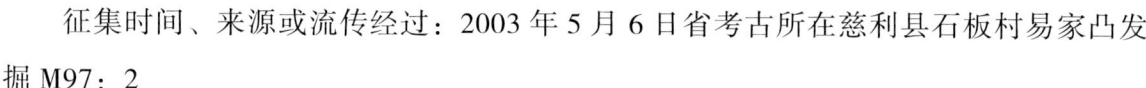

鉴定级别：二级

病害类型：通体矿化、裂隙

征集时间、来源或流传经过：2003年8月10日慈利县石板村樟树凸发掘 M49：1

战国双箍铜剑（战国）

总登记号：3883

分类号：785　　件数：1

完残情况：器形基本完整，前锷处断裂，刃有很多缺口，通体有如欠焊的旧裂纹。

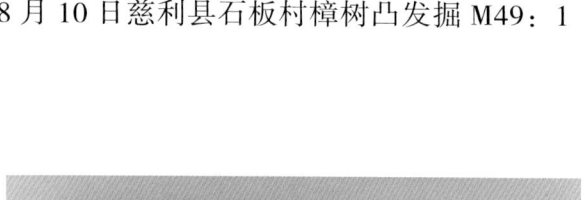

鉴定级别：三级

病害类型：点腐蚀、裂隙

征集时间、来源或流传经过：2003年4月28日省考古所在慈利县石板村易家凸发掘 M72：1

战国双箍铜剑（战国）

总登记号：3884

分类号：465　　件数：1

完残情况：稍残，首裂脱落，刃有多处较大的缺口。

鉴定级别：三级

病害类型：通体矿化、裂隙

征集时间、来源或流传经过：2003年5月25日省考古所在慈利县石板村易家凸发掘 M198：1

战国双箍铜剑（战国）

总登记号：3885

分类号：605　　件数：1

完残情况：稍残，刃锋有多处较大的缺口，首部有缺口，裂纹，通体锈蚀，器形基本完整。

鉴定级别：二级

病害类型：点腐蚀

征集时间、来源或流传经过：2003年7月慈利县石板村牛头凸发掘 M21：1

战国双箍铜剑（战国）

总登记号：3887

分类号：510　　件数：1

完残情况：器形稍残，长锷刃锋残，缺口较大，首脱落。

鉴定级别：三级

病害类型：残缺

征集时间、来源或流传经过：2003年4月8日省考古所在慈利县石板村奇龙岗发掘 M10：1

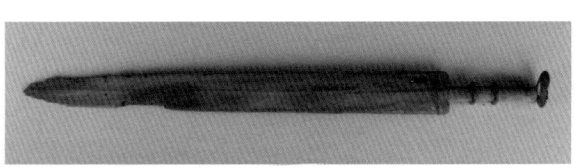

战国扁茎巴式铜剑（所附木格存疑）（战国）

总登记号：3889

分类号：350　　件数：1

完残情况：刃有缺口，前锷至锋残失，锈蚀严重。

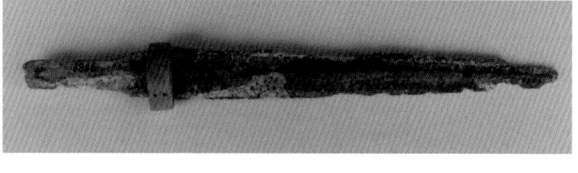

鉴定级别：三级

病害类型：点腐蚀、通体矿化、残缺、硬结物

征集时间、来源或流传经过：2003年8月16日省考古所在慈利县石板村樟树凸发掘 M69：1

战国空首铜剑（战国）

总登记号：3890

分类号：595　　件数：1

完残情况：器形完整，刃有缺口，首有一个缺口。

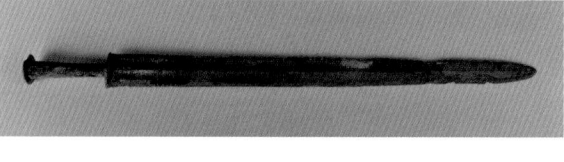

鉴定级别：三级

病害类型：点腐蚀、残缺、沉积物

征集时间、来源或流传经过：2003年3月20日省考古所在慈利县石板村易家凸发掘 M8：1

战国双箍铜剑（战国）

总登记号：3891

分类号：160　　件数：1

完残情况：器形基本完整，刃缺口较多而大，锈蚀严重。

鉴定级别：三级

病害类型：点腐蚀、通体矿化、残缺、沉积物

征集时间、来源或流传经过：2003年5月18日省考古所在慈利县石板村易家凸发掘 M84：8

战国柱茎铜短剑（战国）

总登记号：3893

分类号：55　　件数：1

完残情况：器形基本完整，断裂为4段，刃有缺口。

鉴定级别：三级

病害类型：点腐蚀、通体矿化、残缺

征集时间、来源或流传经过：2003年5月21日省考古所在慈利县石板村易家凸发掘M115：1

战国扁茎铜短剑（战国）

总登记号：3894

分类号：95　　件数：1

完残情况：器形残，刃残至从，面积较大，茎一侧残。

鉴定级别：三级

病害类型：裂隙

征集时间、来源或流传经过：2003年8月15日省考古所在慈利县石板村樟树凸发掘M65：1

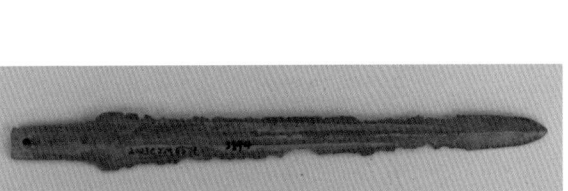

战国重圈纹宽格铜短剑（战国）

总登记号：3895

分类号：95　　件数：1

完残情况：器形残，刃锋全部残失，且腊断裂为三段。

鉴定级别：三级

病害类型：通体矿化、硬结物

征集时间、来源或流传经过：2003年7月3日省考古所在慈利县石板村牛头凸发掘M1：1

战国空首平脊铜剑（战国）

总登记号：3896

分类号：125　　件数：1

完残情况：稍残，首残，腊身断为二段，刃有几处较大的缺口。

鉴定级别：三级

病害类型：点腐蚀、裂隙

征集时间、来源或流传经过：2003年5月18日省考古所在慈利县石板村易家凸发掘 M107：1

战国空首铜剑（战国）

总登记号：3897

分类号：340　　件数：1

完残情况：器形稍残，腊断裂为二，茎断裂，局部铜片残失。

鉴定级别：三级

病害类型：通体矿化、残缺、硬结物

征集时间、来源或流传经过：2003年4月16日省考古所在慈利县石板村易家凸发掘 M69：1

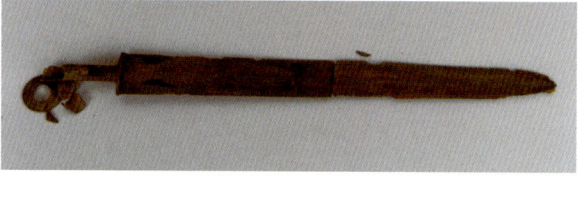

战国空首铜剑（战国）

总登记号：3898

分类号：885　　件数：1

完残情况：器形基本完整，近格处断裂，器身有裂纹，有锈蚀的小坑，刃首有缺口。

鉴定级别：三级

病害类型：硬结物

征集时间、来源或流传经过：2003年5月4日省考古所在慈利县石板村易家凸发

掘 M164：1

战国双穿铜戈（战国）

总登记号：3901

分类号：475　　件数：1

完残情况：器形基本完整，锋及前锷下刃残、内刃有小缺口。

鉴定级别：三级

病害类型：点腐蚀、残缺、裂隙

征集时间、来源或流传经过：2003年7月20日省考古所在慈利县石板村牛头凸发掘 M32：2

战国单穿铜戈（战国）

总登记号：3902

分类号：55　　件数：1

完残情况：器形基本完整，断裂为数块，局部残失。

鉴定级别：三级

病害类型：通体矿化、硬结物、沉积物

征集时间、来源或流传经过：2003年7月3日省考古所在慈利县石板村牛头凸发掘 M3：2

战国鸟纹铜戈镦（附积竹柲局部）（战国）

总登记号：3903

分类号：180　　件数：1

完残情况：

鉴定级别：二级

病害类型：沉积物

征集时间、来源或流传经过：1987 年 5 月零阳镇石板村发掘 M36

战国鸟纹铜戈镦（附积竹柲局部）（战国）

总登记号：3904

分类号：195　　件数：1

完残情况：

鉴定级别：二级

病害类型：点腐蚀、通体矿化、硬结物

征集时间、来源或流传经过：1987 年 5 月零阳镇石板村发掘 M36

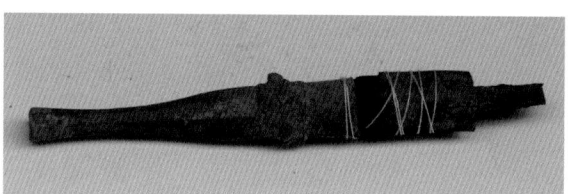

战国双钮铜矛（战国）

总登记号：3905

分类号：55　　件数：1

完残情况：下翼系孔处残失，锋残刃有缺口。

鉴定级别：三级

病号类型：

征集时间、来源或流传经过：2003 年 8 月 15 日省考古所在慈利县石板村樟树凸发掘 M72：1

战国活剑格铜剑（战国）

总登记号：3906

分类号：290　　件数：1

完残情况：器形基本完整，刃锋有缺口，茎尾残，锈蚀严重，有剥落现象。

鉴定级别：三级

病害类型：残缺、硬结物

征集时间、来源或流传经过：2003 年 8 月 15 日省考古所在慈利县石板村樟树凸发掘 M72：2

附　录　张家界市博物馆馆藏待修复青铜文物

战国双箍铜剑（战国）

总登记号：3922

分类号：435　　件数：1

完残情况：器形完整，刃部有多处缺口，通体锈饰。

鉴定级别：二级

病害类型：通体矿化

征集时间、来源或流传经过：2006年慈利县零溪村奇龙岗发掘 M4：2

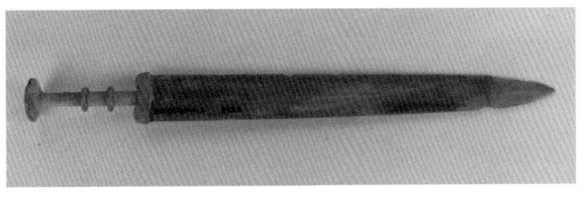

战国双箍铜剑（战国）

总登记号：3923

分类号：1000　　件数：1

完残情况：刃有许多缺口，有很多裂纹，最长的裂纹至背，茎亦有裂纹，首脱落。

鉴定级别：三级

病害类型：点腐蚀、裂隙

征集时间、来源或流传经过：2006年4月26日县文管所在慈利县零溪村三股凸发掘 M12：4

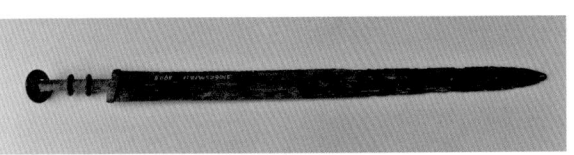

战国三穿斑纹铜戈（战国）

总登记号：3924

分类号：255　　件数：1

完残情况：器形完整，刃部有多处细小缺口。

鉴定级别：二级

病害类型：通体矿化、硬结物

征集时间、来源或流传经过：2006年4月26日县文管所在慈利县零溪村三股凸发掘 M12：2

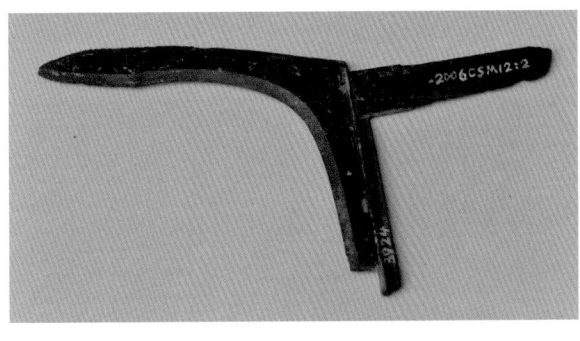

战国四穿铜戈（战国）

总登记号：3925

分类号：200　　件数：1

完残情况：器形完整，刃有小缺口。

鉴定级别：三级

病害类型：通体矿化、裂隙、硬结物、沉积物

征集时间、来源或流传经过：2006年4月19日县文管所在慈利县零溪村三股凸发掘 M6：1

战国扁茎铜剑（战国）

总登记号：3926

分类号：640　　件数：1

完残情况：刃部有很多缺口，锈蚀严重。

鉴定级别：三级

病害类型：残缺、硬结物

征集时间、来源或流传经过：2006年4月19日县文管所在慈利县零溪村三股凸发掘 M6：2

战国四叶云纹铜镜（战国）

总登记号：3927

分类号：600　　件数：1

完残情况：破为3块，对称破为2块后，其中一块再破一小块，能修复成完整器形。

鉴定级别：二级

病害类型：残缺、裂隙、沉积物

征集时间、来源或流传经过：2006年4月26日县文管所在慈利县零溪村三股凸发掘 M12：3

战国突轮铜戈镦（附积竹柲部）（战国）

总登记号：3928

分类号：100　　件数：1

完残情况：

鉴定级别：三级

病害类型：通体矿化、残缺、沉积物

征集时间、来源或流传经过：2006年4月26日县文管所在慈利县零溪村三股凸发掘 M12：1

战国三穿铜戈（战国）

总登记号：3929

分类号：90　　件数：1

完残情况：稍残，胡边残失，刃缓有较大的几处缺口，内尾残。

鉴定级别：三级

病害类型：通体矿化、裂隙

征集时间、来源或流传经过：2006年4月20日县文管所在慈利县零溪村三股凸发掘 M1：7

战国扁茎铜短剑（战国）

总登记号：3930

分类号：125　　件数：1

完残情况：器形基本完整，刃有较多而大的缺口。

鉴定级别：三级

病害类型：点腐蚀、通体矿化、裂隙、变形

征集时间、来源或流传经过：2006年4月20日县文管所在慈利县零溪村三股凸发掘 M1：3

西汉镂空铜铃形器（西汉）

总登记号：3933

分类号：10　　件数：1

完残情况：器形完整，有一垂立的叶片断裂。

鉴定级别：三级

病害类型：变形、硬结物、沉积物

征集时间、来源或流传经过：2004年4月22日县文管所在慈利县零溪村三股凸发掘 M16：12

战国云纹宽格扁茎短剑（战国）

总登记号：3970

分类号：170　　件数：1

完残情况：

鉴定级别：

病害类型：通体矿化、残缺

征集时间、来源或流传经过：2007年2月18日县文管所在原县火电厂\现世纪花苑基建工地发掘 M1：1

汉铜耳杯（东汉）

总登记号：3977

分类号：　　件数：1

完残情况：

鉴定级别：

病害类型：点腐蚀、裂隙

征集时间、来源或流传经过：

四、永定区博物馆馆藏青铜文物

战国虎形"王"字铜印（战国）

藏品号：16　　件数：1件

尺寸重量：长1.5厘米，宽1.5厘米，通高0.9厘米

完残情况：完

鉴定级别：1级

病害类型：通体矿化

征集时间、来源或流传经过：其他

战国鸭形铜带钩（战国）

藏品号：17　　件数：1件

尺寸重量：长2.8厘米，宽1.2厘米，通高2厘米

完残情况：完

鉴定级别：二级

病害类型：点腐蚀、残缺、表面沉积物

征集时间、来源或流传经过：其他

明铜佛像（明）

藏品号：18　　件数：1件

尺寸重量：最长13厘米，最宽9.8厘米，通高23厘米

完残情况：完

鉴定级别：三级

病害类型：点腐蚀、硬结物

征集时间、来源或流传经过：其他

明鎏金铜菩萨像（明）

藏品号：19　　件数：1件

尺寸重量：最长15.8厘米，最宽11.1厘米，通高25厘米

完残情况：残

鉴定级别：二级

病害类型：通体矿化、变形

征集时间、来源或流传经过：其他

明"天门山玄帝祖"龙首七星铜剑（明）

藏品号：20　　件数：1件

尺寸重量：通长29.3厘米

完残情况：残

鉴定级别：二级

病害类型：点腐蚀、硬结物

征集时间、来源或流传经过：其他

战国矩纹宽格铜短剑（战国）

藏品号：21　　件数：1件

尺寸重量：最长直径4.8厘米，最短直径2.1厘米

完残情况：残

鉴定级别：二级

病害类型：通体矿化、表面沉积物

征集时间、来源或流传经过：捐赠

战国半纽铜矛（战国）

藏品号：22　　件数：1件

尺寸重量：通长20.5厘米

完残情况：残

鉴定级别：三级

病害类型：点腐蚀、残缺

征集时间、来源或流传经过：采集

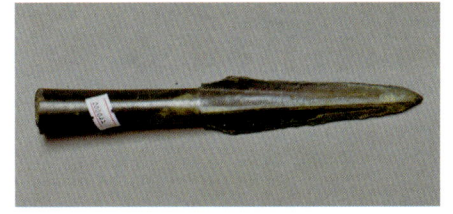

宋双鱼缠枝纹铜盆（宋）

藏品号：23　　件数：1件

尺寸重量：口径34.6厘米，底径24厘米，高5厘米

完残情况：残

鉴定级别：三级

病害类型：通体矿化

征集时间、来源或流传经过：采集

汉铜立马（汉）

藏品号：24　　件数：1件

尺寸重量：最长15.8厘米，最宽10.5厘米，通高80厘米

完残情况：残

鉴定级别：三级

病害类型：变形、硬结物

征集时间、来源或流传经过：捐赠

明鎏金铜菩萨像（唐）

藏品号：25　　件数：1件

尺寸重量：最长15.8厘米，最宽10.5厘米，通高25厘米

完残情况：残

鉴定级别：三级

病害类型：通体矿化

征集时间、来源或流传经过：采集

明铜佛像（明）

藏品号：26　　件数：1 件

尺寸重量：最长 14.4 厘米，最宽 7.5 厘米，通高 26.3 厘米

完残情况：残

鉴定级别：三级

病害类型：通体矿化

征集时间、来源或流传经过：采集

宋盘龙纹铜镜（宋）

藏品号：27　　件数：1 件

尺寸重量：直径 10.7 厘米，纽高 1.2 厘米

完残情况：完

鉴定级别：三级

病害类型：残缺、硬结物

征集时间、来源或流传经过：采集

清"宣德"款椭圆形铜香炉（明）

藏品号：28　　件数：1 件

尺寸重量：最长直径 22.8 厘米，最短直径 15.6 厘米，通高 9.5 厘米

完残情况：完

鉴定级别：三级

病害类型：残缺、裂隙、表面沉积物

征集时间、来源或流传经过：采集

附　录　张家界市博物馆馆藏待修复青铜文物

明十两重三钱圆形铜砝码（明）

藏品号：29　　件数：12 件

尺寸重量：

完残情况：完

鉴定级别：三级

病害类型：残缺、裂隙

征集时间、来源或流传经过：捐赠

明双耳缸形铜壶（明）

藏品号：30　　件数：1 件

尺寸重量：口径 22 厘米，底径 11 厘米，高 23.3 厘米

完残情况：完

鉴定级别：三级

病害类型：通体矿化

征集时间、来源或流传经过：捐赠

清牡丹纹双龙耳铜香炉（清）

藏品号：31　　件数：1 件

尺寸重量：口径 15 厘米，通高 27 厘米，重量 6500 克

完残情况：完

鉴定级别：三级

病害类型：残缺、变形

征集时间、来源或流传经过：采集

战国空首铜剑（汉）

藏品号：65　　件数：1 件

尺寸重量：最长 54.9 厘米，最高 4.9 厘米

完残情况：残

鉴定级别：二级

病害类型：点腐蚀、表面沉积物

征集时间、来源或流传经过：发掘

战国空首铜剑（战国）

藏品号：66　　件数：1件

尺寸重量：最长 55.5 厘米，最宽 5 厘米

完残情况：完

鉴定级别：二级

病害类型：

征集时间、来源或流传经过：发掘

战国双箍青铜剑（战国）

藏品号：67　　件数：1件

尺寸重量：最长 33.6 厘米，最宽 3.6 厘米

完残情况：残

鉴定级别：三级

病害类型：通体矿化

征集时间、来源或流传经过：发掘

战国空首铜剑（战国）

藏品号：68　　件数：1件

尺寸重量：最长 48.4 厘米，最宽 5 厘米

完残情况：完

鉴定级别：三级

病害类型：裂隙、硬结物

征集时间、来源或流传经过：发掘

战国扁茎铜剑（战国）

藏品号：69　　件数：1件

尺寸重量：最长32.3厘米，最宽5.3厘米

完残情况：残

鉴定级别：三级

病害类型：点腐蚀、硬结物

征集时间、来源或流传经过：发掘

战国三穿斑纹铜戈（战国）

藏品号：70　　件数：1件

尺寸重量：援长14.2厘米，内长9厘米，胡长11.6厘米

完残情况：残

鉴定级别：三级

病害类型：通体矿化

征集时间、来源或流传经过：发掘

战国三穿铜戈（战国）

藏品号：71　　件数：1件

尺寸重量：援长16.2厘米，内长10.3厘米，胡长11.6厘米

完残情况：残

鉴定级别：三级

病害类型：裂隙、表面沉积物

征集时间、来源或流传经过：发掘

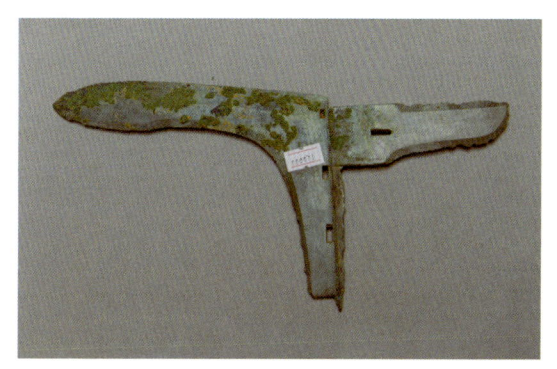

战国六钮铜矛（战国）

藏品号：72　　件数：1 件

尺寸重量：长 22 厘米，最宽 3.6 厘米

完残情况：完

鉴定级别：三级

病害类型：通体矿化

征集时间、来源或流传经过：发掘

战国椭圆骹铜矛（战国）

藏品号：73　　件数：1 件

尺寸重量：长 14.2 厘米，最宽 3.2 厘米

完残情况：完

鉴定级别：三级

病害类型：硬结物

征集时间、来源或流传经过：发掘

战国铜带钩（战国）

藏品号：74　　件数：1 件

尺寸重量：最长 5.4 厘米，最宽 1 厘米

完残情况：完

鉴定级别：三级

病害类型：通体矿化、残缺、表面沉积物

征集时间、来源或流传经过：发掘

汉宽弦纹铜壶（汉）

藏品号：75　　件数：1 件

尺寸重量：口径 16.3 厘米，底径 22.7 厘米，通高 35.3 厘米

完残情况：残

鉴定级别：三级

病害类型：变形

征集时间、来源或流传经过：发掘

西汉提梁弦纹铜盆（西汉）

藏品号：76　　件数：1 件

尺寸重量：口径 10.2 厘米，底径 13 厘米，通高 23.3 厘米

完残情况：残

鉴定级别：三级

病害类型：通体矿化、残缺、硬结物

征集时间、来源或流传经过：发掘

战国璜形铜器（汉）

藏品号：77　　件数：1 件

尺寸重量：长 7.9 厘米，最宽 2.9 厘米

完残情况：完

鉴定级别：三级

病害类型：残缺

征集时间、来源或流传经过：发掘

东汉连弧纹铜镜（汉）

藏品号：78　　件数：1件

尺寸重量：直径9.9厘米，通高2厘米

完残情况：完

鉴定级别：三级

病害类型：通体矿化、表面沉积物

征集时间、来源或流传经过：发掘

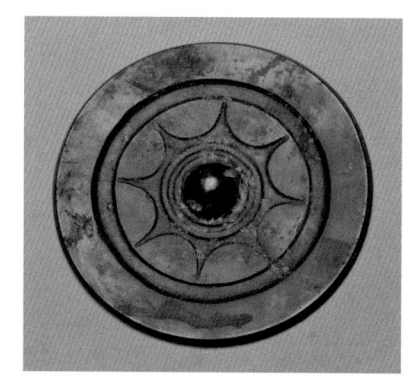

东汉博局纹铜镜（汉）

藏品号：79　　件数：1件

尺寸重量：直径10厘米，通高0.7厘米

完残情况：完

鉴定级别：三级

病害类型：

征集时间、来源或流传经过：发掘

东汉"大利千万"连弧纹铜镜（战国）

藏品号：80　　件数：1件

尺寸重量：直径13.8厘米，通高0.8厘米

完残情况：完

鉴定级别：二级

病害类型：点腐蚀、残缺、硬结物

征集时间、来源或流传经过：发掘

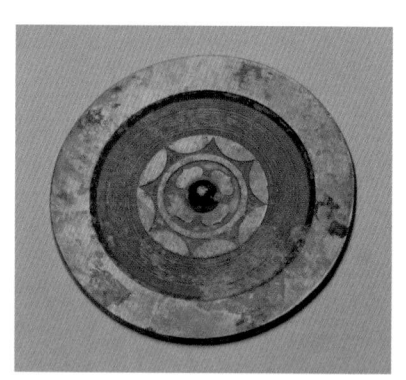

东汉龙虎纹铜镜（汉）

藏品号：81　　件数：1件

尺寸重量：直径9.9厘米，通高2厘米

完残情况：完

鉴定级别：三级

病害类型：通体矿化、表面沉积物

征集时间、来源或流传经过：发掘

宋带柄枝叶月亮纹铜镜（宋）

藏品号：82　　件数：1件

尺寸重量：直径11厘米，柄长9.1厘米，通高0.4厘米

完残情况：完

鉴定级别：三级

病害类型：残缺、裂隙、硬结物

征集时间、来源或流传经过：发掘

清铜圈（清）

藏品号：234　　件数：1件

尺寸重量：内径7厘米，外径8.6厘米

完残情况：残

鉴定级别：未定级出土文物

病害类型：残缺、硬结物、表面沉积物

征集时间、来源或流传经过：其他

清"一品当朝"压胜铜钱（清）

藏品号：235　　件数：1件

尺寸重量：外径4.3厘米，内径9厘米

完残情况：完

鉴定级别：未定级出土文物

病害类型：通体矿化

征集时间、来源或流传经过：其他

清镂空龙纹压胜铜钱（清）

藏品号：236　　件数：1件

尺寸重量：外径5.6厘米，内径9厘米

完残情况：残

鉴定级别：未定级出土文物

病害类型：通体矿化、表面沉积物

征集时间、来源或流传经过：其他

战国铜砝码（战国）

藏品号：283　　件数：1件

尺寸重量：外径1.6厘米，内径0.9厘米

完残情况：残

鉴定级别：未定级出土文物

病害类型：残缺、裂隙

征集时间、来源或流传经过：发掘

战国铜砝码（战国）

藏品号：284　　件数：1件

尺寸重量：内径0.9厘米

完残情况：残

鉴定级别：未定级出土文物

病害类型：

征集时间、来源或流传经过：发掘

战国鸟形铜戈镦（战国）

藏品号：285　　件数：1件

尺寸重量：最长7厘米，最宽1.9厘米

完残情况：完

鉴定级别：二级

病害类型：通体矿化、表面沉积物

征集时间、来源或流传经过：发掘

战国鸭形铜钩（战国）

藏品号：286　　件数：1件

尺寸重量：最长4厘米，最宽0.9厘米

完残情况：完

鉴定级别：三级

病害类型：裂隙

征集时间、来源或流传经过：发掘

战国铜带钩（战国）

藏品号：287　　件数：1件

尺寸重量：最长7.8厘米，最宽1.7厘米

完残情况：残

鉴定级别：未定级出土文物

病害类型：点腐蚀、残缺、裂隙、变形、表面沉积物

征集时间、来源或流传经过：发掘

青铜饰件（战国）

藏品号：289　　件数：1件

尺寸重量：残宽2.5厘米，残高1.6厘米

完残情况：残

鉴定级别：未定级出土文物

病害类型：通体矿化、变形

征集时间、来源或流传经过：发掘

战国弦纹铜鼎（战国）

藏品号：904　　件数：1件

尺寸重量：

完残情况：残

鉴定级别：未定级出土文物

病害类型：通体矿化、变形

征集时间、来源或流传经过：发掘

西汉弦纹铜壶（西汉）

藏品号：905　　件数：1件

尺寸重量：

完残情况：残

鉴定级别：三级

病害类型：残缺、硬结物

征集时间、来源或流传经过：发掘

西汉弦纹铜鐎壶（西汉）

藏品号：906　　件数：1件

尺寸重量：

完残情况：残

鉴定级别：未定级出土文物

病害类型：点腐蚀、裂隙、硬结物

征集时间、来源或流传经过：发掘

西汉弦纹铜鐎壶（西汉）

藏品号：907　　件数：1件

尺寸重量：

完残情况：残

鉴定级别：未定级出土文物

病害类型：通体矿化、残缺、硬结物、表面沉积物

征集时间、来源或流传经过：发掘

西汉铜博山炉（西汉）

藏品号：908　　件数：1 件

尺寸重量：

完残情况：残

鉴定级别：二级

病害类型：变形

征集时间、来源或流传经过：发掘

战国三穿铜戈（战国）

藏品号：909　　件数：1 件

尺寸重量：

完残情况：残

鉴定级别：三级

病害类型：通体矿化、残缺

征集时间、来源或流传经过：发掘

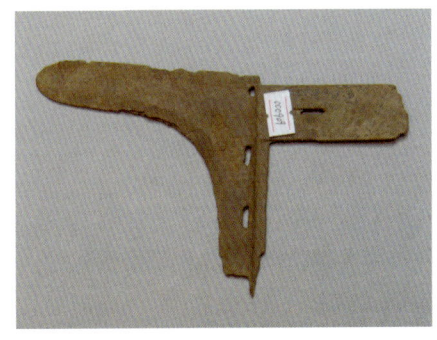

战国三穿铜戈（战国）

藏品号：910　　件数：1 件

尺寸重量：

完残情况：残

鉴定级别：三级

病害类型：裂隙、表面沉积物

征集时间、来源或流传经过：发掘

战国四穿铜戈（战国）

藏品号：911　　件数：1 件

尺寸重量：

完残情况：残

鉴定级别：三级

病害类型：通体矿化

征集时间、来源或流传经过：发掘

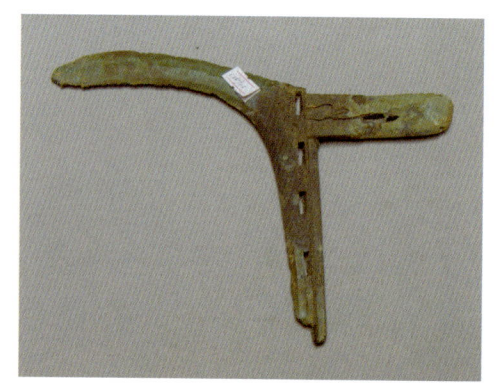

战国三穿铜戈（战国）

藏品号：912　　件数：1 件

尺寸重量：

完残情况：残

鉴定级别：三级

病害类型：点腐蚀、裂隙

征集时间、来源或流传经过：发掘

战国三穿铜戈（战国）

藏品号：913　　件数：1 件

尺寸重量：

完残情况：残

鉴定级别：三级

病害类型：点腐蚀、表面沉积物

征集时间、来源或流传经过：发掘

战国椭圆骹铜矛（战国）

藏品号：914　　件数：1 件

尺寸重量：

完残情况：残

鉴定级别：三级

病害类型：通体矿化

征集时间、来源或流传经过：发掘

战国椭圆骹铜矛（战国）

藏品号：915　　件数：1 件

尺寸重量：

完残情况：残

鉴定级别：未定级出土文物

病害类型：通体矿化、残缺

征集时间、来源或流传经过：发掘

战国椭圆銎铜矛（战国）

藏品号：916　　件数：1 件

尺寸重量：

完残情况：残

鉴定级别：三级

病害类型：点腐蚀、硬结物

征集时间、来源或流传经过：发掘

战国单钮铜矛（战国）

藏品号：917　　件数：1 件

尺寸重量：

完残情况：残

鉴定级别：未定级出土文物

病害类型：裂隙

征集时间、来源或流传经过：发掘

战国单钮铜矛（战国）

藏品号：918　　件数：1 件

尺寸重量：

完残情况：残

鉴定级别：未定级出土文物

病害类型：通体矿化

征集时间、来源或流传经过：发掘

战国铜矛（战国）

藏品号：919　　件数：1 件

尺寸重量：

完残情况：残

鉴定级别：未定级出土文物

病害类型：残缺、表面沉积物

征集时间、来源或流传经过：发掘

战国三菱形铜镞（战国）

藏品号：920　　件数：1 件

尺寸重量：

完残情况：残

鉴定级别：三级

病害类型：裂隙

征集时间、来源或流传经过：发掘

东汉"汉有善铜"铜镜（东汉）

藏品号：921　　件数：1 件

尺寸重量：

完残情况：完

鉴定级别：二级

病害类型：点腐蚀

征集时间、来源或流传经过：发掘

东汉四鸟纹铜镜（东汉）

藏品号：922　　件数：1 件

尺寸重量：

完残情况：完

鉴定级别：三级

病害类型：残缺

征集时间、来源或流传经过：发掘

西汉"日光"铜镜（西汉）

藏品号：923　　件数：1 件

尺寸重量：

完残情况：残

鉴定级别：三级

病害类型：变形、表面沉积物

征集时间、来源或流传经过：发掘

西汉昭明铜镜（西汉）

藏品号：924　　件数：1 件

尺寸重量：

完残情况：残

鉴定级别：二级

病害类型：残缺

征集时间、来源或流传经过：发掘

战国四叶纹铜镜（战国）

藏品号：925　　件数：1 件

尺寸重量：

完残情况：残

鉴定级别：三级

病害类型：点腐蚀、硬结物

征集时间、来源或流传经过：发掘

战国四龙纹铜镜（战国）

藏品号：926　　件数：1 件

尺寸重量：

完残情况：完

鉴定级别：三级

病害类型：裂隙

征集时间、来源或流传经过：发掘

战国四叶四龙纹铜镜（战国）

藏品号：927　　件数：1 件

尺寸重量：

完残情况：残

鉴定级别：三级

病害类型：

征集时间、来源或流传经过：发掘

战国十二叶四竹叶四山纹铜镜（战国）

藏品号：928　　件数：1 件

尺寸重量：

完残情况：完

鉴定级别：三级

病害类型：点腐蚀

征集时间、来源或流传经过：发掘

东汉"尚方作镜"铜镜（东汉）

藏品号：929　　件数：1 件

尺寸重量：

完残情况：残

鉴定级别：未定级出土文物

病害类型：变形

征集时间、来源或流传经过：发掘

战国云纹铜铃（战国）

藏品号：930　　件数：1件

尺寸重量：

完残情况：残

鉴定级别：三级

病害类型：残缺

征集时间、来源或流传经过：发掘

战国铜圈（战国）

藏品号：931　　件数：1件

尺寸重量：

完残情况：残

鉴定级别：未定级出土文物

病害类型：变形

征集时间、来源或流传经过：发掘

西汉铜器盖（西汉）

藏品号：932　　件数：1件

尺寸重量：

完残情况：残

鉴定级别：未定级出土文物

病害类型：通体矿化

征集时间、来源或流传经过：发掘

战国扁茎铜剑（战国）

藏品号：933　　件数：1件

尺寸重量：

完残情况：残

鉴定级别：未定级出土文物

病害类型：点腐蚀、硬结物

征集时间、来源或流传经过：发掘

战国空首铜剑（战国）

藏品号：934　　件数：1件

尺寸重量：

完残情况：残

鉴定级别：三级

病害类型：通体矿化

征集时间、来源或流传经过：发掘

战国双箍铜剑（战国）

藏品号：935　　件数：1件

尺寸重量：

完残情况：残

鉴定级别：未定级出土文物

病害类型：点腐蚀

征集时间、来源或流传经过：发掘

战国双箍铜剑（战国）

藏品号：936　　件数：1件

尺寸重量：

完残情况：残

鉴定级别：未定级出土文物

病害类型：残缺、硬结物

征集时间、来源或流传经过：发掘

战国扁茎平脊铜剑（战国）

藏品号：937　　件数：1 件

尺寸重量：

完残情况：残

鉴定级别：未定级出土文物

病害类型：

征集时间、来源或流传经过：发掘

战国扁茎平脊铜剑（战国）

藏品号：938　　件数：1 件

尺寸重量：

完残情况：残

鉴定级别：三级

病害类型：点腐蚀、残缺、表面沉积物

征集时间、来源或流传经过：发掘

战国双箍铜剑（战国）

藏品号：939　　件数：1 件

尺寸重量：

完残情况：残

鉴定级别：未定级出土文物

病害类型：裂隙

征集时间、来源或流传经过：发掘

战国空首铜剑（战国）

藏品号：940　　件数：1件

尺寸重量：

完残情况：残

鉴定级别：三级

病害类型：通体矿化、表面沉积物

征集时间、来源或流传经过：发掘

战国双箍（缺锋部）铜剑（战国）

藏品号：941　　件数：1件

尺寸重量：

完残情况：残

鉴定级别：三级

病害类型：

征集时间、来源或流传经过：发掘

战国双箍铜剑（战国）

藏品号：942　　件数：1件

尺寸重量：

完残情况：残

鉴定级别：未定级出土文物

病害类型：通体矿化、表面沉积物

征集时间、来源或流传经过：发掘

战国桂柄复合铜剑（战国）

藏品号：943　　件数：1件

尺寸重量：

完残情况：残

鉴定级别：三级

病害类型：点腐蚀

征集时间、来源或流传经过：发掘

战国铜逞钩（战国）

藏品号：944　　件数：1件

尺寸重量：最宽1.5厘米，残长

完残情况：残

鉴定级别：未定级出土文物

病害类型：表面沉积物

征集时间、来源或流传经过：发掘

战国铜器钮（战国）

藏品号：945　　件数：1件

尺寸重量：

完残情况：残

鉴定级别：未定级出土文物

病害类型：点腐蚀

征集时间、来源或流传经过：其他

战国车軎（战国）

藏品号：946　　件数：1件

尺寸重量：直径4.6厘米

完残情况：残

鉴定级别：未定级出土文物

病害类型：通体矿化

征集时间、来源或流传经过：发掘

战国铜軎（战国）

藏品号：947　　件数：1 件

尺寸重量：直径 4.8 厘米

完残情况：残

鉴定级别：三级

病害类型：残缺、裂隙

征集时间、来源或流传经过：发掘

战国铜軎（战国）

藏品号：948　　件数：1 件

尺寸重量：直径 4.4 厘米

完残情况：残

鉴定级别：未定级出土文物

病害类型：点腐蚀、残缺、变形、硬结物

征集时间、来源或流传经过：发掘

铜圈（战国）

藏品号：949　　件数：1 件

尺寸重量：直径 5.6 厘米

完残情况：残

鉴定级别：未定级出土文物

病害类型：裂隙、硬结物

征集时间、来源或流传经过：发掘

战国三穿铜戈（战国）

藏品号：950　　件数：1 件

尺寸重量：

完残情况：残

鉴定级别：未定级出土文物

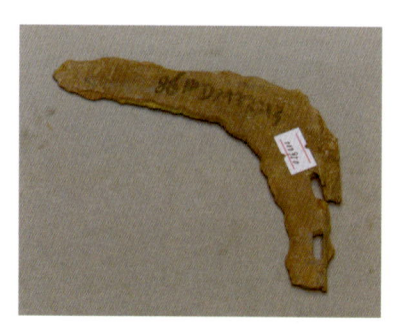

病害类型：

征集时间、来源或流传经过：发掘

战国铜环（战国）

藏品号：952　　件数：1件

尺寸重量：直径4厘米

完残情况：残

鉴定级别：未定级出土文物

病害类型：通体矿化、表面沉积物

征集时间、来源或流传经过：发掘

战国铜环（战国）

藏品号：953　　件数：1件

尺寸重量：

完残情况：残

鉴定级别：未定级出土文物

病害类型：残缺

征集时间、来源或流传经过：其他

战国铜弩机（战国）

藏品号：954　　件数：1件

尺寸重量：

完残情况：残

鉴定级别：三级

病害类型：裂隙

征集时间、来源或流传经过：发掘

战国铜扣灰（战国）

藏品号：955　　件数：1件

尺寸重量：

完残情况：残

鉴定级别：未定级出土文物

病害类型：点腐蚀、表面沉积物

征集时间、来源或流传经过：发掘

战国扁茎铜短剑（战国）

藏品号：956　　件数：1件

尺寸重量：

完残情况：残

鉴定级别：未定级出土文物

病害类型：残缺

征集时间、来源或流传经过：采集

战国铜矛（战国）

藏品号：957　　件数：1件

尺寸重量：通长14.2厘米

完残情况：残

鉴定级别：未定级出土文物

病害类型：硬结物、表面沉积物

征集时间、来源或流传经过：发掘

战国单钮铜矛（战国）

藏品号：958　　件数：1件

尺寸重量：通长14.3厘米

完残情况：残

鉴定级别：三级

病害类型：点腐蚀

征集时间、来源或流传经过：发掘

附 录 张家界市博物馆馆藏待修复青铜文物

战国三穿铜戈（战国）

藏品号：959　　件数：1件

尺寸重量：内长 8.5 厘米，援长 15 厘米

完残情况：残

鉴定级别：三级

病害类型：通体矿化、硬结物

征集时间、来源或流传经过：发掘

战国单钮铜矛（战国）

藏品号：960　　件数：1件

尺寸重量：通长 14.8 厘米

完残情况：残

鉴定级别：未定级出土文物

病害类型：通体矿化、裂隙、硬结物

征集时间、来源或流传经过：发掘

战国扁茎铜短剑（战国）

藏品号：961　　件数：1件

尺寸重量：

完残情况：残

鉴定级别：未定级出土文物

病害类型：残缺、表面沉积物

征集时间、来源或流传经过：发掘

战国三穿铜戈（战国）

藏品号：962　　件数：1件

尺寸重量：内长 10.3 厘米，援长 16.1 厘米

完残情况：残

鉴定级别：未定级出土文物

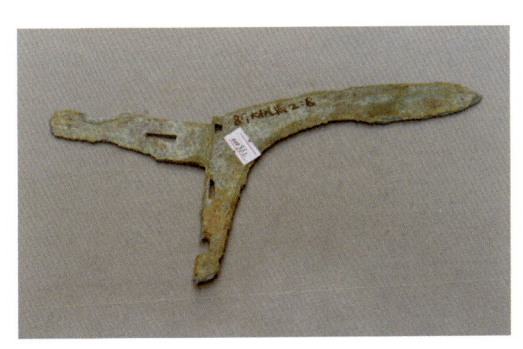

病害类型：点腐蚀、硬结物

征集时间、来源或流传经过：发掘

战国凸轮纹铜鐏（战国）

藏品号：963　　件数：1件

尺寸重量：

完残情况：残

鉴定级别：未定级出土文物

病害类型：残缺、裂隙

征集时间、来源或流传经过：发掘

战国三菱形铜镞（战国）

藏品号：964　　件数：1件

尺寸重量：

完残情况：残

鉴定级别：未定级出土文物

病害类型：通体矿化

征集时间、来源或流传经过：发掘

战国璜形铜饰（战国）

藏品号：965　　件数：1件

尺寸重量：

完残情况：残

鉴定级别：三级

病害类型：残缺

征集时间、来源或流传经过：发掘

战国铜剑首（战国）

藏品号：966　　件数：1件

尺寸重量：

完残情况：残

鉴定级别：未定级出土文物

病害类型：变形、硬结物

征集时间、来源或流传经过：发掘

青铜带钩（战国）

藏品号：967　　件数：1 件

尺寸重量：

完残情况：残

鉴定级别：未定级出土文物

病害类型：点腐蚀

征集时间、来源或流传经过：发掘

战国铜带钩（战国）

藏品号：968　　件数：1 件

尺寸重量：

完残情况：残

鉴定级别：未定级出土文物

病害类型：变形

征集时间、来源或流传经过：发掘

战国铜带钩（战国）

藏品号：969　　件数：1 件

尺寸重量：

完残情况：残

鉴定级别：未定级出土文物

病害类型：点腐蚀

征集时间、来源或流传经过：发掘

铜簪(战国)

藏品号：970　　件数：1件

尺寸重量：

完残情况：残

鉴定级别：未定级出土文物

病害类型：残缺、表面沉积物

征集时间、来源或流传经过：发掘

铜盆片(战国)

藏品号：971　　件数：1件

尺寸重量：

完残情况：残

鉴定级别：未定级出土文物

病害类型：残缺、硬结物

征集时间、来源或流传经过：发掘

铜圈粉(战国)

藏品号：972　　件数：1件

尺寸重量：

完残情况：残

鉴定级别：未定级出土文物

病害类型：变形

征集时间、来源或流传经过：发掘

汉S形铜器钮(汉)

藏品号：973　　件数：1件

尺寸重量：

完残情况：残

鉴定级别：未定级出土文物

病害类型：点腐蚀、通体矿化

征集时间、来源或流传经过：发掘

铜圈（战国）

藏品号：974　　件数：1件

尺寸重量：

完残情况：残

鉴定级别：未定级出土文物

病害类型：通体矿化、表面沉积物

征集时间、来源或流传经过：发掘

汉铜柄（汉）

藏品号：975　　件数：1件

尺寸重量：

完残情况：残

鉴定级别：未定级出土文物

病害类型：硬结物

征集时间、来源或流传经过：发掘

青铜箭镞（汉）

藏品号：976　　件数：1件

尺寸重量：

完残情况：残

鉴定级别：未定级出土文物

病害类型：通体矿化、裂隙

征集时间、来源或流传经过：发掘

青铜带钩（汉）

藏品号：977　　件数：1件

尺寸重量：

完残情况：残

鉴定级别：未定级出土文物

病害类型：裂隙

征集时间、来源或流传经过：发掘

战国素面铜镜片（战国）

藏品号：978　　件数：1件

尺寸重量：

完残情况：残

鉴定级别：未定级出土文物

病害类型：硬结物

征集时间、来源或流传经过：发掘

战国扁茎铜短剑（战国）

藏品号：979　　件数：1件

尺寸重量：

完残情况：残

鉴定级别：未定级出土文物

病害类型：点腐蚀、裂隙

征集时间、来源或流传经过：发掘

战国铜矛（战国）

藏品号：980　　件数：1件

尺寸重量：

完残情况：残

鉴定级别：未定级出土文物

病害类型：

征集时间、来源或流传经过：发掘

附录 张家界市博物馆馆藏待修复青铜文物

青铜矛（战国）

藏品号：981　　件数：1件

尺寸重量：

完残情况：残

鉴定级别：未定级出土文物

病害类型：通体矿化

征集时间、来源或流传经过：发掘

战国凸弦纹铜矛镦（战国）

藏品号：982　　件数：1件

尺寸重量：

完残情况：残

鉴定级别：三级

病害类型：点腐蚀、变形

征集时间、来源或流传经过：发掘

战国凸弦纹铜矛镦（战国）

藏品号：983　　件数：1件

尺寸重量：

完残情况：残

鉴定级别：三级

病害类型：通体矿化

征集时间、来源或流传经过：发掘

战国铜矛（战国）

藏品号：984　　件数：1件

尺寸重量：

完残情况：残

鉴定级别：未定级出土文物

病害类型：通体矿化、硬结物

征集时间、来源或流传经过：发掘

战国扁茎铜短剑（战国）

藏品号：985　　件数：1件

尺寸重量：

完残情况：残

鉴定级别：未定级出土文物

病害类型：通体矿化

征集时间、来源或流传经过：发掘

战国铜剑首（战国）

藏品号：986　　件数：1件

尺寸重量：

完残情况：残

鉴定级别：未定级出土文物

病害类型：残缺、裂隙

征集时间、来源或流传经过：发掘

战国空首铜剑（战国）

藏品号：987　　件数：1件

尺寸重量：

完残情况：残

鉴定级别：未定级出土文物

病害类型：

征集时间、来源或流传经过：发掘

战国绞索形铜马衔（战国）

藏品号：988　　件数：1件

尺寸重量：

完残情况：残

鉴定级别：未定级出土文物

病害类型：通体矿化、残缺、裂隙、表面沉积物

征集时间、来源或流传经过：发掘

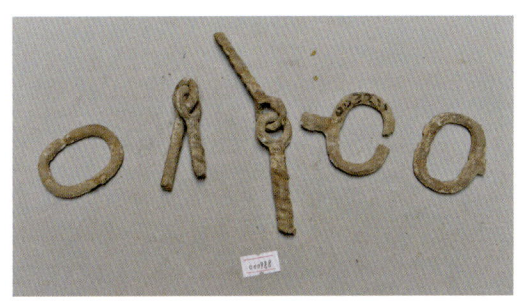

战国铜矛（战国）

藏品号：989　　件数：1件

尺寸重量：

完残情况：残

鉴定级别：未定级出土文物

病害类型：点腐蚀

征集时间、来源或流传经过：发掘

东汉半圆方枚铭铜镜（东汉）

藏品号：990　　件数：1件

尺寸重量：

完残情况：残

鉴定级别：三级

病害类型：通体矿化

征集时间、来源或流传经过：发掘

战国突轮铜戈镈（战国）

藏品号：991　　件数：1件

尺寸重量：

完残情况：残

鉴定级别：三级

病害类型：变形、表面沉积物

征集时间、来源或流传经过：发掘

战国带木柲鸟纹铜戈鐏（战国）

藏品号：992　　件数：1件

尺寸重量：

完残情况：残

鉴定级别：二级

病害类型：点腐蚀、残缺

征集时间、来源或流传经过：发掘

战国带鸟纹铜戈鐏（战国）

藏品号：993　　件数：1件

尺寸重量：

完残情况：残

鉴定级别：三级

病害类型：通体矿化、变形

征集时间、来源或流传经过：发掘

战国突箍带戈残木柲铜戈鐏（战国）

藏品号：994　　件数：1件

尺寸重量：

完残情况：残

鉴定级别：三级

病害类型：残缺

征集时间、来源或流传经过：发掘

战国三菱形铜镞（战国）

藏品号：995　　件数：1件

尺寸重量：

完残情况：残

鉴定级别：三级

病害类型：通体矿化

征集时间、来源或流传经过：发掘

战国铜铃形器（战国）

藏品号：996　　件数：1件

尺寸重量：

完残情况：残

鉴定级别：未定级出土文物

病害类型：残缺

征集时间、来源或流传经过：发掘

青铜饰件（战国）

藏品号：997　　件数：1件

尺寸重量：

完残情况：残

鉴定级别：未定级出土文物

病害类型：残缺

征集时间、来源或流传经过：发掘

战国铜镞（战国）

藏品号：998　　件数：1件

尺寸重量：

完残情况：残

鉴定级别：未定级出土文物

病害类型：通体矿化、裂隙、硬结物、表面沉积物

征集时间、来源或流传经过：发掘

战国扁茎铜短剑（战国）

藏品号：999　　件数：1 件

尺寸重量：

完残情况：残

鉴定级别：未定级出土文物

病害类型：裂隙

征集时间、来源或流传经过：发掘

铜块（战国）

藏品号：1000　　件数：1 件

尺寸重量：

完残情况：残

鉴定级别：未定级出土文物

病害类型：通体矿化、硬结物、表面沉积物

征集时间、来源或流传经过：采集

青铜带钩（战国）

藏品号：1002　　件数：1 件

尺寸重量：

完残情况：残

鉴定级别：未定级出土文物

病害类型：残缺、硬结物

征集时间、来源或流传经过：发掘

青铜带钩（战国）

藏品号：1003　　件数：1 件

尺寸重量：

完残情况：残

鉴定级别：未定级出土文物

病害类型：变形

征集时间、来源或流传经过：发掘

战国铜戈（战国）

藏品号：1004　　件数：1件

尺寸重量：

完残情况：残

鉴定级别：未定级出土文物

病害类型：残缺

征集时间、来源或流传经过：发掘

战国铜矛镦（战国）

藏品号：1005　　件数：1件

尺寸重量：

完残情况：残

鉴定级别：三级

病害类型：通体矿化

征集时间、来源或流传经过：发掘

西汉乳钉纹（西汉）

藏品号：1006　　件数：1件

尺寸重量：

完残情况：残

鉴定级别：未定级出土文物

病害类型：

征集时间、来源或流传经过：发掘

战国矛穿铜戈（战国）

藏品号：1007　　件数：1件

尺寸重量：

完残情况：残

鉴定级别：未定级出土文物

病害类型：残缺、硬结物

征集时间、来源或流传经过：发掘

青铜矛（战国）

藏品号：1008　　件数：1件

尺寸重量：

完残情况：残

鉴定级别：未定级出土文物

病害类型：通体矿化

征集时间、来源或流传经过：发掘

汉青铜碗（汉）

藏品号：1009　　件数：1件

尺寸重量：

完残情况：残

鉴定级别：未定级出土文物

病害类型：变形、表面沉积物

征集时间、来源或流传经过：发掘

汉青铜鐎壶（汉）

藏品号：1010　　件数：1件

尺寸重量：

完残情况：残

鉴定级别：未定级出土文物

病害类型：通体矿化

征集时间、来源或流传经过：发掘

青铜鼎（汉）

藏品号：1011　　件数：1件

尺寸重量：

完残情况：残

鉴定级别：未定级出土文物

病害类型：残缺

征集时间、来源或流传经过：发掘

铜带钩

藏品号：1013　　件数：1件

尺寸重量：

完残情况：残

鉴定级别：未定级出土文物

病害类型：裂隙

征集时间、来源或流传经过：发掘

青铜箭镞

藏品号：1014　　件数：1件

尺寸重量：

完残情况：残

鉴定级别：未定级出土文物

病害类型：点腐蚀、硬结物

征集时间、来源或流传经过：发掘

铜碗

藏品号：1015　　件数：1件

尺寸重量：

完残情况：残

鉴定级别：未定级出土文物

病害类型：表面沉积物

征集时间、来源或流传经过：发掘

青铜碗（战国）

藏品号：1016　　件数：1件

尺寸重量：

完残情况：残

鉴定级别：未定级出土文物

病害类型：通体矿化、变形、表面沉积物

征集时间、来源或流传经过：发掘

汉盘口铜灯（汉）

藏品号：1017　　件数：1件

尺寸重量：

完残情况：残

鉴定级别：未定级出土文物

病害类型：通体矿化

征集时间、来源或流传经过：发掘

汉双铺首铜钫（汉）

藏品号：1018　　件数：1件

尺寸重量：

完残情况：残

鉴定级别：未定级出土文物

病害类型：变形

征集时间、来源或流传经过：发掘

铜壶残片

藏品号：1019　　件数：1件

尺寸重量：

完残情况：残

鉴定级别：未定级出土文物

病害类型：残缺、表面沉积物

征集时间、来源或流传经过：发掘

战国铜鼎（战国）

藏品号：1020　　件数：1件

尺寸重量：

完残情况：残

鉴定级别：未定级出土文物

病害类型：通体矿化

征集时间、来源或流传经过：发掘

汉铜鐎壶（汉）

藏品号：1021　　件数：1件

尺寸重量：

完残情况：残

鉴定级别：未定级出土文物

病害类型：点腐蚀、表面沉积物

征集时间、来源或流传经过：发掘

汉铜盆（汉）

藏品号：1022　　件数：1件

尺寸重量：

完残情况：残

鉴定级别：未定级出土文物

病害类型：变形

征集时间、来源或流传经过：发掘

汉弦纹提梁铜壶（汉）

藏品号：1023　　件数：1件

尺寸重量：

完残情况：残

鉴定级别：未定级出土文物

病害类型：点腐蚀

征集时间、来源或流传经过：采集

铜盉

藏品号：1024　　件数：1件

尺寸重量：

完残情况：残

鉴定级别：未定级出土文物

病害类型：通体矿化

征集时间、来源或流传经过：发掘

战国铜壶（战国）

藏品号：1025　　件数：1件

尺寸重量：

完残情况：残

鉴定级别：未定级出土文物

病害类型：残缺

征集时间、来源或流传经过：发掘

汉宽弦纹铜樽（汉）

藏品号：1026　　件数：1件

尺寸重量：

完残情况：残

鉴定级别：三级

病害类型：点腐蚀、裂隙、硬结物

征集时间、来源或流传经过：发掘

西汉宽弦纹铜壶（西汉）

藏品号：1027　　件数：1件

尺寸重量：

完残情况：残

鉴定级别：未定级出土文物

病害类型：通体矿化

征集时间、来源或流传经过：发掘

铜物残片

藏品号：1028　　件数：1件

尺寸重量：

完残情况：残

鉴定级别：未定级出土文物

病害类型：残缺、变形

征集时间、来源或流传经过：发掘

宋小铜勺（宋）

藏品号：1029　　件数：1件

尺寸重量：

完残情况：残

鉴定级别：未定级出土文物

病害类型：残缺、变形、硬结物

征集时间、来源或流传经过：发掘

青铜矛

藏品号：1030　　件数：1件

尺寸重量：

完残情况：残

鉴定级别：未定级出土文物

病害类型：残缺

征集时间、来源或流传经过：发掘

戈鐏

藏品号：1031　　件数：1件

尺寸重量：

完残情况：残

鉴定级别：未定级出土文物

病害类型：裂隙、变形、硬结物

征集时间、来源或流传经过：发掘

铜钟

藏品号：1032　　件数：1件

尺寸重量：

完残情况：残

鉴定级别：未定级出土文物

病害类型：裂隙

征集时间、来源或流传经过：发掘

铜带钩

藏品号：1033　　件数：1件

尺寸重量：

完残情况：残

鉴定级别：未定级出土文物

病害类型：残缺、裂隙

征集时间、来源或流传经过：发掘

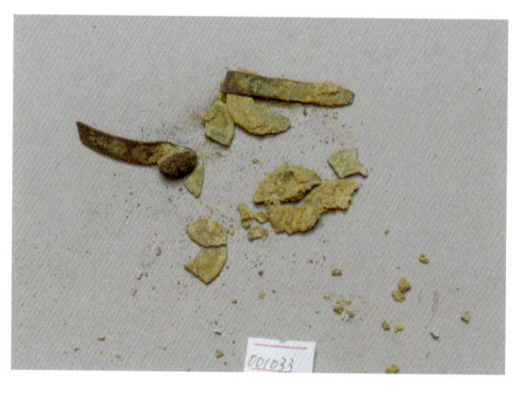

附　录　张家界市博物馆馆藏待修复青铜文物

铜碗

藏品号：1034　　件数：1件

尺寸重量：

完残情况：残

鉴定级别：未定级出土文物

病害类型：残缺

征集时间、来源或流传经过：发掘

戈鐏

藏品号：1035　　件数：1件

尺寸重量：

完残情况：残

鉴定级别：未定级出土文物

病害类型：点腐蚀、通体矿化、变形、硬结物

征集时间、来源或流传经过：发掘

铜勺

藏品号：1036　　件数：1件

尺寸重量：

完残情况：残

鉴定级别：未定级出土文物

病害类型：通体矿化、硬结物

征集时间、来源或流传经过：发掘

铜勺

藏品号：1037　　件数：1件

尺寸重量：

完残情况：残

417

鉴定级别：未定级出土文物

病害类型：残缺、变形、硬结物

征集时间、来源或流传经过：发掘

东汉"长宜子孙"铜镜（东汉）

藏品号：1159　　件数：1 件

尺寸重量：直径 19.9 厘米

完残情况：完

鉴定级别：三级

病害类型：通体矿化

征集时间、来源或流传经过：其他

唐"花发无冬下"铜镜（唐）

藏品号：1160　　件数：1 件

尺寸重量：直径 9.5 厘米

完残情况：完

鉴定级别：二级

病害类型：残缺、硬结物

征集时间、来源或流传经过：其他

战国四兽纹铜镜（战国）

藏品号：1161　　件数：1 件

尺寸重量：直径 16.7 厘米

完残情况：残

鉴定级别：三级

病害类型：裂隙

征集时间、来源或流传经过：其他

战国四龙纹铜镜（战国）

藏品号：1162　　件数：1件

尺寸重量：直径11.8厘米

完残情况：完

鉴定级别：三级

病害类型：通体矿化

征集时间、来源或流传经过：其他

东汉四鸟纹铜镜（东汉）

藏品号：1163　　件数：1件

尺寸重量：直径8厘米

完残情况：残

鉴定级别：三级

病害类型：通体矿化、残缺

征集时间、来源或流传经过：其他

战国十二叶四山纹铜镜（战国）

藏品号：1164　　件数：1件

尺寸重量：直径14.2厘米

完残情况：残

鉴定级别：三级

病害类型：残缺

征集时间、来源或流传经过：其他

战国四花菱形纹铜镜（战国）

藏品号：1165　　件数：1件

尺寸重量：直径11.3厘米

完残情况：残

鉴定级别：三级

病害类型：残缺、裂隙

征集时间、来源或流传经过：其他

明凸弦纹铜镜（隋唐）

藏品号：1166　　件数：1件

尺寸重量：直径 8.8 厘米

完残情况：完

鉴定级别：未定级出土文物

病害类型：裂隙

征集时间、来源或流传经过：其他

明瑞兽葡萄纹铜镜（隋唐）

藏品号：1167　　件数：1件

尺寸重量：直径 14.4 厘米

完残情况：残

鉴定级别：三级

病害类型：点腐蚀

征集时间、来源或流传经过：其他

宋葵形铜镜（宋）

藏品号：1168　　件数：1件

尺寸重量：直径 14.4 厘米

完残情况：其他

鉴定级别：未定级出土文物

病害类型：通体矿化、裂隙、表面沉积物

征集时间、来源或流传经过：其他

宋菱花形"湖州"铜镜（隋唐）

藏品号：1169　　件数：1件

尺寸重量：直径 19 厘米

完残情况：完

鉴定级别：三级

病害类型：裂隙、硬结物

征集时间、来源或流传经过：其他

宋葵花铜镜（宋）

藏品号：1170　　件数：1 件

尺寸重量：直径 12 厘米

完残情况：残

鉴定级别：未定级出土文物

病害类型：通体矿化、表面沉积物

征集时间、来源或流传经过：其他

宋铭文铜镜（宋）

藏品号：1171　　件数：1 件

尺寸重量：直径 8.4 厘米

完残情况：残

鉴定级别：未定级出土文物

病害类型：裂隙、硬结物

征集时间、来源或流传经过：其他

东汉龙虎铭文铜镜（东汉）

藏品号：1172　　件数：1 件

尺寸重量：直径 10.5 厘米

完残情况：残

鉴定级别：二级

病害类型：变形

征集时间、来源或流传经过：其他

宋菊花纹铜铃（宋）

藏品号：1173　　件数：1 件

尺寸重量：

完残情况：残

鉴定级别：三级

病害类型：通体矿化、残缺、硬结物

征集时间、来源或流传经过：其他

战国三穿铜戈（战国）

藏品号：1174　　件数：1 件

尺寸重量：内长 8.2 厘米

完残情况：残

鉴定级别：未定级出土文物

病害类型：通体矿化、裂隙、表面沉积物

征集时间、来源或流传经过：其他

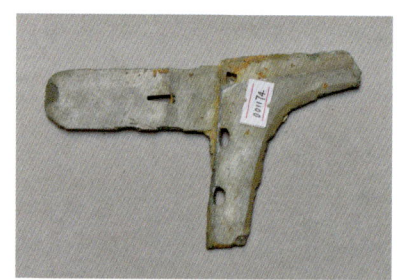

战国虎钮铜錞于（战国）

藏品号：1175　　件数：1 件

尺寸重量：

完残情况：残

鉴定级别：二级

病害类型：通体矿化、硬结物

征集时间、来源或流传经过：其他

汉"宜侯王"双鱼纹铜洗（汉）

藏品号：1176　　件数：1 件

尺寸重量：

完残情况：残

鉴定级别：三级

病害类型：变形

征集时间、来源或流传经过：其他

元铜锣（大）（元）

藏品号：1177　　件数：1件

尺寸重量：

完残情况：残

鉴定级别：三级

病害类型：通体矿化、表面沉积物

征集时间、来源或流传经过：其他

元铜锣（小）（元）

藏品号：1178　　件数：1件

尺寸重量：

完残情况：残

鉴定级别：三级

病害类型：残缺

征集时间、来源或流传经过：其他

明铜锣（明）

藏品号：1179　　件数：1件

尺寸重量：

完残情况：残

鉴定级别：三级

病害类型：裂隙、表面沉积物

征集时间、来源或流传经过：其他

明素面铜盆（明）

藏品号：1180　　件数：1件

尺寸重量：口径 37.3 厘米，底径 27.3 厘米

完残情况：残

鉴定级别：三级

病害类型：通体矿化、硬结物

征集时间、来源或流传经过：其他

战国铜剑（战国）

藏品号：1181　　件数：1 件

尺寸重量：

完残情况：残

鉴定级别：未定级出土文物

病害类型：变形

征集时间、来源或流传经过：其他

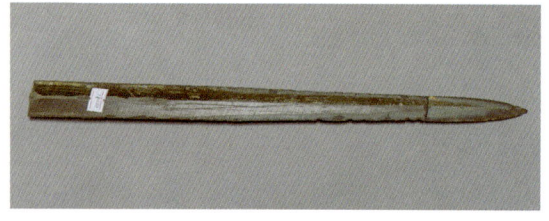

战国铜剑（战国）

藏品号：1182　　件数：1 件

尺寸重量：残长 46.5 厘米

完残情况：残

鉴定级别：未定级出土文物

病害类型：残缺

征集时间、来源或流传经过：其他

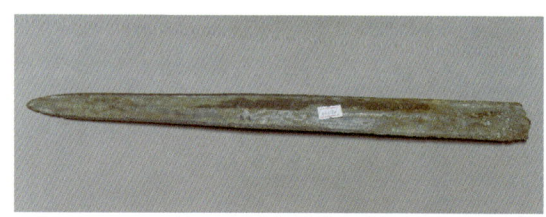

战国铜剑（战国）

藏品号：1183　　件数：1 件

尺寸重量：残长 55 厘米

完残情况：残

鉴定级别：未定级出土文物

病害类型：通体矿化、硬结物、表面沉积物

征集时间、来源或流传经过：其他

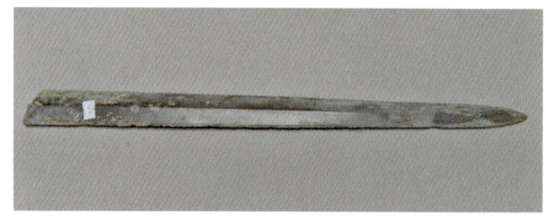

附　录　张家界市博物馆馆藏待修复青铜文物

战国空首铜剑（战国）

藏品号：1184　　件数：1件

尺寸重量：残长43厘米

完残情况：残

鉴定级别：未定级出土文物

病害类型：硬结物

征集时间、来源或流传经过：其他

战国双箍铜剑柄（战国）

藏品号：1185　　件数：1件

尺寸重量：残长12.5厘米

完残情况：残

鉴定级别：未定级出土文物

病害类型：通体矿化

征集时间、来源或流传经过：其他

战国单钮铜矛（战国）

藏品号：1186　　件数：1件

尺寸重量：残长16.5厘米

完残情况：残

鉴定级别：未定级出土文物

病害类型：残缺、裂隙

征集时间、来源或流传经过：其他

战国铜戈鐏（战国）

藏品号：1187　　件数：1件

尺寸重量：残长13厘米

完残情况：残

鉴定级别：未定级出土文物

425

病害类型：

征集时间、来源或流传经过：其他

战国三菱形铜箭镞（战国）

藏品号：1188　　件数：1件

尺寸重量：

完残情况：残

鉴定级别：未定级出土文物

病害类型：点腐蚀、通体矿化

征集时间、来源或流传经过：其他

东汉弦纹铜碗（东汉）

藏品号：1189　　件数：1件

尺寸重量：口径9.6厘米，高4.5厘米

完残情况：残

鉴定级别：未定级出土文物

病害类型：残缺、裂隙、变形、表面沉积物

征集时间、来源或流传经过：其他

清犯狮钮盖桃形铜盒（清）

藏品号：1190　　件数：1件

尺寸重量：口径6.3厘米，通高11厘米

完残情况：完

鉴定级别：三级

病害类型：

征集时间、来源或流传经过：其他

清"宣德五年"款铜香炉（清）

藏品号：1191　　件数：1件

尺寸重量：口径 10.8 厘米

完残情况：完

鉴定级别：三级

病害类型：通体矿化、残缺

征集时间、来源或流传经过：其他

宣德炉（清）

藏品号：1192　　件数：1 件

尺寸重量：口径 13.2 厘米

完残情况：残

鉴定级别：未定级出土文物

病害类型：点腐蚀、变形

征集时间、来源或流传经过：其他

清牡丹花纹铜手炉（清）

藏品号：1193　　件数：1 件

尺寸重量：口径 10.6 厘米，底径 13 厘米

完残情况：残

鉴定级别：三级

病害类型：通体矿化、残缺、裂隙

征集时间、来源或流传经过：其他

清塗红漆铜财神（清）

藏品号：1194　　件数：1 件

尺寸重量：

完残情况：残

鉴定级别：未定级出土文物

病害类型：变形、硬结物、表面沉积物

征集时间、来源或流传经过：其他

明六角雷纹铜爵（明）

藏品号：1195　　件数：1件

尺寸重量：通高17厘米

完残情况：完

鉴定级别：三级

病害类型：通体矿化

征集时间、来源或流传经过：其他

明雷纹铜爵（明）

藏品号：1196　　件数：1件

尺寸重量：通高17厘米

完残情况：完

鉴定级别：三级

病害类型：点腐蚀、残缺、硬结物

征集时间、来源或流传经过：其他

明"理□"铜编钟（明）

藏品号：1197　　件数：1件

尺寸重量：

完残情况：完

鉴定级别：三级

病害类型：点腐蚀

征集时间、来源或流传经过：其他

明"理□"铜编钟（明）

藏品号：1198　　件数：1件

尺寸重量：

完残情况：完

鉴定级别：三级

病害类型：通体矿化、表面沉积物

征集时间、来源或流传经过：其他

明镂空人物铜筒（明）

藏品号：1199　　件数：1件

尺寸重量：通高25.5厘米

完残情况：残

鉴定级别：三级

病害类型：残缺、裂隙、表面沉积物

征集时间、来源或流传经过：其他

明双龙环耳铜瓶（明）

藏品号：1200　　件数：1件

尺寸重量：通高11.5厘米，口径4.4厘米，底径7.3厘米

完残情况：完

鉴定级别：三级

病害类型：通体矿化、变形

征集时间、来源或流传经过：其他

明双龙环耳铜瓶（明）

藏品号：1201　　件数：1件

尺寸重量：口径4.4厘米，底径7.3厘米，高11.5厘米

完残情况：完

鉴定级别：三级

病害类型：变形

征集时间、来源或流传经过：其他

清铜锣（大）（清）

藏品号：1563　　件数：1件

尺寸重量：

完残情况：完

鉴定级别：三级

病害类型：通体矿化、变形、硬结物

征集时间、来源或流传经过：其他

清铜锣（中）（清）

藏品号：1564　　件数：1件

尺寸重量：

完残情况：完

鉴定级别：三级

病害类型：通体矿化

征集时间、来源或流传经过：其他

清八星铜锣（小）（清）

藏品号：1565　　件数：1件

尺寸重量：

完残情况：残

鉴定级别：三级

病害类型：点腐蚀、残缺、裂隙、硬结物

征集时间、来源或流传经过：其他

清铜磬（清）

藏品号：1566　　件数：1件

尺寸重量：口私怨26厘米

完残情况：残

鉴定级别：三级

病害类型：残缺

征集时间、来源或流传经过：其他

清铜锁（清）

藏品号：1581　　件数：1件

尺寸重量：

完残情况：完

鉴定级别：未定级出土文物

病害类型：点腐蚀、通体矿化、裂隙、硬结物

征集时间、来源或流传经过：其他

铜鼎（战国）

藏品号：1606　　件数：1件

尺寸重量：

完残情况：残

鉴定级别：三级

病害类型：残缺、裂隙

征集时间、来源或流传经过：其他

铜鼎（战国）

藏品号：1607　　件数：1件

尺寸重量：

完残情况：残

鉴定级别：三级

病害类型：通体矿化

征集时间、来源或流传经过：其他

铜毁（汉）

藏品号：1608　　件数：1件

尺寸重量：

完残情况：残

鉴定级别：未定级出土文物

病害类型：通体矿化、硬结物

征集时间、来源或流传经过：发掘

铜毁（战国）

藏品号：1609　　件数：1件

尺寸重量：

完残情况：残

鉴定级别：三级

病害类型：通体矿化

征集时间、来源或流传经过：其他

战国扁茎铜剑（战国）

藏品号：1634　　件数：1件

尺寸重量：长21.3厘米

完残情况：残

鉴定级别：三级

病害类型：点腐蚀、裂隙

征集时间、来源或流传经过：其他

战国铜戈（战国）

藏品号：1635　　件数：1件

尺寸重量：

完残情况：残

鉴定级别：三级

病害类型：通体矿化

征集时间、来源或流传经过：其他

战国青铜戈（战国）

藏品号：1636　　件数：1 件

尺寸重量：内长 8.9 厘米，沿长 16.5 厘米

完残情况：残

鉴定级别：未定级出土文物

病害类型：硬结物、表面沉积物

征集时间、来源或流传经过：其他

战国双箍铜剑（战国）

藏品号：1637　　件数：1 件

尺寸重量：残长 14.8 厘米

完残情况：残

鉴定级别：未定级出土文物

病害类型：残缺

征集时间、来源或流传经过：其他

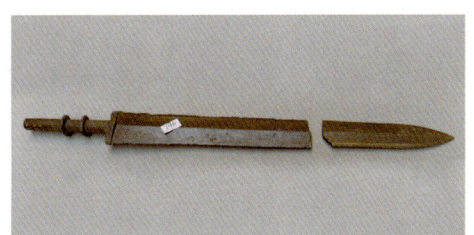

战国空首铜剑（战国）

藏品号：1638　　件数：1 件

尺寸重量：残长 21.2 厘米

完残情况：残

鉴定级别：未定级出土文物

病害类型：裂隙、硬结物

征集时间、来源或流传经过：其他

青铜剑（战国）

藏品号：1639　　件数：1 件

尺寸重量：

完残情况：残

鉴定级别：未定级出土文物

病害类型：通体矿化

征集时间、来源或流传经过：其他

铜壶残片（战国）

藏品号：1640　　件数：1件

尺寸重量：

完残情况：残

鉴定级别：未定级出土文物

病害类型：通体矿化、裂隙、硬结物、表面沉积物

征集时间、来源或流传经过：其他

铜敦残片（战国）

藏品号：1642　　件数：1件

尺寸重量：

完残情况：残

鉴定级别：未定级出土文物

病害类型：通体矿化

征集时间、来源或流传经过：发掘

铜匜（战国）

藏品号：1643　　件数：1件

尺寸重量：

完残情况：残

鉴定级别：未定级出土文物

病害类型：点腐蚀、裂隙、硬结物

征集时间、来源或流传经过：发掘

云纹铜器盖（战国）

藏品号：1644　　件数：1 件

尺寸重量：

完残情况：残

鉴定级别：未定级出土文物

病害类型：残缺

征集时间、来源或流传经过：其他

战国双箍铜剑（战国）

藏品号：1655　　件数：1 件

尺寸重量：

完残情况：残

鉴定级别：三级

病害类型：通体矿化

征集时间、来源或流传经过：其他

战国铜环（战国）

藏品号：1656　　件数：1 件

尺寸重量：

完残情况：残

鉴定级别：未定级出土文物

病害类型：通体矿化、残缺

征集时间、来源或流传经过：其他

铜环（战国）

藏品号：1657　　件数：1 件

尺寸重量：

完残情况：残

鉴定级别：未定级出土文物

病害类型：点腐蚀、变形、表面沉积物

征集时间、来源或流传经过：发掘

青铜戈（战国）

藏品号：1658　　件数：1件

尺寸重量：

完残情况：残

鉴定级别：三级

病害类型：变形

征集时间、来源或流传经过：其他

汉"五珠"铜钱（汉）

藏品号：1707　　件数：1件

尺寸重量：

完残情况：残

鉴定级别：未定级出土文物

病害类型：残缺、裂隙

征集时间、来源或流传经过：其他

天禧通宝

藏品号：1708　　件数：1件

尺寸重量：

完残情况：残

鉴定级别：未定级出土文物

病害类型：

征集时间、来源或流传经过：其他

绍兴通宝

藏品号：1709　　件数：1件

尺寸重量：

完残情况：残

鉴定级别：未定级出土文物

病害类型：

征集时间、来源或流传经过：其他

天圣元宝

藏品号：1710　　件数：1件

尺寸重量：

完残情况：残

鉴定级别：未定级出土文物

病害类型：通体矿化、硬结物

征集时间、来源或流传经过：其他

"熙宁"重宝

藏品号：1711　　件数：1件

尺寸重量：

完残情况：残

鉴定级别：未定级出土文物

病害类型：点腐蚀、硬结物

征集时间、来源或流传经过：其他

元禧通宝

藏品号：1712　　件数：1件

尺寸重量：

完残情况：残

鉴定级别：未定级出土文物

病害类型：

征集时间、来源或流传经过：其他

祥符通宝

藏品号：1713　　件数：1件

尺寸重量：

完残情况：残

鉴定级别：未定级出土文物

病害类型：残缺

征集时间、来源或流传经过：其他

建炎通宝

藏品号：1714　　件数：1件

尺寸重量：

完残情况：残

鉴定级别：未定级出土文物

病害类型：点腐蚀

征集时间、来源或流传经过：其他

夏宋通宝

藏品号：1715　　件数：1件

尺寸重量：

完残情况：残

鉴定级别：未定级出土文物

病害类型：通体矿化

征集时间、来源或流传经过：其他

天圣元宝

藏品号：1716　　件数：1件

尺寸重量：

完残情况：残

鉴定级别：未定级出土文物

病害类型：残缺、变形

征集时间、来源或流传经过：其他

绍圣元宝

藏品号：1717　　件数：1件

尺寸重量：

完残情况：残

鉴定级别：未定级出土文物

病害类型：通体矿化、表面沉积物

征集时间、来源或流传经过：其他

开元通宝

藏品号：1718　　件数：1件

尺寸重量：

完残情况：残

鉴定级别：未定级出土文物

病害类型：变形、硬结物

征集时间、来源或流传经过：其他

景佑元宝

藏品号：1719　　件数：1件

尺寸重量：

完残情况：残

鉴定级别：未定级出土文物

病害类型：点腐蚀、残缺

征集时间、来源或流传经过：其他

绍圣元宝

藏品号：1720　　件数：1件

尺寸重量：

完残情况：残

鉴定级别：未定级出土文物

病害类型：通体矿化、变形

征集时间、来源或流传经过：其他

元丰通宝（清）

藏品号：1721　　件数：1件

尺寸重量：

完残情况：残

鉴定级别：未定级出土文物

病害类型：裂隙、变形、硬结物

征集时间、来源或流传经过：其他

政和通宝（清）

藏品号：1722　　件数：1件

尺寸重量：

完残情况：残

鉴定级别：未定级出土文物

病害类型：通体矿化、残缺、硬结物

征集时间、来源或流传经过：其他

口口元宝（清）

藏品号：1723　　件数：1件

尺寸重量：

完残情况：残

鉴定级别：未定级出土文物

病害类型：变形

征集时间、来源或流传经过：其他

咸平元宝（清）

藏品号：1724　　件数：1件

尺寸重量：

完残情况：残

鉴定级别：未定级出土文物

病害类型：通体矿化

征集时间、来源或流传经过：其他

淳化元宝

藏品号：1725　　件数：1件

尺寸重量：

完残情况：残

鉴定级别：未定级出土文物

病害类型：残缺

征集时间、来源或流传经过：其他

大欢通宝

藏品号：1726　　件数：1件

尺寸重量：

完残情况：残

鉴定级别：未定级出土文物

病害类型：通体矿化

征集时间、来源或流传经过：其他

宋圣元宝（宋）

藏品号：1727　　件数：1件

尺寸重量：

完残情况：残

鉴定级别：未定级出土文物

病害类型：点腐蚀、变形

征集时间、来源或流传经过：其他

景德元宝

藏品号：1728　　件数：1件

尺寸重量：

完残情况：残

鉴定级别：未定级出土文物

病害类型：硬结物

征集时间、来源或流传经过：其他

熙宁元宝

藏品号：1729　　件数：1件

尺寸重量：

完残情况：残

鉴定级别：未定级出土文物

病害类型：表面沉积物

征集时间、来源或流传经过：其他

崇宁重宝

藏品号：1730　　件数：1件

尺寸重量：

完残情况：残

鉴定级别：未定级出土文物

病害类型：通体矿化

征集时间、来源或流传经过：其他

光绪元宝（清）

藏品号：1731　　件数：1件

尺寸重量：

完残情况：完

鉴定级别：未定级出土文物

病害类型：残缺、变形、表面沉积物

征集时间、来源或流传经过：其他

光绪元宝

藏品号：1732　　件数：1件

尺寸重量：

完残情况：完

鉴定级别：未定级出土文物

病害类型：变形

征集时间、来源或流传经过：其他

大清铜币

藏品号：1733　　件数：1件

尺寸重量：

完残情况：完

鉴定级别：未定级出土文物

病害类型：点腐蚀、通体矿化、硬结物

征集时间、来源或流传经过：其他

乾隆通宝（清）

藏品号：1734　　件数：1件

尺寸重量：

完残情况：完

鉴定级别：未定级出土文物

病害类型：裂隙

征集时间、来源或流传经过：其他

中华民国币（民国）

藏品号：1735　　件数：1件

尺寸重量：

完残情况：完

鉴定级别：未定级出土文物

病害类型：点腐蚀

征集时间、来源或流传经过：其他

四川铜币（民国）

藏品号：1736　　件数：1件

尺寸重量：

完残情况：完

鉴定级别：未定级出土文物

病害类型：裂隙、表面沉积物

征集时间、来源或流传经过：其他

开元通宝（清）

藏品号：1737　　件数：1件

尺寸重量：

完残情况：残

鉴定级别：未定级出土文物

病害类型：通体矿化、裂隙

征集时间、来源或流传经过：其他

康熙元宝（清）

藏品号：1738　　件数：1件

尺寸重量：

完残情况：残

鉴定级别：未定级出土文物

病害类型：变形

征集时间、来源或流传经过：其他

康熙元宝（清）

藏品号：1739　　件数：1件

尺寸重量：

完残情况：完

鉴定级别：未定级出土文物

病害类型：通体矿化

征集时间、来源或流传经过：其他

康熙通宝（清）

藏品号：1740　　件数：1件

尺寸重量：

完残情况：残

鉴定级别：未定级出土文物

病害类型：通体矿化

征集时间、来源或流传经过：其他

顺治通宝（清）

藏品号：1741　　件数：1件

尺寸重量：

完残情况：残

鉴定级别：未定级出土文物

病害类型：变形

征集时间、来源或流传经过：其他

嘉庆通宝（清）

藏品号：1742　　件数：1件

尺寸重量：

完残情况：残

鉴定级别：未定级出土文物

病害类型：残缺、裂隙、变形

征集时间、来源或流传经过：其他

光绪元宝（清）

藏品号：1743　　件数：1件

尺寸重量：

完残情况：残

鉴定级别：未定级出土文物

病害类型：点腐蚀、通体矿化、残缺

征集时间、来源或流传经过：其他

乾隆元宝（清）

藏品号：1744　　件数：1件

尺寸重量：

完残情况：残

鉴定级别：未定级出土文物

病害类型：通体矿化、残缺

征集时间、来源或流传经过：其他

货泉（清）

藏品号：1745　　件数：1件

尺寸重量：

完残情况：残

鉴定级别：未定级出土文物

病害类型：残缺、裂隙

征集时间、来源或流传经过：其他

元末通宝（元）

藏品号：1746　　件数：1件

尺寸重量：

完残情况：残

鉴定级别：未定级出土文物

病害类型：通体矿化、变形、硬结物

征集时间、来源或流传经过：其他

宋氏铜钱（宋）

藏品号：1747　　件数：1件

尺寸重量：

完残情况：残

鉴定级别：未定级出土文物

病害类型：残缺、裂隙

征集时间、来源或流传经过：其他

五珠钱（汉）

藏品号：1748　　件数：1件

尺寸重量：

完残情况：残

鉴定级别：未定级出土文物

病害类型：通体矿化

征集时间、来源或流传经过：其他

铜钱（汉）

藏品号：1749　　件数：1件

尺寸重量：

完残情况：残

鉴定级别：未定级出土文物

病害类型：残缺、裂隙、硬结物

征集时间、来源或流传经过：其他

汉五钱（汉）

藏品号：1750　　件数：1件

尺寸重量：

完残情况：残

鉴定级别：未定级出土文物

病害类型：残缺、裂隙

征集时间、来源或流传经过：其他

汉五钱（汉）

藏品号：1751　　件数：1件

尺寸重量：

完残情况：残

鉴定级别：未定级出土文物

病害类型：裂隙

征集时间、来源或流传经过：其他

五珠钱（汉）

藏品号：1752　　件数：1件

尺寸重量：

完残情况：残

鉴定级别：未定级出土文物

病害类型：通体矿化、变形、硬结物

征集时间、来源或流传经过：其他

铜币（汉）

藏品号：1753　　件数：1件

尺寸重量：

完残情况：残

鉴定级别：未定级出土文物

病害类型：通体矿化、变形

征集时间、来源或流传经过：其他

铜币（汉）

藏品号：1754　　件数：1件

尺寸重量：

完残情况：残

鉴定级别：未定级出土文物

病害类型：点腐蚀、变形

征集时间、来源或流传经过：其他

铜币（汉）

藏品号：1755　　件数：1件

尺寸重量：

完残情况：残

鉴定级别：未定级出土文物

病害类型：通体矿化

征集时间、来源或流传经过：其他

铜币（楚）

藏品号：1756　　件数：1件

尺寸重量：

完残情况：残

鉴定级别：未定级出土文物

病害类型：通体矿化、残缺

征集时间、来源或流传经过：其他

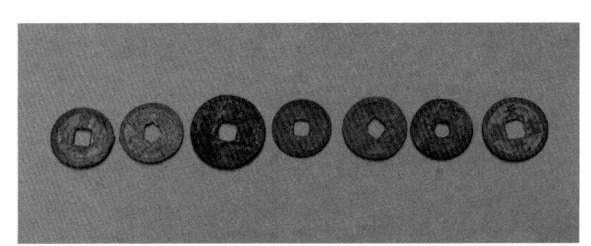

楚铜蚁鼻钱（楚）

藏品号：1757　　件数：3 件

尺寸重量：

完残情况：残

鉴定级别：三级

病害类型：通体矿化、残缺、裂隙

征集时间、来源或流传经过：其他

铜币（汉）

藏品号：1758　　件数：1 件

尺寸重量：

完残情况：残

鉴定级别：未定级出土文物

病害类型：残缺、变形

征集时间、来源或流传经过：其他

铜币（汉）

藏品号：1759　　件数：1 件

尺寸重量：

完残情况：残

鉴定级别：未定级出土文物

病害类型：通体矿化

征集时间、来源或流传经过：其他

五珠钱（汉）

藏品号：1760　　件数：1 件

尺寸重量：

完残情况：残

鉴定级别：未定级出土文物

病害类型：通体矿化、裂隙

征集时间、来源或流传经过：其他

五珠钱（汉）

藏品号：1761　　件数：1 件

尺寸重量：

完残情况：残

鉴定级别：未定级出土文物

病害类型：残缺、表面沉积物

征集时间、来源或流传经过：其他

五珠钱（汉）

藏品号：1762　　件数：1 件

尺寸重量：

完残情况：残

鉴定级别：未定级出土文物

病害类型：裂隙、变形、硬结物

征集时间、来源或流传经过：其他

铜钱（汉）

藏品号：1763　　件数：1 件

尺寸重量：

完残情况：残

鉴定级别：未定级出土文物

病害类型：

征集时间、来源或流传经过：其他

铜钱（汉）

藏品号：1764　　件数：1 件

尺寸重量：

完残情况：残

鉴定级别：未定级出土文物

病害类型：通体矿化、变形、表面沉积物

征集时间、来源或流传经过：其他

铜币（汉）

藏品号：1773　　件数：1 件

尺寸重量：

完残情况：残

鉴定级别：未定级出土文物

病害类型：裂隙、硬结物

征集时间、来源或流传经过：其他

宋"元佑通宝"铜钱（宋）

藏品号：1779　　件数：1 件

尺寸重量：

完残情况：残

鉴定级别：未定级出土文物

病害类型：裂隙

征集时间、来源或流传经过：其他

宋素面铜镜（宋）

藏品号：1778　　件数：1 件

尺寸重量：

完残情况：残

鉴定级别：未定级出土文物

病害类型：通体矿化、残缺、裂隙

征集时间、来源或流传经过：其他

附　录　张家界市博物馆馆藏待修复青铜文物

汉五铢铜钱（汉）

藏品号：1788　　件数：1件

尺寸重量：

完残情况：残

鉴定级别：未定级出土文物

病害类型：残缺、变形

征集时间、来源或流传经过：其他

铜带钩（汉）

藏品号：1789　　件数：1件

尺寸重量：

完残情况：残

鉴定级别：未定级出土文物

病害类型：通体矿化、硬结物、表面沉积物

征集时间、来源或流传经过：其他

铜饰（汉）

藏品号：1790　　件数：1件

尺寸重量：

完残情况：残

鉴定级别：未定级出土文物

病害类型：通体矿化、裂隙、表面沉积物

征集时间、来源或流传经过：其他

宋葵形铜镜（宋）

藏品号：1792　　件数：1件

尺寸重量：

完残情况：残

鉴定级别：未定级出土文物

453

病害类型：通体矿化

征集时间、来源或流传经过：其他

汉铜残饰件（汉）

藏品号：1795　　件数：3 件

尺寸重量：

完残情况：残

鉴定级别：未定级出土文物

病害类型：通体矿化、残缺

征集时间、来源或流传经过：其他

青铜箭镞（汉）

藏品号：1796　　件数：1 件

尺寸重量：

完残情况：残

鉴定级别：未定级出土文物

病害类型：残缺、裂隙

征集时间、来源或流传经过：其他

东汉博局纹铜镜（东汉）

藏品号：1807　　件数：1 件

尺寸重量：

完残情况：残

鉴定级别：未定级出土文物

病害类型：通体矿化、硬结物

征集时间、来源或流传经过：其他

战国复合双箍铜剑（战国）

藏品号：2937　　件数：1 件

尺寸重量：

完残情况：残

鉴定级别：二级

病害类型：残缺、变形、表面沉积物

征集时间、来源或流传经过：其他

战国空首铜剑（战国）

藏品号：2938　　件数：1件

尺寸重量：

完残情况：其他

鉴定级别：三级

病害类型：点腐蚀

征集时间、来源或流传经过：其他

战国空首铜剑（战国）

藏品号：2939　　件数：1件

尺寸重量：

完残情况：其他

鉴定级别：三级

病害类型：点腐蚀、残缺、硬结物、表面沉积物

征集时间、来源或流传经过：其他

战国双箍铜剑（战国）

藏品号：2940　　件数：1件

尺寸重量：

完残情况：其他

鉴定级别：三级

病害类型：通体矿化、变形

征集时间、来源或流传经过：其他

战国云雷纹虎钮铜錞于（战国）

藏品号：2941　　件数：1件

尺寸重量：通高48厘米，底径18厘米，口径24.5厘米

完残情况：残

鉴定级别：二级

病害类型：残缺

征集时间、来源或流传经过：采集

战国单穿铜戈（战国）

藏品号：2956　　件数：1件

尺寸重量：

完残情况：残

鉴定级别：三级

病害类型：通体矿化、裂隙、硬结物、表面沉积物

征集时间、来源或流传经过：征集

战国单穿铜戈（战国）

藏品号：2957　　件数：1件

尺寸重量：

完残情况：残

鉴定级别：三级

病害类型：残缺、变形

征集时间、来源或流传经过：发掘

战国单钮铜矛（战国）

藏品号：2963　　件数：1件

尺寸重量：长22厘米，最宽4厘米

完残情况：其他

鉴定级别：三级

病害类型：通体矿化

征集时间、来源或流传经过：发掘

战国单钮铜矛（战国）

藏品号：2964　　件数：1件

尺寸重量：长21.4厘米，最宽3.7厘米

完残情况：其他

鉴定级别：三级

病害类型：裂隙

征集时间、来源或流传经过：发掘

战国空首铜矛（战国）

藏品号：2965　　件数：1件

尺寸重量：长42.5厘米，最宽44厘米

完残情况：其他

鉴定级别：三级

病害类型：通体矿化、残缺、表面沉积物

征集时间、来源或流传经过：发掘

战国空首铜矛（战国）

藏品号：2966　　件数：1件

尺寸重量：长44.27厘米，最宽4.57厘米

完残情况：残

鉴定级别：未定级出土文物

病害类型：残缺、裂隙、硬结物

征集时间、来源或流传经过：发掘

汉宽弦纹铜壶（汉）

藏品号：2995　　件数：1件

尺寸重量：

完残情况：残

鉴定级别：三级

病害类型：通体矿化、裂隙、变形

征集时间、来源或流传经过：发掘

战国双箍铜剑（战国）

藏品号：3129　　件数：1件

尺寸重量：

完残情况：残

鉴定级别：三级

病害类型：残缺

征集时间、来源或流传经过：发掘

战国空首铜剑（战国）

藏品号：3130　　件数：1件

尺寸重量：

完残情况：残

鉴定级别：未定级出土文物

病害类型：通体矿化、裂隙、表面沉积物

征集时间、来源或流传经过：发掘

附　录　张家界市博物馆馆藏待修复青铜文物

战国空首铜剑（战国）

藏品号：3131　　件数：1件

尺寸重量：

完残情况：残

鉴定级别：三级

病害类型：残缺

征集时间、来源或流传经过：发掘

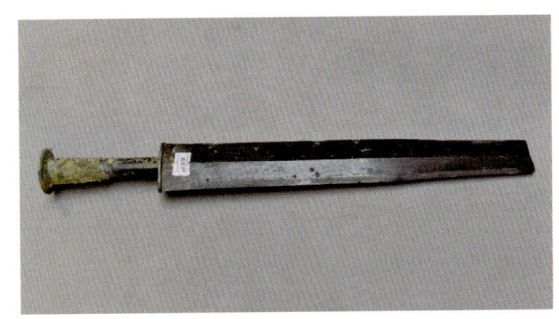

战国双箍铜剑（战国）

藏品号：3132　　件数：1件

尺寸重量：

完残情况：残

鉴定级别：未定级出土文物

病害类型：通体矿化、变形

征集时间、来源或流传经过：发掘

战国椎形铜镞（战国）

藏品号：3163　　件数：1件

尺寸重量：

完残情况：残

鉴定级别：三级

病害类型：变形、硬结物

征集时间、来源或流传经过：发掘

战国椎形铜镞（战国）

藏品号：3164　　件数：1件

尺寸重量：

完残情况：残

鉴定级别：三级

459

病害类型：通体矿化

征集时间、来源或流传经过：发掘

清铜锁（清）

藏品号：3165　　件数：1件

尺寸重量：

完残情况：完

鉴定级别：未定级出土文物

病害类型：通体矿化、裂隙、硬结物

征集时间、来源或流传经过：其他

楚铜蚁鼻钱（楚）

藏品号：3166　　件数：3枚

尺寸重量：

完残情况：残

鉴定级别：三级

病害类型：残缺、变形、硬结物

征集时间、来源或流传经过：其他

楚铜蚁鼻钱（楚）

藏品号：3167　　件数：3枚

尺寸重量：

完残情况：残

鉴定级别：三级

病害类型：通体矿化、裂隙

征集时间、来源或流传经过：其他

宋菊花纹铜铃（宋）

藏品号：3185　　件数：1件

附　录　张家界市博物馆馆藏待修复青铜文物

尺寸重量：

完残情况：残

鉴定级别：三级

病害类型：残缺、变形

征集时间、来源或流传经过：其他

战国三菱形铜镞（战国）

藏品号：3205　　件数：1件

尺寸重量：

完残情况：残

鉴定级别：三级

病害类型：硬结物

征集时间、来源或流传经过：发掘

战国三菱形铜镞（战国）

藏品号：3206　　件数：1件

尺寸重量：

完残情况：残

鉴定级别：三级

病害类型：残缺

征集时间、来源或流传经过：发掘

战国三菱形铜镞（战国）

藏品号：3207　　件数：1件

尺寸重量：

完残情况：残

鉴定级别：三级

病害类型：通体矿化、裂隙、变形

征集时间、来源或流传经过：发掘

战国三菱形铜镞（战国）

藏品号：3208　　件数：1件

尺寸重量：

完残情况：残

鉴定级别：三级

病害类型：残缺

征集时间、来源或流传经过：发掘

战国三菱形铜镞（战国）

藏品号：3209　　件数：1件

尺寸重量：

完残情况：残

鉴定级别：三级

病害类型：变形、硬结物

征集时间、来源或流传经过：发掘

战国三菱形铜镞（战国）

藏品号：3269　　件数：1件

尺寸重量：

完残情况：残

鉴定级别：未定级出土文物

病害类型：通体矿化、裂隙

征集时间、来源或流传经过：发掘

战国三菱形铜镞（战国）

藏品号：3270　　件数：1件

尺寸重量：

完残情况：残

鉴定级别：未定级出土文物

病害类型：点腐蚀、残缺、变形

征集时间、来源或流传经过：发掘

战国三菱形铜镞（战国）

藏品号：3271　　件数：1 件

尺寸重量：

完残情况：残

鉴定级别：未定级出土文物

病害类型：通体矿化、变形

征集时间、来源或流传经过：发掘

战国三菱形铜镞（战国）

藏品号：3272　　件数：1 件

尺寸重量：

完残情况：残

鉴定级别：未定级出土文物

病害类型：残缺、裂隙、硬结物

征集时间、来源或流传经过：发掘

战国椎形铜镞（战国）

藏品号：3273　　件数：1 件

尺寸重量：

完残情况：残

鉴定级别：未定级出土文物

病害类型：通体矿化、裂隙、硬结物

征集时间、来源或流传经过：发掘

战国椎形铜镞（战国）

藏品号：3274　　件数：1 件

尺寸重量：

完残情况：残

鉴定级别：未定级出土文物

病害类型：残缺、变形、表面沉积物

征集时间、来源或流传经过：发掘

战国绞索形铜马衔（战国）

藏品号：3275　　件数：1件

尺寸重量：

完残情况：残

鉴定级别：未定级出土文物

病害类型：硬结物

征集时间、来源或流传经过：发掘

东汉半圆方枚铭铜镜（东汉）

藏品号：3276　　件数：1件

尺寸重量：

完残情况：残

鉴定级别：未定级出土文物

病害类型：通体矿化、裂隙

征集时间、来源或流传经过：发掘

东汉半圆方枚铭铜镜（东汉）

藏品号：3277　　件数：1件

尺寸重量：

完残情况：残

鉴定级别：未定级出土文物

病害类型：残缺、变形

征集时间、来源或流传经过：发掘

附　录　张家界市博物馆馆藏待修复青铜文物

战国铜镞（战国）

藏品号：3278　　件数：1件

尺寸重量：

完残情况：残

鉴定级别：未定级出土文物

病害类型：残缺、变形

征集时间、来源或流传经过：发掘

战国三菱形铜箭镞（战国）

藏品号：3305　　件数：1件

尺寸重量：

完残情况：残

鉴定级别：未定级出土文物

病害类型：裂隙、硬结物

征集时间、来源或流传经过：其他

战国椎形铜镞（战国）

藏品号：3441　　件数：1件

尺寸重量：

完残情况：残

鉴定级别：未定级出土文物

病害类型：点腐蚀、通体矿化、表面沉积物

征集时间、来源或流传经过：其他

宋"元佑通宝"铜钱（宋）

藏品号：3651　　件数：1件

尺寸重量：

完残情况：残

鉴定级别：未定级出土文物

病害类型：通体矿化

征集时间、来源或流传经过：其他

宋"元佑通宝"铜钱（宋）

藏品号：3652　　件数：1件

尺寸重量：

完残情况：残

鉴定级别：未定级出土文物

病害类型：残缺、硬结物

征集时间、来源或流传经过：其他

宋"元佑通宝"铜钱（宋）

藏品号：3653　　件数：1件

尺寸重量：

完残情况：残

鉴定级别：未定级出土文物

病害类型：点腐蚀、裂隙、表面沉积物

征集时间、来源或流传经过：其他

宋"元佑通宝"铜钱（宋）

藏品号：3654　　件数：1件

尺寸重量：

完残情况：残

鉴定级别：未定级出土文物

病害类型：通体矿化、残缺

征集时间、来源或流传经过：其他

战国首铜车（战国）

藏品号：4607　　件数：1件

尺寸重量：

完残情况：残

鉴定级别：未定级出土文物

病害类型：点腐蚀、裂隙

征集时间、来源或流传经过：发掘

战国首铜车（战国）

藏品号：4608　　件数：1件

尺寸重量：

完残情况：残

鉴定级别：未定级出土文物

病害类型：变形

征集时间、来源或流传经过：发掘

汉"五珠"铜钱（汉）

藏品号：5895　　件数：1件

尺寸重量：

完残情况：残

鉴定级别：未定级出土文物

病害类型：通体矿化、残缺、硬结物、表面沉积物

征集时间、来源或流传经过：其他

后记

2018年12月，经过项目组1000多个日日夜夜的艰苦努力，张家界市馆藏青铜文物的保护修复工作圆满收官。自此，589件（套）承载着2000多年中华文化历史记忆的青铜文物再次展示在公众面前，中华民族的后世子孙可以在参观文物、与文物的对话中，领略博大精深的中华文化。

2015年12月，中国文化遗产研究院应张家界市文物局的委托，承担起了对张家界市馆藏589件（套）青铜文物的保护修复工作。面对数量众多、种类庞杂的待修复文物，项目组成员秉持一丝不苟、精益求精、修旧如旧的工作原则，潜心研究，精心修复，用三年的时间圆满完成了文物修复任务。

此次保护修复处理的青铜文物年代上溯春秋战国、下延民国时期，时间跨度长达2000多年。文物种类既有礼器、兵器，也有生产、生活用具，同时还有各朝代使用的货币以及不同时期的宗教造像。文物特点以及文物表现的文化符号和形制，反映了2000多年来中华文化的丰富多彩和完美传承，反映了各族在政治、经济、文化、社会生活、科学技术等方面的历史进程，重现了先民们刀耕火种、封建制、等级制以及现代工业雏形时期的生产、生活状况和文化艺术审美情趣，具有极高的历史、艺术和科学研究价值。

为了让古老文明重现昔日光华，在接收到本次任务后，项目组成员心怀敬畏、如履薄冰，在文物修复前做了大量的修复前准备工作。针对此次出土于南方湿润地区的青铜文物，项目组全面分析了青铜文物的历史价值、铸造工艺、保存环境、病害特点等要素，并对每一件文物量身定制了精准的修复方案。

张家界市是典型的中亚热带山原型季风性湿润气候环境为青铜文物的腐蚀创造了一定的条件。由于张家界博物馆除展厅里的青铜器外，其他文物都用木柜分装存放在博物馆顶楼的库房中。保存空间内温度湿度变化较大，造成有利于腐蚀的环境，大部分文物尚未采取一定的前期防护处理，加速了青铜器文物的进一步腐蚀，存在点腐蚀、粉状锈、高度矿化、残缺断裂等病害问题，部分珍贵青铜器的点蚀坑有恶化的趋势，有害锈造成青铜文物在很短时间内粉化直至破坏，同时还能互相"传染"。薄壁青铜器更是加大了修复挑战。

对此，项目组收集关于出土青铜器腐蚀特征、腐蚀成因以及其与青铜器埋藏环境之间关系的文献资料，并采用金相显微镜、XRD、扫描电子显微镜、Raman、红外光谱、XPS等现代科学分析检测手段，对文物及锈蚀层进行分析。根据马菁毓等人对浙江瓯海西周土墩墓出土高矿化青铜器的分析研究，使青铜器表面形成高度矿化的主要腐蚀产物是SnO_2，它性脆且硬，遇到湿度变化时易产生龟裂和破损，并在干燥过程中易产生塑粉现象，这也是永定区和慈利县青铜文物面临的主要病害，保护此类青铜文物的首要工作是加固处理高度矿化的青铜。综合国内外青铜器加固材料的研究现状，筛选加固材料，并对其加固效果进行实验评估，选择科学合理的加固技术路线。

在文物修复的过程中，项目组将传统修复手段与现代科学技术紧密结合，探索建立了修复档案数据库，进行了多视角影像三维视觉重建技术等方面的创新和探索。为了使文物修复工作更具可操作性，项目组人员进行了保存现状的调查与评估，制定了检测分析研究计划和保护修复实施计划。通过应用多种现代科学技术设备的检测分析，制定了从工艺到腐蚀产物的具体分析的研究路线，对高湿度地区下的文物保存，采取了对部分文物进行无氧环境封存、对小件器物采用RP封存的方法。

在此次文物修复过程中，项目组得到湖南省以及张家界市文物管理部门的大力支持，得到我国青铜文物修复届专家的全力帮助。在此，向此次文物修复背后的全体文物保护科技人员致以衷心感谢！